U0600248

浙江省自然科学基金重点项目（LZ13G020001）

**Zhongguo Shangshi Gongsi Caiwu Yujing Tixi yu Shizheng Yanjiu**
CONG ZHIBIAO ZOUXIANG ZHISHU

# 中国上市公司财务预警体系与实证研究

## ——从指标走向指数

梁飞媛  /著

经济科学出版社
Economic Science Press

图书在版编目（CIP）数据

中国上市公司财务预警体系与实证研究：从指标走向
指数/梁飞媛著．—北京：经济科学出版社，2016.4
ISBN 978 - 7 - 5141 - 6892 - 1

Ⅰ.①中…　Ⅱ.①梁…　Ⅲ.①上市公司 - 财务管理 -
研究 - 中国　Ⅳ.①F279.246

中国版本图书馆 CIP 数据核字（2016）第 087518 号

责任编辑：刘　莎
责任校对：王苗苗
责任印制：邱　天

中国上市公司财务预警体系与实证研究
——从指标走向指数
梁飞媛　著
经济科学出版社出版、发行　新华书店经销
社址：北京市海淀区阜成路甲 28 号　邮编：100142
总编部电话：010 - 88191217　发行部电话：010 - 88191522
网址：www. esp. com. cn
电子邮件：esp@ esp. com. cn
天猫网店：经济科学出版社旗舰店
网址：http：//jjkxcbs. tmall. com
北京汉德鼎印刷有限公司印刷
三河市华玉装订厂装订
710 × 1000　16 开　21. 75 印张　300000 字
2016 年 4 月第 1 版　2016 年 4 月第 1 次印刷
ISBN 978 - 7 - 5141 - 6892 - 1　定价：68. 00 元
（图书出现印装问题，本社负责调换。电话：010 - 88191502）
（版权所有　侵权必究　举报电话：010 - 88191586
电子邮箱：dbts@ esp. com. cn）

# 前　　言

在一个通过与经济交易、技术支撑为载体而与国际社会实现完全对接的一体化时代，不论是亚洲的金融危机，还是美国的次贷危机，甚至于欧洲国家的主权债务危机，都一次次给我们示范了经济领域甚至引发社会领域的"蝴蝶效应"。有学者曾经这样阐释"蝴蝶效应"的传导原理：一个坏的微小的机制，如果不加以及时地引导、调节，会给社会带来非常大的危害，戏称为"龙卷风"或"风暴"；一个好的微小的机制，只要正确指引，经过一段时间的努力，将会产生轰动效应，或称为"革命"。因此，对于市场大潮中前行的中国企业而言，如何进行事前的风险预警与专业监测成为摆在我们面前的重要使命。

预警的思想最早产生于军事领域，它主要对可能存在的危险发出警报信号。后来这种思想逐渐扩展到经济领域，并在宏观经济和微观经济中都得到了广泛应用。自20世纪60年代，美国学者比弗（Beaver）、阿特曼（Altman）等将预警思想运用于企业财务管理领域，对财务危机预警的研究便不断发展、深入和成熟起来。财务危机预警主要是利用财务报表数据、经营管理信息等微观经济资料，利用统计技术和数据挖掘技术等工具，对企业的财务状况和经营情况进行分析，据以发现企业经营管理中存在的经营风险和财务风险，并在潜在风险转化为现实危机之前向企业经营者发出警报，提示企业管理当局及时采取有效措施化解潜在风险，保障企业的安全。随着我国资本市场的进一步发展，如何准确、便捷的预测上市公司财务危机，最大限度地满足利益相关者的需要，将是财务危机预警研究领域的长期目标和发展态势。

经过几十年的发展，基于财务指标构建的模型预警研究成果丰硕。然而，财务预警模型研究成果在现实中的应用并不乐观，财务预警模型的高判别率并未转化为现实中的高预测率。企业是一个开放性的经营实体，需要不断地与外界交换物质和信息并发生财务关系，以获取和配置资源，保障持续经营。因此，企业的财务危机除了受企业内部运营与管理的影响，还与外部宏观经济的波动密不可分。另外，财务预警是以财务及非财务信息为基础的，需要通过设置并观察一些敏感性预警指标的变化，才能对企业可能或者将要面临的财务危机进行实时监控和预测警报。当前，理论界已经充分认识到财务指数研究在发挥会计信息重大决策预警作用方面的重大学术价值，相比微观指标的使用，指数避免了主观因素的干扰，比较客观的反映了上市公司财务状况的集中趋势；指数十分直观，易于使用，企业和其他利益相关者可以方便快捷的使用该指数判断企业面临的风险。

正是基于这样的背景，经过前后十余年对国内外财务预警持续的密切关注和潜心研究，由我们全力而为并得到浙江省自然科学基金立项资助的重点科研项目成果——《中国上市公司财务预警体系与实证研究——从指标走向指数》专著即将出版面世了。本研究系统梳理财务预警的两个重要阶段——财务指标预警和财务指数预警，并对其研究的理论与方法进行剖析，同时对财务指数预警和发展趋势进行前瞻性的分析和研究。在构建整部专著的骨架结构上，沿着财务指标预警转型升级为财务指数预警的主线，并借助于必要的相关经济学、管理学与统计知识储备，通过既有递进关系又相对独立的七个篇章来共同演绎整篇研究报告。

需要说明的是，本书实证研究内容分别三个不同阶段独立完成，时间跨度较大。其中财务指标预警体系与实证研究部分，尽管每一阶段的研究内容就当时而言都有所突破，但仍不能克服基于不同时期财务危机界定、预警模型、指标选取和实证样本等相关问题局限性带来的研究缺陷。从某种意义上，不同阶段的研究也清晰地反映了我国财务危机预警的历程和走向。

运用财务指数对财务风险进行监测和预警，在国内外研究中仍处于一种前沿性和探索性的阶段。本书第六章和第七章既是重点也是难点，更是亮点。将波动理论与景气理论密切结合，通过必要的理论铺垫，将回归检验与趋势分析相结合，确定显著影响不同行业财务危机发生率的宏观经济指标及其影响的滞后程度；在此基础上，通过实证研究分别构建子系统财务指数、综合财务指数与宏观经济指标（指数）的预警矩阵。研究结果表明，宏观经济波动对企业财务危机发生的影响因行业、区域而异，财务综合指数与宏观经济指标构建的预警矩阵在建模期与验证期均有良好的预警效果，具有一定的长期适用性，可以实现真正意义上的动态预警；分门别类构建行业、区域专有的财务指数预警矩阵一定程度上能提高预警效果。同时可以发现矩阵思想在指数预警中的运用不仅拓展了传统财务预警领域，也即将把财务指数预警研究推向一个新的高度。这是一项具有开拓性的研究工作，对于政府宏观经济管理、企业自我评价以及证券市场中投资者决策等方面具有重要的理论和现实意义。

我们所处的时代是一个激烈变化的时代，中国经济正大踏步奋勇向前，中国资本市场正大手笔改革完善，中国企业正大力度规范发展，中国企业财务管理与会计核算事业正大幅度深化拓展。发展永不停步，研究永无止境。随着我国经济体制改革的深入、资本市场的发展，财务危机预警的研究将继续深入发展并面向所有企业。

知识体系是在解决问题中发展的，就知识与问题而言，问题永远是新的，知识永远是旧的，以问题来推动知识的发展，这是知识前进的根本动力。本书旨在提供一个财务预警研究的知识体系框架，限于作者的学识和眼界，定有不少纰漏、不足甚至错误，欢迎读者批评赐教。

作　者

2016 年 4 月

# 目　　录

# 第一章

# 财务预警的研究基础

　　处于市场经济环境的每一个企业都面临着各种各样的风险，企业可能由于环境的变化或者不恰当的环境应对决策致使其生存和发展受到威胁，陷入财务困境。为了防止财务困境的发生，企业经营者、投资人或债权人可能会采取一些预警方法，例如，企业经营者可能在产品缺乏市场竞争力的时候，加大技术或者营销投入；投资者会在初始投资时便注重考察管理层的能力；而债权人在提供借贷资金时会明确资金用途，限制企业扩大债务总额。这些都是企业的利益相关者或在技术上、或在市场上、或在管理层能力上预先做出的防止企业陷入财务困境的具体措施。如何及时准确地对险情进行监测、预报，成为现代企业财务管理工作中必须解决的问题，是市场竞争的客观要求，也是企业生存发展的重要保障。财务预警对于保护投资者和债权人的利益、对于经营者防范财务危机、对于政府管理部门监控上市公司质量和证券市场风险，都具有重要的现实意义。但是，如何建立有效的财务危机预警体系目前仍是一个世界性的难题。美国次贷危机引发的全球性金融危机，对我国实体经济造成了巨大的影响，大量看起来财务稳健的企业在金融危机的冲击下快速地陷入了财务危机的困境。后危机时代，如何准确地界定财务危机，明确财务危机的驱动因素，综合国内外财务预警的研究动态，结合我国新兴的资本市场特点和制度背景，建立行之有效的财务危机预警体系显得尤为重要。

# 第一节　财务危机及其驱动因素

## 一、财务危机的界定

"财务危机"（Financial Crisis）又被称为"财务困境"（Financial Distress）或"财务失败"（Financial Failure），从经济学的视角，一个企业陷入财务危机是一个渐进的连续的过程，是否陷入财务危机通常不存在一个明确的分界点，由于企业财务危机并不是突发事件，最初表现为企业的亏损或企业流动性的变差，并逐步发展到资不抵债或无法偿还到期债务，后一种情况会导致企业迅速破产，而前一种情况并不一定导致企业破产。因此企业破产是财务危机的深度表现，而企业的亏损和流动性变差则是财务危机的初期表现。如果把财务危机当作一种状态，那么就可以把财务危机定义为"企业无法偿还到期债务或企业资不抵债"的状态。从管理学的视角，企业发生财务危机的起因多种多样，财务危机的表现形式也不尽相同。因此，国内外学术界对财务危机尚未形成确切的定义，财务危机至今仍是一个发展中的学说。不过财务危机的界定仍有共同特征，即包括定性和定量两个方面。

早期关于财务危机研究的文献中，大量的研究将财务危机界定为企业失败或企业破产。比弗（Beaver，1966）[1] 将破产、拖欠股利、拖欠债务界定为财务危机；阿特曼（Altman，1968）[2] 将进入法定破

---

[1]　Beaver. Financial Ratios As Predictors Of Failure. Journal Of Account Recearrh. 1966 (4)：71 – 127.

[2]　Edward I. Altman. "Financial Ratios, Discriminant Analysis and the Prediction of Corporate Bankruptcy", Journal of Finance, Volume23, Issue 4 (Sep. 1968), 589 – 609.

产程序的企业定义为财务危机企业；迪金（Deakin，1972）认为已经破产、无法清偿债务而进行清算的企业是财务危机企业；卡麦克（Carmichael，1972）把履行业务受阻的企业，即流动性不足、权益不足、资金不足和债务拖欠的企业界定为财务危机企业。乔治·福斯特（George Foster，1986）在他的 *Financial Statement Analysis* 中指出：所谓财务危机，就是指公司出现了严重的资产折现问题，而且这种问题的解决必须要依赖于公司的经营方式或存在形式的转变。莫里斯（Morris，1998）[①] 按照严重程度递减依次列出 12 条企业陷入财务危机的标志：（1）债权人申请企业破产清算，或者企业自愿申请破产清算，或者被指定接收者完全接收；（2）公司股票在交易所被停止交易；（3）被会计师出具对持续经营的保留意见；（4）与债权人发生债务重组；（5）债权人寻求资产保全；（6）公司违反债券契约，信用评级或债券评级下降，或发生针对公司财产或董事的诉讼；（7）公司进行重组；（8）重新指定董事，或者公司聘请公司诊断师对企业进行诊断；（9）被接管，但不是所有被接管都预示企业陷入财务困境；（10）公司关闭或出售其部分产业；（11）减少或未能分配股利，或者报告损失；（12）报告比市场预期或可接受水平低的利润，或者公司股票的相对市场价格出现下降。罗斯（Ross，1999）[②] 认为可以从以下四个方面定义企业的财务危机：第一，企业失败，即企业清算后仍无法支付债权人的债务；第二，法定破产，即企业或者债权人由于债务人无法到期履行债务合约，并呈持续状态时，向法院申请企业破产；第三，技术破产，即企业无法按期履行债务合约付息还本；第四，会计破产，即企业的账面净资产出现负数，资不抵债。

随着财务危机研究的不断深入与扩展，国内外学者开始从不同的

---

① Richard Morris. How useful are failure prediction models? [J]. Management Accounting. 1998.

② S. A. Ross, R. W. Westerfield, J. F. Jaffe. Corporate Finance [M]. Homewood IL. 1999：420 – 424.

角度、阶段、程度来定义财务危机，并将企业的支付能力作为关键因素考虑。我国学者大多把"无法偿还到期债务的情况"定义为财务危机，古祺和刘淑莲（1999）[①] 认为财务危机是指企业无力支付到期债务或费用的一种经济现象，包括从资金管理技术性失败到破产以及处于两者之间的各种情况；李心合（2007）[②] 将财务危机与现金流转相联系，认为当现金流量不能满足正常支付需求从而发生支付困难时，即发生了财务危机；吴星泽（2011）[③] 将财务危机定义为导致财务危机发生的力量与抵抗财务危机发生的力量之后所形成的企业支付能力不足的情况。由此可见，国内外学者对财务危机的界定随着研究的深入而发生了很大的变化，逐渐从"企业破产"阶段向前推移到"企业支付能力不足"阶段，这更符合企业实际的运营情况，能够使其更早地发现潜在的财务风险，及早地采取有效措施防止财务状况的恶化，真正起到预警作用。

尽管财务危机的定性描述较为容易达成一致，但财务危机的定量界定有着更多的操作和研究意义。财务危机预警研究首要的问题便是如何界定财务危机，对财务危机不同的界定会直接影响所收集的研究样本和研究结果。在技术层面上，判断企业是否陷入财务危机有以下几种不同的方法：第一种是用企业破产来衡量企业财务危机[④]，这是最准确和最极端的标准，它是从财务危机的结果出发来倒推企业财务危机的状况，但不够全面。国外大多数研究将企业根据破产法提出破产申请的行为作为确定企业进入财务危机的标志（Altman，1968；Ohlson，1971；Zmijewski，1984；Casey and Bartczak，1985；Aziz and

---

① 谷棋，刘淑莲. 财务危机企业投资行为分析与对策 [J]. 会计研究，1999（10）：28-31.

② 李心和，财务失败及其预警 [J]. 财务与会计，2007（27）：20-23.

③ 吴星泽. 财务危机预警研究：存在问题与框架重构 [J]. 会计研究，2011（2）：59-66.

④ 阿特曼（1968）认为"企业失败包括在法律上的破产、被接管和重整等"，实质上是把财务危机基本视同企业破产。

lawson，1989；Platt，1990；Gilbert，1990 等），因此他们研究的对象局限在法定的破产公司。当然也有部分学者如比弗（1966）把破产、拖欠优先股股利和拖欠债务界定为财务危机。第二种是以证券交易所对持续亏损、有重大潜在损失或者股价持续低于一定水平的上市公司给予特别处理（即 ST）或退市作为标准。这种判断方法包括了可能导致企业财务危机的状况，符合财务预警的特征，缺点是只适用于上市公司。由于国内财务危机预警的研究对象主要针对上市公司，故一般将财务危机界定为财务状况异常而被"特别处理"。1998 年我国深沪证券交易所正式启用了当上市公司出现"异常状况"时，对上市公司进行"特别处理"的条款。"异常状况"包括"财务状况异常"和"其他状况异常"，其中因"其他状况异常"而被特别处理具有很大的不确定性，难以从财务角度进行有效预测，而对"财务状况异常"情况的界定符合一般认为企业财务状况不健康的判断。所以国内研究人员一般将被特别处理（ST）的上市公司界定为财务危机型企业。由于第二种判别方法易于获得数据，因此被我国多数学者所采用（如陈静，1999；陈晓，2000；吴世农、李华中，2001；周兵、张军，2002；杨淑娥，2007 等）。本研究在分行业财务危机预警和基于生命周期的财务危机预警实证研究中都采用了这种界定财务危机的方法。但是，ST 公司是盈利能力方面出了问题，并不意味着 ST 公司的现金流不足以履行偿还义务或违约。因此，ST 公司并不等同于财务危机公司，在选择研究样本时，比较科学的方法应该是进一步分析 ST 公司的现金流状况，确定是否真正陷入了财务危机。第三种方法弥补了第二种判断方法的不足，结合现金流的情况进行客观判断，本研究在财务指数预警实证研究中，将经营活动产生的现金净流量为负数，且当期增加的现金及现金等价物为负数的企业定义为财务危机型企业。这是因为，企业陷入财务危机最直接的导火索是企业经营活动产生的现金流量无法偿付正常支付需求，且短期内无法通过其他途径缓解现金流短缺。因为当企业经营活动产生的现金净流量小于零，且投资活动、筹资活动无法弥补现金流短缺时，企业就已经陷入了现金支付困境，存在资金链断裂的风险。但此时以权责发生制为基础的净利润完全可能显示企业处于盈利状态，也还未到资不抵债地步，如果能够及早采取措施防止这种风险的恶化，企业就不会陷入破产的境地。

## 二、财务危机的驱动因素

传统上对财务失败与破产的解释大致可分为四类：第一类称作"非均衡模型"（disequilibrium model），主要用外部冲击来解释公司的破产，如混沌理论和灾害理论；第二类是用具体的经济原因，如市场结构、资本结构及公司的定位等来解释公司破产的财务模型（Financial Model），如斯科特（Scott，1981）导出的一期期权定价模型、没有外部资本市场的赌徒破产模型、具有完全外部资本市场的赌徒破产模型以及不完全外部资本市场的赌徒破产模型等四种模型。第三类是 20 世纪末引入的代理模型（agency model），试图用股东和债权人之间的潜在利益冲突来解释公司的破产。最后一类是建立在产业经济学上的管理理论（management theory），这一理论试图通过寻找公司管理和战略上的弱点来解释破产，此类研究主要以案例研究为主。[①]

在财务预警实际应用研究的层面，对于财务危机的解释主要集中于管理能力和经营风险两个方面，认为引起财务危机的具体原因是：（1）市场变化的不确定性而导致的企业收益不稳定；（2）企业负债过度而失控，致使企业无法偿还到期债务，或不能从原债权人处取得新的融资；（3）企业管理水平低，如公司治理结构不完善导致权力过分集中、缺少有效的经营计划和经营成本控制措施、管理人员素质

---

① 陈晓，陈冶鸿. 中国上市公司财务困境预测. 中国会计与财务研究，2000，9.

低下等；（4）公司业务迅速扩张，进入不熟悉的业务领域；（5）内部控制和财务报告系统存在严重弊端；（6）行业壁垒较少，新的竞争者容易进入；等等。

　　基于财务预警实际应用研究视角，从现金流量的角度动态进行分析，本研究认为引起财务危机不外乎内部和外部两个方面的因素。

### （一）内部因素

　　内部因素是指与企业的经营、投资和筹资相关的一系列内部组织管理，内部组织管理复杂多变且相互联系，很难通过单一因素分析来确定其对财务危机的影响，但所有的内部组织管理最终都体现为企业的经营活动、投资活动和筹资活动，因此本书通过分析经营活动、投资活动和筹资活动对企业财务危机的影响来反映内部因素的作用。

### 1. 经营活动

　　经营活动，是企业最基本的活动，包括采购、生产、销售的全过程，其产生的现金流反映了企业自身的造血能力。经营活动对企业财务危机的影响主要体现在四个方面：一是经营的营利性，即企业的经营活动获取利润的能力。营利性好的企业能够积累更多的盈余，增强自身抵抗风险的能力，还能提高融资能力，降低融资成本；营利性很差甚至亏损的企业，往往不断地增加债务来维持经营，以致会陷入资不抵债的境地。二是经营活动的收现能力，是指营业收入的现金流入情况。持续稳定的现金流入，能使企业合理安排投资活动与筹资活动，一定程度上能降低出现财务危机的风险；不稳定且无规律的现金流入，增加了资金管理的不确定性，企业容易陷入财务危机。三是经营的成长性，主要指主营业务的增长情况。增长过快的企业，规模扩张过快，资金需求量很大，若融资无法保证资金的供给，会很快陷入财务危机；长期保持稳定增长的企业可能正处于成熟期，风险较低；出现连续负增长则可能预示着企业进入了衰退期，陷入财务危机的可能性增加。四是经营周期，是指企业从采购、生产、销售到收回资金所需的时间。经营周期短的企业资产往往具有更好的流动性，风险较低；经营周期长，企业维持经营需要的资金更多，风险较大。

## 2. 投资活动

投资活动一般有三类：第一类是为了维持和扩大生产规模而发生的长期资产投资，这类投资为企业的生产经营活动奠定基础；第二类是企业为了对外扩张和其他发展性目的进行权益性投资和债权性投资，如果投资恰当，一定程度上能分散企业的经营风险，可能为企业带来新的利润增长点；第三类是为了充分利用闲置货币资金而进行的短期金融投资，其目的是为了获得较高的短期收益。从投资期限来看，前两类投资活动往往取决于企业的长期发展规划，属于长期性投资，第三类投资一般是企业短期的理财管理，属于短期投资；从投资对象来看，第一类投资属于对内投资，后两类投资属于对外投资。投资活动对企业财务危机的影响体现在以下四个方面：一是投资收益，是指企业全部投资获得收益的能力，包括对内投资获得的经营收益和对外投资获得的金融收益。投资收益高，风险低；投资收益很低甚至小于零，风险很大。二是投资比例，即一定时期对内投资和对外投所占的比例。初创期、成长期的企业对外投资比例往往很低甚至为零，这两个阶段，企业需要大量的资金来发展其主营业务、扩大生产规模；进入成熟期后业务增长缓慢，利润空间不断缩小，更多的资金会投向企业外部寻找新的利润增长点。处于不同发展阶段的企业，在分析投资收益的基础上，选择适当的投资比例，才能避免因不当的投资活动而使企业陷入财务危机。三是经营活动产生的现金净流量满足再投资的能力，即企业现金的自给自足能力，该能力越强，陷入财务危机的风险越低。四是投资的增长情况，投资的增长应该与企业经营相适应，过快的增长或过度投资，均会使企业陷入财务危机。

## 3. 筹资活动

筹资活动，是企业为了满足经营活动和投资活动的资金需求，从企业外部获取资金的过程。按筹资渠道的不同，可分为债务性融资和权益性融资；按资金使用期限不同，可分为短期筹资和长期筹资，后者包括长期负债和所有者权益。从总体上看，债务性融资成本低、风险大，短期筹资成本低、风险大。筹资活动对企业财务危机的影响通过以下四个方面体现：一是偿还利息及到期债务的能力，该能力越强，财务风险水平越低。企业如果无法偿还利息及到期债务，除了会影响未来的筹资能力外，更有甚者会使企业陷入破产的境地。二是资本结构，反映企业债务筹资与权益筹资的比例关系，在很大程度上决定着企业的偿债能力和再融资能力。合理的资本结构可以降低资本成本，使企业获得更高的自有资金收益，降低风险；负债过低的资本结构，资本成本较高，且没有充分发挥财务杠杆作用；负债过高的资本结构，债务负担过重，到期偿债压力大，财务风险大。三是投入资本获得的回报，即筹得的资金投入经营活动和投资活动获得回报的水平，回报率高于资本成本越多，则风险越小。四是未来的筹资能力，企业潜在的筹资能力越强，未来因资金短缺陷入财务危机的风险越小。

**（二）外部因素**

**1. 行业特征**

行业特征对企业财务危机的影响，主要体现在两个方面：一是行业所处的发展阶段；二是企业在该行业内所处的地位。与企业生命周期类似，每个行业也有自己的生命周期，其生命周期的各个阶段具有不同的特征。处于初创期的行业，市场需求少、行业利润低、业内竞争少，但整体风险较高。进入成长期的行业，市场需求不断扩大、行业利润增加、业内竞争不断加剧，此时经营不善的企业会被淘汰，站稳脚跟的企业逐渐占据市场并获得高额回报。跨入成熟期的行业，市场需求趋于饱和、盈利机会减少、新企业难以进入、少数大企业控制整个行业、业内竞争相对减弱、行业风险较低。步入衰退期的行业，市场需求逐渐下降、行业利润降低、业内企业不断减少、业内竞争减弱，但继续经营的企业面临的风险较高。企业只有全面认清其所属行业所处的发展阶段，并明确其在该行业中的地位，才能从总体上把握发展方向，避免陷入财务危机的困境。

2. 宏观经济

1820 年，英国经济学家马尔萨斯发表《政治经济学原理》，提出由于社会有效需求不足，资本主义存在产生经济危机的可能。1936年，凯恩斯发表《就业、利息、货币通论》，重提有效需求不足，用了大量篇幅讨论人们的心理对有效需求的影响（亦即人们通常说的行为金融学）。在凯恩斯的逻辑里，资本主义发生危机的一个重要原因是有效需求不足，从而生产过剩，爆发危机。

有效需求由消费需求和投资需求组成。边际消费倾向递减、资本的边际效率递减和流动性偏好"三大社会心理因素"造成消费需求和投资需求不足。消费需求不足理论主要用于解释经济周期中危机阶段的出现以及生产过剩的原因。该理论认为，经济中出现萧条与危机是因为社会对消费品的需求赶不上消费品的增长。而消费品需求不足又引起对资本品需求不足，导致企业库存积压，生产缩减，进而经济发展停滞不前，进入萎缩阶段，投资与经济发展就会交替下降。此阶段企业直接表现为经营活动和投资活动出现波动，面临经营风险及投资风险，又间接影响企业的偿债能力，由此产生了筹资风险。

根据经济周期理论，宏观经济一直处于繁荣、衰退、萧条、复苏的不断周期波动中，这种波动可以通过宏观经济指标的变动体现出来。企业通过分析宏观经济指标的波动，可以在一定程度上预期未来一段时间的宏观经济形势，根据自身目前的状况及发展目标，及时地调整市场战略，制定销售政策，控制投资规模，完善资本结构等来应对宏观经济的波动。由此可见，宏观经济对企业财务危机的影响应该是间接式的，企业对宏观经济的波动采取措施一般是滞后的。如果宏观经济的波动是平缓且渐进的，企业一般会有充足的时间调整经营活动、投资活动、筹资活动，陷入财务危机的风险较小。相反，如果宏观经济的波动是突发且跃进式的，企业无法及时采取措施应对突变的外部环境，可能就会快速陷入财务危机。虽然宏观经济对企业财务危机的影响是间接的，但是其突然恶化的危害性却是非常大的，因此企业应该时刻警惕宏观经济波动可能会带来的财务危机风险。

企业作为一个有机体，经营活动、投资活动与筹资活动的不断协调运作形成了其生命活力，可以说经营、投资、筹资是企业生命运行的三大子系统，其中任何一个子系统的运行出现异常都会影响甚至危及企业的生命。同时，企业又是一个开放性的实体，不断地与外界进行物质与信息的交换，为了生存需要根据外部环境的变化不断地调整自身系统的运行，因此行业特征的变化与宏观经济的波动不断地影响着企业的经营活动、投资活动与筹资活动，从而影响到整个企业的生命。由此可见，财务危机是企业内部因素与外部因素共同作用的结果，其中内部因素的影响是主导性的，外部因素起到一定的促进作用。

企业运营不可能脱离大的经济环境，外部环境的不确定性及内部环境的失调定会影响企业的正常运营。按影响范围大小划分，企业的生存环境可分为三个层次：宏观环境、行业环境、企业内部环境，企业最基础的外部环境就是行业环境，一般来说，宏观环境通过作用于行业环境进而影响具体企业，企业也是按行业环境的要求调整内部环境的①。因而作为经济周期波动的必然表现形式的宏观经济环境波动可以说是企业财务风险的外生变量，定会影响各种经济组织的正常运营，进而导致各种经济组织出现周期性的财务风险。基于此，在考虑宏观经济波动的基础上，建立财务指数预警体系有着极高的理论价值和应用前景。

---

① 张友棠，黄阳. 基于行业环境风险识别的企业财务预警控制系统研究 [J]. 会计研究，2011（3）：41－48.

# 第二节 财务预警基础理论

## 一、系统非优理论

系统非优理论是 1985 年提出的一门系统科学理论。这一理论认为，系统的所有状态可以用"优"和"非优"的组合表示。"优"包括最优和相对优，是指成功的过程和结果；"非优"则包括失败和可接受的不好的过程和结果。根据系统非优理论的思想，可将企业财务管理活动分为"优"和"非优"两种状态："非优"状态是指企业财务管理活动没有效率，财务组织缺乏应变能力，财务制度失控，重大财务管理失误等过程和结果；"优"的状态是指企业财务管理活动进行顺利高效的过程和结果。对于财务管理活动的"优"与"非优"状态，需要确定一个界限以达到区分的目的，然后再运用预警管理理论对企业财务管理活动进行有效的监控和识别，对系统的"非优"状态进行及时预警和预先控制，从而保证财务管理活动安全有效。

## 二、危机管理理论

所谓的危机管理，是指在动荡的经营环境中，各种难以预料的突发事件对正常企业产生极大的破坏作用，为了有效地预防和应付各种危机事件，保证企业的经营安全，必须采取有效的控制手段对危害企业经营安全的突发事件进行管理。企业危机管理最早由跨国公司提出，20 世纪 80 年代，西方跨国公司海外危机管理的过程经历了从安全经营到危机管理的转变，其中危机管理阶段以美国跨国公司建立企业危机管理体制为标志。跨国公司的危机管理主要强调以下三个方面的内容：一是强化了以安全部门为利益中心的思想；二是在领导方式和管理制度上更强调非程序化和例外原则；三是在经营政策上更加灵活和非扩张化。

危机管理的 4R 理论由美国危机管理专家危机管理大师罗伯特·希斯（Robrt Heath）在《危机管理》一书中提出，即由缩减力（Reduction）、预备力（Readiness）、反应力（Response）、恢复力（Recovery）四个阶段组成。第一，缩减力。危机缩减管理是危机管理的核心内容。对于任何有效的危机管理而言，危机缩减管理是其核心内容。因为降低风险，避免浪费时间，摊薄不善的资源管理，可以大大缩减危机的发生及冲击力。就缩减危机管理策略，主要从环境、结构、系统和人员几个方面去着手。第二，预备力。预警和监视系统在危机管理中是一个整体。它们监视一个特定的环境，从而对每个细节的不良变化都会有所反应，并发出信号给其他系统或者负责人。完善的企业危机预警系统可以很直观地评估和模拟出事故可能造成的灾难，以警示相关者做出快速和必要的反应。劳伦斯·巴顿先生提出了"危机预防和反应：计划模型"。该模型显示出，小组是怎样从评估各种可能影响人员安全和运作的危机开始，继而运用各种技能和资源来降低此类危机发生的概率的。第三，反应力。即强调在危机已经来临的时候，企业应该做出什么样的反应以策略性地解决危机。企业首先要解决的是企业如何能够获得更多的时间以应对危机；其次是如何能够更多地获得全面真实的信息以便了解危机波及的程度，为危机的顺畅解决提供依据；最后是在危机来临之后，企业如何降低损失，以最小的损失将危机消除。第四，恢复力。一是指在危机发生并得到控制后着手后续形象恢复和提升；二是指在危机管理结束后的总结阶段，为今后的危机管理提供经验和支持，避免重蹈历史覆辙。危机一旦被控制，迅速挽回危机所造成的损失就上升为危机管理的首要工作了，在进行恢复工作前，企业先要对危机产生的影响和后果进行分析，然后制订出针对性的恢复计划，使企业能尽快摆脱危机的阴影，恢复以往的运营状态。同时，企业要抓住危机带来的机遇，进行必要的探索，找到能使企业反弹得比危机前更好的方法。

危机管理的 4R 理论对于财务预警机制的建立具有指导意义，无论是在理论层面还是在实践层面。危机管理理论的适用范围更为广泛，不仅适用于企业的战略规划，经营管理也同样适用于企业的财务管理。财务预警机制的建立可以借鉴危机管理理论中提出的缩减力、预备力、反应力和恢复力。首先是财务预警机制的缩减力。财务预警机制建立的主要目的在于降低企业财务风险，降低企业在营运资金管理，筹资投资等经济活动中的财务风险。其次是预备力。建立财务预警和监视系统。对于企业来说，财务预警系统可以通过一系列财务指标包括杠杆系数、资产负债比率、投资回报率等的设立来监测企业的财务经营状况和财务经营绩效。监测系统主要是企业应该建立良好的内部控制，包括上市公司的审计委员会和薪酬委员会的设立等措施。再次是反应力。在财务预警机制的建立中，企业应该规定相关的财务危机应对措施，从而保证企业在财务危机发生时第一时间做出反应。同时企业应该明确财务人员的职责，给予相关财务人员采取危机应对措施的权力。最后是恢复力。经过一系列的措施实施，企业安全渡过财务危机，免除了破产清算的威胁。企业对财务危机的发生进行反思从而完善企业财务管理制度和财务预警机制，优化企业运营。

## 三、风险管理理论

风险管理（Risk Management）最早起源于美国，20 世纪 30 年代，由于受到 1929～1933 年的世界性经济危机的影响，美国约有 40% 左右的银行和企业破产，经济倒退了约 20 年。美国企业为应对经营上的危机，许多大中型企业都在内部设立了保险管理部门，负责安排企业的各种保险项目。1938 年以后，美国企业对风险管理开始采用科学的方法，19 世纪 50 年代风险管理发展成为一门学科。所谓风险管理，是指如何在不确定的环境中把风险降至最低的管理过程。风险管理的核心是如何识别风险和规避风险，风险识别的过程涉及很多数学方法的应用，以确定已有的方案的风险和收益的概率，并从中选择较优方案。风险管理已经成为企业管理和决策的一项重要内容，为企业预警管理提供了很多数学方法和模型。在经营环境复杂多变的情况下，风险管理已经成为企业管理人员的一门必修课。

全面风险管理的理念已经引起的国际和国内的广泛关注，各个国家在制度建立方面已经逐渐将风险管理的理念渗透其中。如美国在 2002 年 7 月 30 日实施的《2002 年萨班斯—奥克斯利法案》，该法案 404 条款规定了内部控制方面的要求和内部控制评价报告，这对美国企业内部流程梳理、加强财务投资监管、提高管理透明度等方面产生了相当大的影响。其次在 2004 年，美国著名的反虚假财务报告委员会下属赞助委员会 COSO（全称为 "The Committee of Sponsoring Organizations of the Treadway Commission"）在内部控制框架概念基础上，提出一个概念全新的 COSO 报告《企业风险管理——总体框架》（简称 EBM），使内部控制研究发展到一个新的阶段。COSO 委员会提出，企业风险管理是企业的董事会、管理层和其他员工共同参与的一个过程，应用于企业的战略制定和企业的各个部门和各项经营活动，用于确定可能影响企业的潜在事项，并在其风险偏好范围内管理风险，从而对企业目标实现提供合理保证。

风险管理理论同样也在我国的相关法规制度的建立过程中得到体现和应用。2006 年 6 月，国务院国资委发布了《中央企业全面风险管理指引》对中央企业如何开展全面风险管理工作提出了总体原则，并对企业风险管理的基本流程、组织体系、风险评估等方面进行了详细的引导。2007 年 3 月，全国工商联发布《关于指导民营企业加强危机管理工作的若干意见》，指导民营企业增强危机意识，建立防范风险的危机预警机制和用于解决危机的应急处理机制，提高危机防范与危机化解的能力和水平。

充分有效的企业风险管理和内部控制是实施财务预警机制的前提和奠基石。它为财务预警机制发挥作用提供了方法和理念，同时财务预警机制的建立渗透着全面风险管理理论的思想。它们共同阐述了企业在管理过程中进行财务风险识别和规避的重要性。两者相辅相成，互相配合，对企业取得良好的经营绩效，建立明晰的财务管理制度发挥了重要作用。

## 四、企业诊断理论

企业诊断（Management Diagnosis）理论把企业看成一个有机的生命体，企业诊断中心相当于企业的保健中心，通过定期或不定期对企业管理状况、经营状况和财务状况进行全面检查，以确定企业运行是否正常以及发现存在的问题，并对问题深入研究，找到问题背后的原因，提出解决问题的建议。企业诊断的内容包括经营诊断、生产诊断、组织诊断和技术诊断几个方面，是企业管理中的一种参谋、顾问性质的服务活动。

企业诊断起源于19世纪30年代的美国，最早称为管理咨询，如今企业诊断已成为一种社会性的服务行业。企业诊断的基本原则是使企业的人、财、物在生产经营活动中以最小的投入量，最快的转换速度产生最大的生产效益。企业诊断主要是企业利用其现有的内部资源来解决企业当前所面临的问题，但是其行为主体却并非企业自身，而是来自企业外部的专业管理咨询团队。问题主体与解决问题的执行主体分离的主要目的有以下两点：第一，防止由于企业内部利益关系的存在，导致企业经营管理层在提出解决问题方案时受到相关利益的驱使或者制约；第二，防止有些企业由于缺乏有经验的经营管理专家而无法提出适应本企业的解决方案，只是生搬硬套其他同行业的模板，从而导致解决问题不充分。

企业管理诊断对于企业发展起到了积极作用，它能够帮助企业管理者准确系统认识企业现状，掌握企业管理各方面存在的薄弱环节，明确企业问题产生的根本原因；能够帮助企业管理者针对问题制定合理的解决方案和对策，提升企业管理水平；有助于建立规范化的企业管理模式。

财务预警机制能否发挥有效的作用关键在于企业能否识别和正确地鉴定企业在经济活动中的财务风险，因此财务风险的识别是企业建立有效的财务预警机制的前提。财务风险的识别不仅是简单地设立财务指标进行监督，由于现代企业所处的经济环境较为复杂，与各个利益相关体之间的关系也错综复杂，因此如何运用企业管理诊断理论快速及时地甄别存在的财务风险和潜在的财务风险成为财务预警机制发挥功效的关键所在。

## 五、企业逆境管理理论

企业逆境管理理论在 1999 年由佘廉首次提出，是一门揭示企业逆境现象：经营失利、管理波动、管理行为失误失效的成因机理和运动规律，研究防止和摆脱企业逆境、保持企业顺境的管理方法的基础理论。企业逆境管理理论产生的本质，是企业外部环境的稳定或突变（景气或不景气）同企业经营的顺态或逆态（成功或失误），这两对客观矛盾现象交互、周期性地作用于企业机体的运动规律。它的现实特征有三个表现：（1）企业经济行为遭受连续的挫折或者是严重的损失；（2）企业存在经营亏损或有潜在的亏损趋势，如产品过时销售量急剧下降，受到同业的激烈竞争或者宏观经济大环境影响市场份额大幅减少，企业大量举借外债；（3）企业出现资不抵债的危机现象。企业如果出现上述三种情况之一就预示着企业已经陷入逆境。

近年来，我国宏观经济发展速度减缓，大量制造型企业以钢铁企业为代表出现产能过剩、发展停滞的状况，或多或少存在上述情况。

企业的财务状况进一步恶化，陷入逆境中，甚至存在破产清算的风险。财务预警机制的建立可以借鉴企业逆境管理中所描述的三个特征设立相关财务指标进行监督，同时结合我国现阶段经济发展处于新常态进行体制上的创新，寻求解决企业财务困境的方法，在新常态下抓住机遇，将财务预警机制的设立与企业经营决策，战略规划紧密结合在一起。

## 六、经济预警研究

经济预警（Economic Early-warning）是指在经济发展过程中，对经济发展情况进行预测，以便在经济失衡前发出警报。它包括宏观经济预警和微观经济预警两个层面，而后者主要是指财务预警。经济预警最早产生于 20 世纪 30 年代，美国经济统计学家穆尔采用多指标综合方法—扩散指数（Diffusion Index）来构建美国宏观经济预警系统，他的这种把预测结果分为先行、一致、滞后三种类型来反映宏观经济运行状况的监测预警模型一直沿用至今。对于宏观经济预警的后果，不同学者有不同的看法，但是经济预警研究对于企业财务预警研究的意义在于它提供的有益启发和借鉴。

经济预警研究对我国的宏观经济发展起到了很好的监督作用。国家统计局根据我国现阶段经济发展的状况设立了 10 个经济预警指数，它们分别是工业生产指数、固定资产投资、金融机构各项贷款、工业企业利润、海关进出口、货币供应 $M_2$、消费品零售、城镇居民人均可支配收入、居民消费价格指数、财政收入等。根据经济景气指数，经济运行状况被区分为过热区间、趋热区间、适度区间、趋冷区间、偏冷区间五种类型。随着社会经济的发展，宏观经济监测已经越来越受到国家和社会的重视。宏观经济预警监测，就是对宏观经济进行总的、综合的、较全面的、较系统的分析判断；是通过对众多统计数据的全面整理，做出宏观经济发展情况最终的判断，是对庞多繁杂的统计数据认识上的进步和飞跃。

宏观经济的发展态势对企业的财务状况和财务绩效必然会产生影响。当宏观经济的发展进入新常态，企业的财务状况也进入了稳步发展的阶段，销售收入，利润额，投资回报等财务指标也受到新常态的影响，增长速度明显下降，这对企业的资金营运产生一定影响，财务风险增大。此时建立财务预警机制就显得尤为必要。鉴于企业财务状况和宏观经济的发展密不可分，财务预警机制可以将宏观经济的预警指标也纳入预警体系内，使得企业财务预警机制不仅着眼于企业的微观层面，也放眼于宏观的经济环境。

# 第三节　财务预警方法

## 一、财务预警方法概述

由于基础理论的不同，财务预警方法主要有两大类：一类是以财务分析理论为基础，从企业的资金存量和流量的分析入手的多因素分析方法。企业的财务报告等所提供的会计信息综合反映了企业的财务状况和经营成果，根据企业会计信息的结构分析、比率分析和比较分析可以研究企业的偿债能力、盈利能力、发展能力和资金运营能力等，从而分析企业的安全状况，进而对企业的综合财务状况做出判断。因此，关于财务预警的研究主要出发点是关于会计信息的财务分析。从财务分析的角度看企业财务的直接表现有以下几大方面：（1）企业筹资能力的丧失，资本结构失衡。（2）企业现金流量不佳，企业的经营活动现金净流量持续为负，不能保证企业的正常周转。（3）资产流动性弱化，资产结构的失衡，不良资产大量积压。（4）资产负债结构和企业资产占用期限搭配（即筹资政策）不合理。

对以上各个方面的相关财务比率的单项和综合研究，也就是企业财务预警模型研究的主要的理论基础。例如，使用多组判别分析等统计方法对各种财务比率，包括流动性比率、财务杠杆比率和各种盈利率等指标进行同行业比较和跟踪，就可以对本企业发生财务危机可能性的大小做出判断。这种预警并不是对事件本身的预测，而是对发生可能性的预测。这种方法通常可以在财务危机发生之前的一两年做出预警。

另一类是以风险分析为基础的方法，主要采用风险监测系统，虽然这类方法的数据收集和模型建立比较复杂，但正日益受到财务管理界的重视。风险的主体是市场经济的参与者和竞争者，其损失主要是指经济利益的减少和丧失；企业面临的风险有两种：一是经营风险；二是财务风险。财务风险是企业用货币资金偿还债务的不确定性，影响财务风险的因素大多来自市场活动和企业资金运动的有关方面，财务风险积聚到一定程度，如果不能及时地采取化解措施或采取的措施有效程度不足，企业就会陷入财务的困境。基于对财务风险的定义和计量，财务预警模型研究的一个方向是以风险测量技术为基础，建立风险估计和监测模型，如国际银行首先开发使用，受到巴塞尔委员会肯定和推广的在险价值（VaR）方法就是一种先进的风险监测系统。VaR方法虽然侧重于金融性企业的交易业务，但这种方法可以计算不同种类和不同地区业务的总体风险，因而也逐步开始适应于一般工商企业。

## 二、财务预警方法的设计

在财务危机预警研究中，预警方法的创新势头最为强劲。种类繁多的财务预警方法从性质上可分为定性方法和定量方法两类，其中以后者为主流趋势。在定量研究方法中，国外进行企业财务预警的实证研究起步较早、成果较多，概括来讲可以分为统计类分析方法、非统计类方法和财务指数预警方法。

## （一）统计类方法

统计类方法可分为线性财务预警模型分析方法和离散型财务预警模型分析方法。线性模型又可以进一步分为一元模型和多元模型；离散模型又分为多元逻辑（Logistic）模型和多元概率比回归（Probit）判别模型等。

### 1. 一元线性判定模型

一元线性判定模型分析方法即单变量方法，是根据对数据的统计分析确定预测企业财务危机的最佳变量和变量的临界点的值。费塔帕特里克（FitaPatrick，1932）认为具有预测财务失败或财务风险意义的变量是财务比率的变化趋势，他以 19 家公司为样本，运用单个财务比率将样本分为破产和非破产两组，结果发现判别能力最高的是净利润/股东权益和股东权益/负债两个比率，而且在经营失败的前三年这些比率就呈现出显著差。而墨文（Merwin，1942）则发现营运资金/总资产、股东权益/负债和流动资产/流动负债三个重要财务比率在前 6 年具有预警作用。此后，在 20 世纪 60 年代，比弗提出了应用单变量分析方法将企业区分为两类，根据误判率最小的原则，分别就不同的财务比率计算判别财务危机企业与非财务危机企业的分界点的值。比弗（1968）对 1954～1964 年间 79 家失败企业和相对应的 79 家成功企业的 30 个财务比率进行比较表明，按照财务比率预测能力的大小排序，依次是：现金流量/债务总额、净利润/资产总额和债务总额/资产总额。

在我国，陈静（1999）以 1998 年的 27 家 ST 公司和对应的 27 家非 ST 公司，使用了 1995～1997 年的财务报表数据进行了单变量分析，发现在负债比率、流动比率、总资产收益率、净资产收益率 4 个财务指标中，流动比率与负债比率的误判率最低。[①]

尽管单个变量对于财务危机具有一定的预警作用，并且一元线性判别模型简单易行，便于理解，为以后的研究开辟了道路，但其缺点是预测精度不高，由于财务比率之间具有相关性，当依据不同财务比率对企业的预警结果不一致时，很难对该企业的情况给出明确的判断。另外，影响企业财务状况的因素是多方面的，仅通过单一变量预测企业的财务不能充分反映企业财务的总体特征。早在 20 世纪 70 年代研究人员已经明确地认识到诸多不同的因素同时影响着企业的财务，单一变量的预测模型也逐渐被多变量的模型所取代。

2. 多元线性判别模型

应用多变量分析方法预测企业的财务危机，其假设前提是：（1）企业可以划分为两类，即财务失败企业和非财务失败企业；（2）两类总体的财务变量的相互独立，服从均值不同但是分布相同的多元正态分布；（3）各变量之间的协方差矩阵相等。阿特曼（1968）首先引用多变量分析方法建立多元线性判别模型，通过对 1946～1965 年间提出破产申请的 33 家公司和同样数量的非破产公司进行研究，构建了多元判别模型 Z-score 模型，并依据 Z 值对企业的财务状况进行判断。该预警模型运用五项财务指标进行加权汇总平均产生的总判别分（Z 值）来判断企业破产的可能性。判别函数如下：

$$Z = 0.717X_1 + 0.847X_2 + 3.11X_3 + 0.420X_4 + 0.998X_5$$

其中：Z = 判别分

$X_1$ = 营运资本/总资产

$X_2$ = 留存收益/总资产

$X_3$ = 息税前利润/总资产

$X_4$ = 权益市场价值/总债务账面价值

$X_5$ = 销售额/总资产

---

① 陈静. 上市公司财务恶化预测的实证分析 [J]. 会计研究，1999（4）：31-38.

应该指出的是，$X_1$、$X_2$、$X_3$、$X_4$、$X_5$ 均以绝对百分率来表示。

该模型的临界值为 2.90 和 1.20，如果企业的 $Z > 2.90$，表明企业财务状况良好，不存在破产风险；如果 $Z < 1.20$，则企业存在很大的破产风险；如果 Z 值处于 1.20 ~ 2.90，即"灰色地带"，则表明企业财务状况是不稳定的，但难以简单判断是否肯定破产。[①]

之后不断有学者就模型的预测变量选择和如何提高模型预测效率进行研究，莫耶（Moyer）采用逐步判别分析方法建立的预警模型提高了模型的预测准确率。阿特曼、哈德曼（Haldeman）和纳拉亚南（Narayanan）（1977）又运用包括经营收益/总资产、收益稳定性、利息保障倍数、留存收益/总资产、流动比率、普通股权益/总资本和普通股权益/总资产 7 项比率，分析 1969 ~ 1975 年的 53 家破产企业和 58 家非破产企业，建立了一个七变量的预测企业财务失败的新模型——"Zeta 模型"，此模型的建立使得判别分析方法在财务预警领域的应用更加广泛，并应用于其他方面的研究，如审计意见预测等。

周首华、杨济华和王平（1996）在 Z-score 模型的基础上结合我国的资本市场特征提出 F 分数预测模型[②]，判别函数为：

$$F = -0.1774 + 1.1091X_1 + 0.1074X_2 + 1.9271X_3 + 0.0302X_4 + 0.4961X_5$$

其中：$X_1$ =（期末流动资产 – 期末流动负债）/期末资产总额

$X_2$ = 期末留存收益/期末资产总额

$X_3$ =（税后净利润 + 折旧）/平均总负债

$X_4$ = 期末股东权益的市场价值/期末总负债

$X_5$ =（税后净利润 + 利息 + 折旧）/平均总资产

应该指出的是，此模型中预测变量的选定大多基于唐纳德森（Donaldson，1969）的理论，由于这些变量均能反映公司财务困境的

---

① Altman E. L. Financial Ratios, Discriminant Analysis and the Prediction of Corporate Bankruptcy [J]. Journal of Finance, 4（September），1968：589 – 609.

② 周首华，杨济华，王平. 论财务危机的预警分析——分数模式 [J]. 会计研究，1996（8）：8 – 11.

征兆，相对于 Z 分数模式，可以提高财务危机预警的准确度。

陈静（1999）以 1998 年的 27 家 ST 公司和对应的 27 家非 ST 公司为样本，使用 1995～1997 年的财务报表数据，进行了多元线性判别分析。在分析中发现由负债比率、净资产收益率、流动比率、营运资本/总资产、总资产周转率 6 个指标构建的模型，在 ST 发生的前 3 年能较好地预测 ST。

张玲（2000）以沪深两市 1998 年和 1999 年的 60 家 ST 公司和 60 家非 ST 公司为研究对象，使用其中 60 家公司的财务数据构建多元线性判别模型，研究表明：当 Z < 0.5 时为 ST 公司；当 0.5 < Z < 0.9 时，为非 ST 公司；当 Z > 0.9 时，为财务安全公司。使用另外 60 家公司数据进行模型检验，结果表明模型具有超前 4 年的预测效果。

判别分析得到的预警函数一般是由两个以上独立变量组成的线性函数，根据函数计算得到的分值的大小，判断企业是否处于财务危机状态。尽管判别分析模型取得了相当成果，但是该类模型具有以下局限：

（1）财务变量服从独立的多元正态分布的假设过于理性，现实情况往往违背这一假设，尤其是处于财务困境或破产的企业的变量与正态分布的偏差更大。

（2）两类企业总体的分布相同的假设也不符合现实情况。

（3）对独立财务变量的作用解释不适当，协方差相等的假设也存在问题。

（4）建立模型的过程中对于先验概率和误判成本的取定缺乏科学的理论根据。

（5）判别误差估计的问题和变量的多重共线性问题也是困扰判别分析的重要问题。

由于判别分析方法的局限，20 世纪 80 年代以后判别分析方法的应用研究逐渐减少。

### 3. 多元逻辑模型（Logistic）和多元概率比回归模型（Probit）

Logistic 和 Probit 模型属于多元条件概率模型，是根据企业的财务比率等变量的累积概率分布函数计算企业属于不同类别的概率，根据概率的分界点确定企业归属于哪一类。奥尔森（Ohlson）于 1980 年研究开发的 Logistic 模型是此类研究的代表，他在模型中应用了 9 个财务变量，包括定性的分析 0~1 变量和定量的连续变量，对 1970~1976 年间破产的 105 家公司和 2 058 家公司组成的非配对样本进行研究，通过分析样本公司在破产概率区间上的分布以及两类判别错误与分割点的关系，奥尔森发现用公司规模、资本结构、业绩和当前的变现能力进行财务危机的预测准确率较高。① 在奥尔森之后，扎格伦（Zavgren）等学者又对 Logistic 模型进行了改进和扩展，尽管对于 Logistic 模型与判别分析模型的比较研究没有充分证明 Logistic 模型的预测能力较高，但是由于它克服了判别分析模型关于变量分布假设的局限，Logistic 模型在 20 世纪 80 年代以后得到了广泛的应用。

孙铮（2001）在讨论治理弱化与财务危机的辩证关系基础上，并结合 18 个财务变量的分析，运用 Logistic 回归构建了判别我国上市公司财务危机的模型，该模型包括四个变量：毛利率、其他应收账款与总资产的比率、短期借款与总资产的比率、股权集中系数，其中股权集中系数被认为是我国公司治理结构的直接表现。宋素荣和于丽萍（2006）选取了 148 家上市公司作为样本，首先分析检验出了若干预警能力强的变量，其次通过利用 Logit 模型对所选解释变量进行逐步回归来构建财务危机预警模型。②

Probit 模型与 Logistic 模型相似，两者的主要区别是对变量的概

① Ohlson, J. Financial Ratios and the Probabilistic Prediction of Bankruptcy [J]. Journal of Accounting Research, vol, 18, 1980: 109-131.
② 宋鹏，张信东. 基于 Logistic 模型的上市公司财务危机预警研究 [J]. 经济问题，2009（8）：50-52.

率分布假设不同，Probit 模型采用的是累计正态概率函数，即假设因变量服从累计正态分布；而 Logistic 采用的是逻辑概率分布函数，它将预测（0、1）事件的概率问题转化为实数轴上预测一个事件发生的机会比率的问题。金吉韦斯基（Zinjewski，1980）使用了多元概率比回归方法分析了 1970～1976 年间破产的 105 家公司和 2 058 家公司组成的配对样本，采用极大似然法，通过使每个样本个体的破产与非破产的联合概率最大来构造模型，并分析样本公司在破产概率区间上的分布以及两类错误和判别阈值点之间的关系。

Logistic 和 Probit 模型的优点是不需假设变量服从多元正态分布，而且可以应用于非线性的拟合。尽管它们能够解决判别分析不能给出企业概率的缺陷，但是计算复杂，样本的选择受到对总体的概率估计的限制，而且应用中需要相当的数学基础，不便于理解和操作；此外，它们同样有先验概率估计和误差估计的问题，分析成本也较高。

## （二）非统计类方法

进入 20 世纪 90 年代以后，随着计算机技术和信息技术的发展，西方研究人员开始将自然科学的一些方法和数据挖掘技术引入危机预警研究中，如运用人工神经网络、专家系统、遗传算法等技术进行财务危机的预测研究，并取得显著效果。自此，非统计类方法开始在财务预警领域得到广泛应用，并不断得到创新。

### 1. 多目标规划决策优化模型

目标规划是最常用的多标准决策优化方法之一，起源于经典的线性规划决策分析模型，在财务预警研究中已得到一定的应用并取得了相应的成果。它一般以判别误差最小为目标构建目标函数，根据样本的实际情况分析确定预警模型必须满足的约束条件，通过目标规划求解的方法求得预警函数中的各变量系数和判别值。目标规划的最大局限是规划求解的计算比较困难，但是随着计算机求解的推广，以及规划求解方法的改进，在财务研究领域目标规划方法已经成为备受关注的方法之一。

## 2. 人工神经网络 ANN 模型和 KMV 模型

神经网络分析方法（NN）是一种平行分散处理模式，具有动态性，它可克服统计方法的限制，是解决区隔问题的一个重要工具。奥多姆等（Odom et al.，1990）开始运用人工神经网络进行财务危机预测的探索。1993 年塔姆（Tam）采用 ANN 模型进行财务预警研究，通过对人工神经网络的模拟，得出神经网络可以应用于财务预警的结论。神经网络模型的优点在于其通用性，能够处理绝对变量和连续变量，并且在复杂领域可以产生良好的预测效果，其缺点在于要求输入变量介于 0 和 1，可能聚合较差的解，其结果难以解释。

应用 ANN 模型需要在试误（try and error）的基础上选择样本，缺少理论依据，而且危机公司与正常公司样本数比例与实际情况不对称，可能会导致过度抽样或是样本自我选择的问题，以致高估了模型的预测能力。马若微（2006）借鉴近年来在国外颇具影响的 KMV 模型，引入功率曲线（Power Curve），分析 KMV 模型在中国上市公司财务危机预测上的实用性与优越性。他选择了 2004 年底以前在沪深两市挂牌的所有上市公司，经筛选后得到了 852 个样本，其中有 115 家 ST 公司。经过适用性检验、优越性分析研究后得出结论，KMV 模型对于中国股市是适用的，能较早的反映公司的经营业绩与抗破产能力，而且相对于 Logistic、Fisher 等模型，其优势是明显的。

## 3. 基于支持向量机（SVM）的财务危机预警模型

SVM 是一种基于统计学习理论的机器学习方法，SVM 方法的核心思想就是建立一个最优分类面作为决策曲面，将样本准确划分为两类。所谓最优分类面就是要求分类面不仅能够将两类正确区分（训练误差率为 0），且应使分类间隔最大。SVM 方法能有效解决传统模型存在的小样本、高维数、非线性等问题。张在旭等（2006）基于支持向量机方法（SVM）建立了一种新的公司财务危机预测模型，构建出的最优分类函数，其中分类间隔为 0.224823，即当最优分类函数小于 0.224823 时，公司财务正常；当最优分类函数大于 0.224823 时，公司出现财务危机。此后，阎娟娟、孙红梅和刘金花 (2006)，也对支持向量机在财务危机预警模型的构建上做了深入研究，杨涛 (2009) 采用 SVM 模型对我国医药制造企业的财务危机进行研究，证明该方法运用于财务危机预警中是有效的，为财务危机预警提供了一条新的研究思路和方法的结论。

4. 基于可拓方法的模型

可拓学创立于 1983 年，20 多年来，已经初步形成了它的理论框架，并向应用领域发展。张玉斌、张云辉等 (2003) 开始尝试将可拓学方法运用到上市公司的综合评价中来。王自强、范贻昌等人 (2006) 运用可拓学方法对深沪两市中 ST 公司的财务状况构建物元预警模型进行实证分析之后，作者还运用灰色关联度评价方法进行实证检验。其检验结果表明物元模型的隶属程度能够很好地反映公司财务状况的优劣程度。冯晋、王虎 (2007) 也运用可拓学基本理论，通过上市公司财务数据的检验，建立了上市公司风险预警模型，也得出了比较理想的结果。

5. 粗糙集 (Rough Sets) 模型

粗糙集理论是一种刻画不完整性和不确定性的数学工具，能有效分析不精确、不一致、不完整等各种不完备的信息，还可以对数据进行分析和推理，从中发现隐含的知识，揭示潜在的规律。自 21 世纪 70 年代，波兰学者帕沃拉克 (Z. Pawlak) 提出粗糙集理论以后，粗糙集理论便在数据挖掘领域崭露头角。21 世纪以后，粗糙集理论开始在财务预警方面得到应用。刘新允、庞清乐 (2005) 将粗糙集理论与神经网络相结合，利用粗糙集理论的强大数据挖掘能力为神经网络模型提供简洁高效的数据。刘新允 (2007) 以 63 家上市公司为样本，单独利用粗糙集理论构建财务预警模型，研究结果表明，这种方法是有效的。与以上几种模型相比，粗糙集模型的理论基础比较成熟，构建模型的过程也相对比较简单。而与多元判别模型相比，粗糙集模型不需要严格的假设，准确度相对较高，因此是一种比较理想的财务预警模型。

相较于统计类分析方法，非统计类预警模型的主要优点是：

（1）可以克服统计类模型关于预测变量的假设的局限，避免对于变量选择的严格要求，提高模型的适应性和模型的预警能力。

（2）预警变量可以选择定量指标也可以选择定性指标。

（3）预警模型的建立与样本的分布不相关，可以扩大应用的范围。

（4）通过对目标函数中各目标优先系数的设定，可以反映决策分析人员的原则和策略。

事实上，还有许多非主流的预警研究方法，它们也各有利弊，例如：递归划分算法兼具多变量模型的信息容量大和单变量模型简洁的优点，同时，由于这种方法属于非参数研究方法，从而避免了参数类研究方法的诸多缺陷。混沌理论用于破产预测也是一种有益的尝试，但是其理论依据不足，预测精度也有待提高。实验法可以结合专家意见，综合反映定量和定性因素，但是该方法费时费力，而且如何选取专家的方法会直接影响结果。生存分析法主要的优势在于能够处理随时间变化的变量和审查后的观测值（censored observations），但该方法的实用性有待进一步检验。

21世纪初还出现了财务预警的混合模式。混合模式是指在进行预警分析时，同时采用两种或两种以上的方法建立模型，以实现企业财务预警的目的。建立混合模式的目的是同时采用多种方法，克服各个方法自身的缺陷，取长补短。韩国的艾、赵和金（B. S. Aim、S. S. Cho and C. Y. Kim，2000）将粗糙集理论与神经网络方法结合起来，建立了混合模型，并对此进行了实证研究，结果表明这种混合模式与传统模式相比有着明显的优势。英国学者林和麦克科林（FengYu Lin and Sally McClean，2001）以四种独立的财务预警研究方法（判别分析法、逻辑回归法、神经网络方法及决策树方法）为基础，将这几种方法进行不同的组合，建立了三种混合模式，再对这些方法进行实证分析，验证结果表明在同等条件下，混合模式明显优于单个方法模式。

## （三）财务指数预警方法

进入 21 世纪，随着财务指数在发挥会计信息重大决策预警作用方面的学术价值被广泛认可，财务指数预警研究也有了新的较快的发展。相比微观财务指标在财务预警中的使用，财务指数既可以避免主观因素的干扰，比较客观的反映某一企业群体财务状况的集中趋势，由于其直观、易于使用等特征，企业及其利益相关者也可以方便快捷的使用财务指数判断企业面临的风险。张友棠等（2008）认为指数预警是建立在统计预警和模型预警之上的一种以定量预警为主的综合性预警方法，同时他还提出了三维财务风险预警系统，并从理论上阐述了三维财务风险预警指数的编制方法。[①]

财务指数预警借鉴宏观经济预警中指数的思想，运用一定的技术方法，构建符合微观经济主体的财务指数，并将其运用于财务预警中，以期判断和监测企业的财务风险，揭示企业在所处行业中的地位。构建财务指数预警模型最基本的步骤如下：（1）按照一定的原则设计和构建财务指数预警指标体系，然后运用一定的技术从中选取财务预警关键监测指标；（2）测度各项关键监测指标的实际值和预警临界值，构建财务个体指数；（3）对财务个体指数进行分析，构建财务指数预警模型，测度财务综合指数，并对结果进行分析评价。预警临界值是指确定某个财务指标有无警情的临界点。怎样准确测度个体指数，是构建财务指数预警的关键点之一，而测度个体指数的难点又在于怎样准确定义预警临界值。由于企业所处的地域、行业不同，各自的经营环境和自身条件不同，其财务预警的临界值也不同。

---

① 张友棠，冯自钦，杨轶. 三维财务风险预警理论模式及其指数预警矩阵新论——基于现金流量的财务风险三维分析模型及其预警指数体系研究［J］. 财会通讯，2008（2）：25－29.

经过几十年的发展，基于财务指标构建的模型预警研究成果丰硕。然而，财务预警模型研究成果在现实中的应用并不乐观，财务预警模型的高判别率并未转化为现实中的高预测率。企业是一个开放性的经营实体，需要不断地与外界交换物质和信息并发生财务关系，以获取和配置资源，保障持续经营。因此，企业的财务危机除了受企业内部运营与管理的影响，还与外部宏观经济的波动密不可分。另外，财务预警是以财务及非财务信息为基础的，需要通过设置并观察一些敏感性预警指标的变化，才能对企业可能或者将要面临的财务危机进行实时监控和预测警报。财务指数预警能够较好地解决机械套用国外模式，不考虑行业差异等影响预警准确性和有效性的问题。

我国财务指数研究虽然取得了一定的成果，但目前理论研究方面还未构建统一的财务指数体系。实证研究方面，主要探索采用主成分分析法、层次分析法、专家调查法、熵值法等方法构建财务指数，并取得了一定的研究成果。许娟（2004）将层次分析法和专家调查法相结合构建上市公司财务指数体系；张勇（2006）采用主成分分析法建立了房地产行业财务指数预警模型；杨轶和张友棠（2008）采用熵值法构建财务指数；马爱春（2010）以层次分析法为基础建立了企业弹性财务指数。尽管各种方法层出不穷，财务指数研究尚处于不断地探索与尝试阶段。

本研究的一个重点和突破点就是：构建三级财务预警指数体系并以此为基础，通过实证分析确定影响企业财务危机发生的关键宏观经济指标或指数，进一步确定其对财务指数影响的滞后性程度；在此基础上，分别构建子系统财务指数、综合财务指数与宏观经济指标（指数）的预警矩阵，并验证其准确性。在财务指数模型的构建过程中，克服以往实证研究存在的问题，充分考虑财务指标的差异性，采用不同的方法，期望建立的财务指数模型能更真实、全面、准确地反映企业运营的健康状况，并为财务危机预警和各项决策提供依据。具体内容详见第六章和第七章。

# 第二章

# 财务指标及其预警体系

　　企业定期编制并对外公布的财务报告,特别是其中资产负债表、利润表、现金流量表、所有者权益变动表等财务报表,为投资者及相关信息使用者提供了企业在一定日期财务状况和一定时期的经营成果、现金流量等会计信息。针对这几张报表所内含的大量信息,可以根据多种分析目的和需要来提取和演算出很多有意义的财务指标,以便为其决策或分析或预警提供依据。多年来,学术界、实务界都不遗余力地在这一简单而又神秘的领域进行着扎实而显著的探索。

　　财务指标作为企业经营态势的一种直接载体,对财务预警研究具有直接的基础性的影响,为此,本章首先对常规财务评价指标进行一般性的专业铺垫解读,之后,以现实中经常被强化的几种管理控制导向再进一步甄别各类财务指标的现实基础,最后优选合适的分析预警财务危机的财务指标体系。

## 第一节　企业财务指标的基本构成体系

　　分析单个企业财务运行态势,与分析群体企业财务运行情况,存在着一定差异,如对某一个企业的分析,可以考量其流动资产与流动负债的差额(即净营运资本),以观察其流动负债"穿透"流动资产的"缓冲垫"是否处于安全边际，防止流动负债"穿透"流动资产，而对企业群体的分析，则主要凭借具有内在相关性的两个或多个指标进行相除等简单数学运算后的取得的比率等质量分析指标来考察其运行安全性。基于本项目主要研究企业群体的财务预警，因此，源于大样本的质量分析指标成为我们的首选。国内学术界、实务界也存在着很多评价指标体系：厦门大学葛家澍（2001）将财务评价指标分为盈利指标、营运指标、偿债指标、发展能力指标四类；中国人民大学王化成（2004）将财务评价指标分为偿债能力指标、盈利能力指标、营运能力指标、发展趋势指标四类；王湛、赵琳（2001）将财务评价指标分为收益指标、现金流量指标和股价指标三类；刘力（2000）将财务评价指标分为偿债能力指标、资产运用能力指标、盈利能力指标、市场价值指标四类；崔毅、邵希娟（2002）将财务评价指标分为营运能力指标、流动性指标、长期偿债能力指标、盈利能力指标四类；同时，政府监管机构也基于持续改进企业财务监管的需要而探索精细化的财务指标，财政部等四部委（1999）将国有资本金评价指标体系分为财务效益指标、经营指标、偿债能力指标和发展能力指标四类；国务院国资委（2006）将中央企业综合绩效评价指标分为财务绩效定量评价指标（四个方面：盈利能力状况、资产质量状况、债务风险状况、经营增长状况）和管理绩效定性评价指标（八个方面：战略管理、发展创新、经营策略、风险控制、基础管理、人力资源、行业影响、社会贡献）；《企业财务通则》（2007）将企业财务有效性的财务评价体系分为偿债能力、盈利能力、资本营运能力、发展能力和社会贡献五类指标，等等。可以说，财务分析指标的多种分类，多数源于传统财务指标基础上的创新思维，并趋向结合市场价值、可持续发展等指标的综合财务活力评价指标方面改进。下面从多数专家共识的分类财务指标进行相应的阐述。

# 一、考察偿债能力的财务质量指标

偿债能力既要考核短期偿债能力，也要考核长期偿债能力。

## （一）考察短期偿债能力的财务质量指标

短期偿债能力是企业以流动资产偿还流动负债的能力，它反映企业偿付日常到期债务的实力。如果短期偿债能力不足，企业则无法偿付到期债务及各种应付账款，如此下去，就会引起企业信誉下降，经营周转资金短缺，经营管理困难，甚至导致企业破产，因此，短期偿债能力的分析是财务分析中非常重要的一个方面，是反映企业财务状况是否良好的一个重要标志。

影响企业短期偿债能力的因素主要有流动负债规模与结构、流动资产规模与结构以及企业经营活动现金流量等，反映企业短期偿债能力的指标主要有：流动比率、速动比率、现金比率以及现金流动负债比率，等等。

### 1. 流动比率

流动比率（Current Ratio，简称 CR），是指流动资产总额和流动负债总额之比，即考察一定负债有多少流动资产做偿还的相应保障。其计算公式是：

$$流动比率 = （流动资产合计/流动负债合计）\times 100\%$$

上述公式中，流动资产是指可以在一年内或超过一年的一个营业周期内变现或运用的资产，主要包括货币资金、交易性金融资产、应收及预付款项和存货。流动负债是指在一年内或超过一年的一个营业周期内偿还的债务，主要包括短期借款、交易性金融负债、应付及预收款、应付票据、应交税费、应付利息、应付股利以及一年内到期的非流动负债。

在众多的财务分析指标中，流动比率是一个经常被提及的重要指标。流动比率是分析企业短期偿债能力，衡量企业短期风险的重要指标。从企业债权人角度看，流动比率越高越好，因为流动比率越高，说明流动资产抵偿流动负债的程度越高，债权人遭受损失的风险越小。而从所有者和经营者的角度看，这一比率并不是越高越好，因为，当企业的投资报酬率高于债务资本利息率时，举债经营会提高所有者权益报酬率。

一般的企业管理经验认为，流动比率保持在 2 左右才能表示财务状况稳定，但这不是绝对的。因为，不同行业、同一行业不同企业、同一企业不同发展阶段，其流动比率都会有很大差异。有些企业营业周期较短、存货规模小、应收账款周转率高，其流动比率有时比较低，而有的企业虽流动比率高，但流动资产质量低、企业存货积压或滞销、企业现金流不足，偿还短期债务的能力必然受到影响。所以，在分析时应根据行业、企业的具体情况来加以分析判断，以得出正确结论。

特别需要注意，流动比率的局限性也是明显的：其一，无法评估未来资金流量。流动性代表企业运用足够的现金流入以平衡所需现金流出的能力。而流动比率各项要素都来自资产负债表的时点指标，只能表示企业在某一特定时刻一切可用资源及需偿还债务的状态或存量，与未来资金流量并无因果关系。因此，流动比率无法用以评估企业未来资金的流动性。其二，未反映企业资金融通状况。在一个注重财务管理的企业中，持有现金的目的在于防范现金短缺现象。然而，现金属于非获利性或获利性极低的资产，一般企业均应尽量减少现金数额。事实上，通常有许多企业在现金短缺时转向金融机构借款，此项资金融通的数额，未能在流动比率的公式中得到反映。其三，应收账款的偏差性。应收账款额度的大小往往受销货条件及信用政策等因素的影响，企业的应收账款一般具有循环性质，除非企业清算，否则，应收账款经常保持相对稳定的数额，因而不能将应收账款作为未来现金净流入的可靠指标。在分析流动比率时，如把应收账款的多寡视为未来现金流入量的可靠指标，而未考虑企业的销货条件、信用政策及其他有关因素，则难免会发生偏差。其四，存货价值确定的不稳定性。经由存货而产生的未来短期现金流入量，常取决于销售毛利的大小。一般企业均以成本表示存货的价值，并据以计算流动比率。事实上，经由存货而发生的未来短期内现金流入量，除了销售成本外，还有销售毛利，然而流动比率未考虑毛利因素；其五，粉饰效应。企业管理者为了显示出良好的财务指标，会通过一些方法粉饰流动比率。例如：对以赊购方式购买的货物，故意把接近年终要进的货推迟到下年初再购买；或年终加速进货，将计划下年初购进的货物提前至年内购进等，都会人为地影响流动比率。

从完善财务分析的角度讲，如何改进流动比率分析呢？其一，检验应收账款质量。目前企业之间的三角债普遍存在，拖欠周期有些很长，特别是国有大中型企业负债很高，即使企业提取了坏账准备，有时也不足以冲抵实际的坏账数额。显然，这部分应收账款已经不是通常意义上的流动资产了。所以，会计报表的使用者应考虑应收账款的发生额、企业以前年度应收账款中实际发生坏账损失的比例和应收账款的账龄，运用较科学的账龄分析法，从而估计企业应收账款的质量。其二，选择多种计价属性。即对流动资产各项目的账面价值与重置成本、现行成本、可变现净值进行比较分析。企业流动资产中的一个主要的组成部分是存货，存货是以历史成本入账的。而事实上，存货极有可能以比该成本高许多的价格卖出去，所以通过销售存货所获得的现金数额往往比计算流动比率时所使用的数额要大。同时随着时间的推移与通货膨胀的持续，存货的历史成本与重置成本必然会产生偏差，但流动比率的计算公式中运用的仅仅是存货的历史成本。为了更真实地反映存货的现行价值，会计报表的使用者应把使用存货的历史成本与使用重置成本或现行成本计算出来的流动比率进行比较。若在重置成本或现行成本下的流动比率比原来的流动比率大，即是有利差异，表明企业的偿债能力得到了增强；反之，则表明企业的偿债能力削弱了。

## 2. 速动比率

速动比率是企业速动资产与流动负债的比值。该比率表明企业的每一元流动负债，有多少速动资产作偿还保障。速动资产是指能迅速转化为现金的资产，是流动资产扣除存货、预付账款和待摊费用（预付账款）后的余额。其计算公式为：

速动比率 = (流动资产 – 存货 – 待摊费用)/流动负债

速动比率作为流动比率的必要补充，也是分析企业短期偿债能力的重要指标，因为，如果企业流动资产的流动性很差，即使其流动比率很高，也不能说明企业的短期偿债能力强。在流动资产中，存货的变现能力最差，它通常要经过产品的售出和账款的收回两个过程才能变为现金，存货中还可能包括呆滞积压的产品难于变现。至于待摊费用和预付账款只能节约现金支出，而不能直接用来偿还流动负债或变现。所以把流动资产中的货币资金、短期投资、应收票据、应收账款、其他应收款项等变现能力较强的项目作为速动资产，更能体现出企业短期偿债能力的强弱。

速动比率又称酸性测验比率，它能准确地表明企业的短期偿还债务的保障程度，用于衡量企业流动资产中可以立即用于偿付流动负债的能力。现行绩效评价指标体系中速动比率计算公式中的速动资产，尽管扣除了流动资产中变现能力最差的存货，但仍然存在着其他一些可能与现金流量无关的项目如待摊费用，并受到应收账款变现能力的影响。该指标计算公式为：

速动比率 = (速动资产/流动负债) × 100%

（其中，速动资产 = 货币资金 + 短期证券 + 扣除三年以上应收账款净额）

速动比率一般要求保持在100%以上，即每一元流动负债有一元以上速动资产可供偿付；否则，企业有可能出现财务危机。但该比率过高，说明现金类资产未得到有效利用。速动比率一般在70% ~

150% 为好。

一般的企业管理经验认为，企业速动比率为 1 或稍大一些较为合适。它表明企业每一元短期负债，都有一元或一元以上易于变现的资产作为抵偿。如果速动比率过低，说明企业短期偿债能力差；但如果速动比率过高，则又说明企业货币资金利用效率低，没有充分利用投资及获利的机会。在分析时，应结合行业特点及本企业历史资料来加以判断，不能简单地一概而论。

速动比率对短期偿债能力的影响分析：速动比率的高低能直接反映企业的短期偿债能力强弱，它是对流动比率的补充，并且比流动比率反映得更加直观可信。如果流动比率较高，但流动资产的流动性却很低，则企业的短期偿债能力仍然不高。在流动资产中有价证券一般可以立刻在证券市场上出售，转化为现金、应收账款、应收票据、预付账款等项目，可以在短时期内变现，而存货、待摊费用等项目变现时间较长，特别是存货很可能发生积压，滞销、残次、冷背等情况，其流动性较差，因此流动比率较高的企业，偿还短期债务的能力并不一定很强，而速动比率就避免了这种情况的发生。速动比率一般应保持在 100% 以上。

速动比率对安全性的影响分析：企业资产的安全性应包括两个方面的内容：一是有相对稳定的现金流和流动资产比率；二是短期流动性比较强，不至于影响盈利的稳定性。因此，在分析企业资产的安全性时，应该从以下两方面入手：首先，企业资产的流动性越大，企业资产的安全性就越大。假如一个企业有 500 万元的资产，第一种情况是，资产全部为设备；另一种情况是 70% 的资产为实物资产，其他为各类金融资产。假想，有一天该公司资金发生周转困难，公司的资产中急需有一部分去兑现偿债时，哪一种情况更能迅速实现兑现呢？理所当然的是后一种情况。因为流动资产比固定资产的流动性大，而更重要的是有价证券便于到证券市场上出售，各种票据也容易到贴现市场上去贴现。许多公司倒闭，问题往往不在于公司资产额太小，而在于资金周转不过来，不能及时清偿债务。因此，资产的流动性就带来了资产的安全性问题。

在流动性资产额与短期需要偿还的债务额之间，要有一个最低的比率。如果达不到这个比率，那么，或者是增加流动资产额，或者是减少短期内需要偿还的债务额。我们把这个比率称为流动比率。流动比率是指流动资产和流动负债的比率，它是衡量企业的流动资产在其短期债务到期前可以变现用于偿还流动负债的能力，表明企业每一元流动负债有多少流动资产作为支付的保障。流动比率是评价企业偿债能力较为常用的比率。它可以衡量企业短期偿债能力的大小，它要求企业的流动资产在清偿完流动负债以后，还有余力来应付日常经营活动中的其他资金需要。根据一般经验判定，流动比率应在200%以上，这样才能保证公司既有较强的偿债能力，又能保证公司生产经营顺利进行。在运用流动比率评价企业财务状况时，应注意到各行业的经营性质不同，营业周期不同，对资产流动性的要求也不一样，因此200%的流动比率标准，并不是绝对的。

总之，流动比率和速动比率都是用来表示资金流动性的，即企业短期债务偿还能力的数值，前者的基准值是2，后者为1。但是，流动比率高的企业并不一定偿还短期债务的能力就很强，因为流动资产之中虽然现金、有价证券、应收账款变现能力很强，但是存货、待摊费用等也属于流动资产的项目则变现时间较长，特别是存货很可能发生积压、滞销、残次、冷背等情况，流动性较差。而速动比率则能避免这种情况的发生，因为速动资产就是指流动资产中容易变现的那部分资产。衡量企业偿还短期债务能力强弱，应该将两者结合起来，一般情况如下：

流动比率 CR < 1 并且速动比率 QR < 0.5，表示资金流动性差；

1.5 < 流动比率 CR < 2 并且 0.75 < 速动比率 QR < 1，表示资金流动性一般；

流动比率 CR > 2 并且速动比率 QR > 1，表示资金流动性好。

### 3. 现金比率

现金比率又称现金流动负债比率。是除流动比率、速动比率外，一种更为保守的衡量企业短期偿债能力的比率，是企业现金类资产与流动负债的比值，也称为绝对流动比率。与速动比率相比，该比率剔除了企业的应收账款类项目，主要用来衡量企业的随时偿付能力。其计算公式为：

$$现金比率 = [(现金 + 有价证券)/流动负债] \times 100\%$$

现金比率越高，企业短期偿债能力越强，企业应急能力也就越强，但在企业经营活动正常的情况下，企业不应过多的保留现金类资产，因为这样会导致企业资金成本升高，获利能力降低。所以，企业应根据实际情况，合理确定最佳货币持有量，把现金比率控制在适当的范围内。

基于收付实现制与权责发生制两种会计核算基础同时存在，导致利润实现额并不一定等同于相应积累了等额的现金，有利润的年份不一定有足够的现金来偿还债务，所以，现金流动负债比率指标能充分体现企业经营活动所产生的现金净流量可以在多大程度上保证当期流动负债的偿还，直观、稳健地从现金流动角度反映出企业偿还流动负债的实际能力，是对企业偿债能力的进一步修正因素，也有企业从动态分析现金比率，该指标计算公式为：

$$现金比率 = (经营现金净流量/流动负债) \times 100\%$$

现金流动负债比率越大，表明企业经营活动产生的现金净流量越多，越能保障企业按期偿还到期债务。但也不是比率越大越好，如果该指标过大，则表明企业流动资金利用不充分，获利能力不强。所以，应保持一个恰当的比率，一般在 10% ~ 25% 为好。该比率反映的是本期经营活动所产生的现金净流量足以抵付流动负债的倍数。

综上所述，从流动比率、速动比率到现金比率，面对的衡量标杆都是流动负债，而依次采取渐进严格的口径，值得在必要时分析实施。从三类比率的相关关系分析，流动比率、速动比率和现金比率的相互关系为：

其一，以全部流动资产作为偿付流动负债的基础，所计算的指标是流动比率；

其二，速动比率以扣除变现能力较差的存货和不能变现的待摊费用作为偿付流动负债的基础，它弥补了流动比率的不足；

其三，现金比率以现金类资产作为偿付流动负债的基础，但现金持有量过大会对企业资产利用效果产生负面作用，这种指标仅在企业面临财务危机时使用，相对于流动比率和速动比率来说，其作用力度较小。

速动比率同流动比率一样，反映的都是单位资产的流动性及快速偿还到期负债的能力和水平。一般而言，流动比率是2，速动比率为1。但是实务分析中，该比率往往在不同的行业，差别非常大。速动比率，相对流动比率而言，扣除了一些流动性非常差的资产，如待摊费用，这种资产其实根本就不可能用来偿还债务；另外，考虑存货的毁损、所有权、现值等因素，其变现价值可能与账面价值的差别非常大，因此，将存货也从流动比率中扣除。这样的结果是，速动比率非常苛刻地反映了一个单位能够立即还债的能力和水平。

**（二）考察长期偿债能力的财务质量指标**

企业长期偿债能力是指企业支付长期债务的能力。企业的长期负债包括长期借款、应付长期债券、长期应付款等。企业偿还长期债务能力，应含有债务本金和债务利息两部分债务。影响企业长期偿债能力的因素主要有企业长期负债的规模与结构、企业非流动资产规模与结构、盈利能力。因此，衡量企业偿债能力的强弱主要是看企业资金结构是否合理、稳定以及企业长期盈利能力的大小。反映企业长期偿债能力的指标主要有：

1. 资产负债率

资产负债率指标反映企业总资产中有多少是由举债筹集的，从企业资本结构角度反映了企业投资人和债权人的投资风险，是国际上公认的衡量企业负债偿还能力和财务风险的重要综合性指标。由于资产总额必须与负债及所有者权益总额相等，故该比率实际上表明借入资本占企业总资金来源的比率。资产负债率反映企业长期偿还债务的综合能力和风险程度，是评价财务活力及生存特性的基本指标。该比率越高，表明企业的偿债能力越差，承担的风险越大；但该比率太低，说明企业利用负债的杠杆效应太小，不利于企业价值最大化。资产负债率一般在 60% ~45% 为好。

资产负债率是一项衡量公司利用债权人资金进行经营活动能力的指标，也反映债权人发放贷款的安全程度。计算公式为：

$$资产负债率 = (负债总额 / 资产总额) \times 100\%$$

这个比率对于债权人来说越低越好。因为公司的所有者（股东）一般只承担有限责任，而一旦公司破产清算时，资产变现所得很可能低于其账面价值。所以如果此指标过高，债权人可能遭受损失。当资产负债率大于 100%，表明公司已经资不抵债，对于债权人来说风险非常大。

通常判断资产负债率是否合理，首先要看你站在谁的立场。资产负债率这个指标反映债权人所提供的负债占全部资本的比例，也被称为举债经营比率。

从债权人的立场看，他们最关心的是贷给企业的款项的安全程度，也就是能否按期收回本金和利息。如果股东提供的资本与企业资本总额相比，只占较小的比例，则企业的风险将主要由债权人负担，这对债权人来讲是不利的。因此，他们希望债务比例越低越好，企业偿债有保证，则贷款给企业不会有太大的风险。

从股东的角度看，由于企业通过举债筹措的资金与股东提供的资金在经营中发挥同样的作用，所以，股东所关心的是全部资本利润率是否超过借入款项的利率，即借入资本的代价。在企业所得的全部资本利润率超过因借款而支付的利息率时，股东所得到的利润就会加大。如果相反，运用全部资本所得的利润率低于借款利息率，则对股东不利，因为借入资本的多余的利息要用股东所得的利润份额来弥补。因此，从股东的立场看，在全部资本利润率高于借款利息率时，负债比例越大越好，否则反之。企业股东常常采用举债经营的方式，以有限的资本、付出有限的代价而取得对企业的控制权，并且可以得到举债经营的杠杆利益。在财务分析中也因此被人们称为财务杠杆。

此外，从经营者的立场看，如果举债很多，超出债权人心理承受程度，企业就借不到钱。如果企业不举债，或负债比例很小，说明企业畏缩不前，对前途信心不足，利用债权人资本进行经营活动的能力很差。从财务管理的角度来看，企业应当审时度势，全面考虑，在利用资产负债率制定借入资本决策时，必须充分估计预期的利润和增加的风险，在二者之间权衡利害得失，作出正确决策。

2. 所有者权益比率

所有者权益比率是所有者权益与资产总额的比值，反映企业全部资产中，所有者投入资金所占比重，其计算公式如下：

所有者权益比率 = （所有者权益/资产总额）×100% = 1 - 资产负债率

如果按同一口径计算，所有者权益比率与负债比率之和恰好等于1，因此，所有者权益比率升高，负债比率就会下降，反之则会升高。因此，企业所有者权益比率提高，资产负债率降低，反映该企业偿还长期债务的能力有所增强，企业的财务风险相应减小。

3. 权益乘数

权益乘数是所有者权益比率的倒数，又称股本乘数，是指资产总额相当于股东权益的倍数。其计算公式如下：

权益乘数 = （资产总额/所有者权益）×100% = 1/（1 - 资产负债率）

权益乘数越大表明所有者投入企业的资本占全部资产的比重越小，企业负债的程度越高；反之，该比率越小，表明所有者投入企业的资本占全部资产的比重越大，企业的负债程度越低，债权人权益受保护的程度越高。也就是说，权益乘数较大，表明企业负债较多，一般会导致企业财务杠杆率较高，财务风险较大，因此，企业财务管理中就必须寻求一个最优资本结构，以获取适当的 EPS/CEPS，从而实现企业价值最大化。再如在借入资本成本率小于企业的资产报酬单时，借入资金首先会产生避税效应（债务利息税前扣除），提高 EPS/CEPS，同时杠杆扩大，使企业价值随债务增加而增加。但杠杆扩大也使企业的破产可能性上升，而破产风险又会使企业价值下降。

### 4. 产权比率

产权比率又称负债权益比率、净资产负债率，是企业负债总额与所有者权益之间的比值。它表明债权人投入资本受所有者权益的保障程度，这一比率越低，说明企业的长期偿债能力越强，债权人权益的保障程度越高，承担的风险越小，企业的举债能力也就越强；反之，则表明企业长期偿债能力较弱，财务风险较大。其计算公式如下：

$$产权比率 = (负债总额/所有者权益总额) \times 100\%$$

企业产权比率下降，反映了该企业长期偿债能力的提高，债权人的权益得到了更好的保障。

### 5. 带息负债比率

带息负债比率是企业一定时期带息负债总额与负债总额之间的比值，反映企业负债总额中带息负债所占的比重，在一定程度上体现了企业未来的偿债压力。其计算公式为：

$$带息负债比率 = (带息负债总额/负债总额) \times 100\%$$

带息负债包括短期借款、一年内到期的长期负债、长期借款、应付债券和应付利息。

## 二、考察盈利能力的财务质量指标

盈利能力是企业相关各方关心的核心能力，也是企业成败的关键，只有长期盈利，企业才能真正做到持续经营。因此，无论是投资者还是债权人，都对反映企业盈利能力的比率非常重视。盈利能力就其本质而言，是企业生产（或销售）过程中经营活动和企业整体的盈利能力，是企业综合能力的反映。实际工作中，用于衡量盈利能力的指标有销售利润率、主营业务利润率等，还有资产收益率、权益净利率、已占用资产回报率、净现值、内部收益率、投资回收期等。不同指标反映的侧重点不同，比如资产报酬率反映股东和债权人共同投入资金的盈利能力；权益报酬率则反映股东投入资金的盈利状况；此外，人们更为关心的可能还是企业未来的盈利能力，即成长性。在评价企业成长性时，必须掌握企业连续若干年的相关数据，同时结合其获利能力、经营效率、财务风险和成长性趋势进行综合判断。

1. 销售利润率

销售利润率是衡量企业销售收入的收益水平的指标。其计算公式为：

$$销售利润率 = (利润总额/营业收入) \times 100\%$$

影响销售利润率的主要因素是销售额和销售成本。销售额高而销售成本低，则销售利润率高；销售额高而销售成本高，则销售利润率低。在实际工作中，销售利润率经常与毛利率混同，事实上，销售利润率与销售毛利率是不同的两个指标，前者已剔除了期间费用等，后者仍包含期间费用（如管理费用、财务费用等）。

$$销售毛利 = 营业收入 - 营业成本$$

$$利润总额 = 营业收入 - 营业成本 - 费用 - 营业外收入 - 营业外支出$$

因此，销售毛利率一般大于销售利润率。

销售利润率也不同于销售净利率或者利润率，销售净利率是净利润与营业收入的比值，已剔除所得税费用因素，其公式为：销售净利润率 = (净利润/销售收入) × 100%。因此，销售净利润率一般小于销售利润率。

销售利润率对权益利润率有很大作用。销售利润率高，权益利润率也高；反之，权益利润率低。

2. 主营业务利润率

主营业务利润率反映企业主营业务的收益状况，是扣除了非经常项目和投资收益等影响的利润率,因而更能准确地反映企业的盈利能力。该指标表示每一元主营业务净收入所实现的净利润。其计算公式如下:

主营业务利润率 = (主营业务利润/主营业务收入) × 100%

主营业务利润率越高,主营业务收入的盈利水平就越高,对利润总额的贡献就越大,企业的盈利能力也越强。一般该指标达到20% ~ 30%为好。

3. 成本费用利润率

成本费用利润率是从内部管理和耗费角度,对资本收益状况的进一步修正,该指标通过企业收益与支出直接比较,反映企业在生产经营活动过程中费用与所得之间的关系,客观评价企业的盈利能力。成本费用利润率表明每一元成本费用支出所获得的利润额。其计算公式为:

成本费用利润率 = (利润总额/成本费用总额) × 100%

成本费用利润率越高,成本费用水平就越低,而盈利水平则越高,企业盈利能力也越强。一般达到8% ~ 16%为好。

成本费用利润率分子与分母的计算口径不同,该指标所表达的意义也不同,如果成本费用总额只包括产品成本和期间费用两部分,那么该指标分子应该取营业利润,此时该指标表达为营业成本费用利润率比较恰当。如果该指标分母成本费用总额还包括所得税费用,则分子取净利润与之比较,更为客观。

4. 净资产收益率

净资产收益率又称为净资产报酬率、所有者权益或股东权益报酬率,是指企业净利润与企业净资产的比值,反映资产运营的综合性财务指标,突出反映了投资与报酬的关系。净资产收益率指标常用来衡量所有者权益的盈利能力,是一个适应范围广、通用性强的评价企业资产运营效益的核心指标。其计算公式如下:

净资产收益率 = (净利润/平均净资产) × 100%

式中，净利润是指企业当期税后利润；净资产是指企业资产减负债后的余额，包括实收资本、资本公积、盈余公积和未分配利润等，也就是资产负债表中所有者权益部分。对于平均净资产，一般取净资产期初与期末的平均值，但是，如果该指标观察分配能力，则取年度末的净资产更为恰当。

净资产收益率是反映盈利能力的核心指标。因为企业的根本目标是所有者权益价值最大化，而净资产收益率既可直接反映资本的增值能力，又影响着所有者价值的大小。净资产收益率越高，表明企业有较强的获利能力和财务管理水平，反之，则说明企业营运能力较差。该指标越高，所有者分享的净利润就越多，投资盈利水平也越高，企业的盈利能力相应也越强。一般达到8%～16%为好。

基于考察分析的目的和视角不同，该指标分母的计算口径可以有所不同，则指标所表达的意义也不同。

资本收益率也称资本金收益率，是指企业净利润与企业所有者投入资本的比值。资本收益率的高低直接关系到投资者的权益，是评价企业投资获利能力的重要指标。其计算公式如下：

$$资本收益率 = (净利润/资本金) \times 100\%$$

由于该指标的分母仅为资本金数额，即实收资本（股本）数额，与净资产收益率相比较，该指标可以进一步考核投资人每投入百元资本能够赚取多少利润。资本收益率的高低直接取决于投资报酬率的高低，投资报酬率越高，资本收益率也就高，反之，则越低。当投资报酬率大于银行利息时，适当提高财务杠杆系数，增加负债比例，则可在投资报酬率不变的情况下，提高资本收益率，反之，资本益率就会降低。因此，资本收益率的高低直接反映了企业获利能力和财务管理水平的高低。

## 5. 总资产报酬率

总资产报酬率（ROA）又称为全部资产报酬率、总资产利润率、资产所得率，是企业在一定时期内获得的报酬总额与平均资产总额的比值，用来衡量企业全部资产（包括负债和净资产）的盈利能力，是评价企业资产运营效益的重要指标。其计算公式为：

总资产报酬率＝［（利润总额＋利息支出）/平均资产总额］×100%

式中：分子部分"利润总额＋利息支出"就是息税前利润，即 EBIT＝净利润＋利息费用＋所得税费用；利润总额指企业实现的全部利润，如为亏损，则用"－"号表示；利息支出是指企业在生产经营过程中实际支出的借款利息、债权利息等，既包括计入当期损益的利息费用，也包括计入固定资产、无形资产等成本的资本化利息费用。分母"平均资产总额"取年初资产总额和年末资产总额的平均数。

总资产报酬率全面反映了企业资产的获利能力和投入产出状况，并可与市场资本利率比较，以确定是否利用财务杠杆进行负债经营而获取更多收益。通过对该指标的深入分析，可以增强各方面对企业资产经营的关注，促进企业提高单位资产的收益水平。该指标越高，投资产出的盈利水平就越高，企业盈利能力也越强。一般达到7% ~ 15%为好。

6. 利息保障倍数

利息保障倍数，又称已获利息倍数（或称企业利息支付能力），是指企业生产经营所获得的息税前利润与利息费用的比率（企业息税前利润与利息费用之比）。它是衡量企业支付负债利息能力的指标（用以衡量偿付借款利息的能力）。企业生产经营所获得的息税前利润与利息费用相比，倍数越大，说明企业支付利息费用的能力越强。因此，债权人要分析利息保障倍数指标，以此来衡量债权的安全程度。其计算公式如下：

利息保障倍数＝（利润总额＋利息费用）/利息费用

式中：分子部分"利润总额＋利息费用"即息税前利润；分母部分"利息费用"是指本期发生的全部应付利息，包括财务费用中的利息费用，计入固定资产或无形资产等成本的资本化利息。资本化利息虽然不在损益表中扣除，但仍然是要偿还的。

利息保障倍数指标反映企业经营收益为所需支付的债务利息的倍数。只要利息保障倍数足够大，企业就有充足的能力支付利息，反之相反。利息保障倍数的重点是衡量企业支付利息的能力，没有足够大的息税前利润，利息的支付就会发生困难。利息保障倍数不仅反映了企业获利能力的大小，而且反映了获利能力对偿还到期债务的保证程度，它既是企业举债经营的前提依据，也是衡量企业长期偿债能力大小的重要标志。要维持正常偿债能力，利息保障倍数至少应大于1，且比值越高，企业长期偿债能力越强。如果利息保障倍数过低，企业将面临亏损、偿债的安全性与稳定性就有下降的风险。实践中，运用利息保障倍数，是为了考察企业偿付利息能力的稳定性，一般应计算5年或5年以上的利息保障倍数。保守起见，应选择5年中最低的利息保障倍数值作为基本的利息偿付能力指标。

关于该指标的计算，须注意以下几点：

其一，根据利润表对企业偿还债务的能力进行分析，作为利息支付保障的"分子"，只应该包括经常性收益。

其二，应剔除特别项目（如火灾损失等）、停止经营、会计方针变更的累计影响。

其三，未收到现金红利的权益收益，可考虑予以扣除。

其四，当存在股权少于100%但需要合并的子公司时，少数股权收益不应扣除。

其五，利息费用不仅包括作为当期费用反映的利息费用，还应包括资本化的利息费用。

### 7. 盈余现金保障倍数

盈余现金保障倍数反映的是企业当期净收益中有多少是有现金保障的，该指标挤掉了收益中的水分，体现出企业盈利能力的质量状况。其计算公式如下：

盈余现金保障倍数 =（经营现金净流量/净利润）×100%

一般而言，该指标越大，表明企业经营活动产生的净利润对现金的贡献越大。如果盈余现金保障倍数小于1，说明企业净利润中还存在未实现的现金收入，就可能出现现金周转紧张的情况。这时应调整销售政策、收账政策、折旧政策，以提高企业获取现金的能力和变现收益水平。盈余现金保障倍数一般达到5～12倍为好。

## 三、考察营运能力的财务质量指标

营运能力是以企业各项资产的周转速度来衡量企业资产利用的效率。周转速度越快，表明企业的各项资产进入生产，销售等经营环节的速度越快，那么其形成收入和利润的周期就越短，经营效率自然就越高。由于资产周转率指标的分子、分母分别来自资产负债表和利润表，而资产负债表数据是某一时点的静态数据，利润表数据则是整个报告期的动态数据，所以为了使分子，分母在时间上具有一致性，就必须将取自资产负债表上的数据折算成整个报告期的平均额。通常来讲，这类指标越高，说明企业的经营效率越高。但指标数量只是反映问题的一个方面，在进行分析时，还应注意各资产项目的组成结构，如各种类型存货的相互搭配、存货的质量、适用性等。

1. 存货周转率

一定时期的周转次数与周转天数，都是表明其周转速度的指标。在既定时期内（如一个月、一季度、半年或一个年度），周转次数越多，其周转天次就越少，即一个确定的时期内，周转次数多了，自然每周转一次所需要的天数就相应少了。

在流动资产中，存货所占比重较大，存货的流动性将直接影响企业的流动比率。因此，必须特别重视对存货的分析。存货流动性的分析一般通过存货周转率来进行。

存货周转率又名库存周转率，或叫存货的周转次数，是指一定时期内企业销售成本与存货平均资金占用额的比率，是衡量和评价企业购入存货、投入生产、销售收回等各环节管理效率的综合性指标。用时间表示的存货周转率就是存货周转天数。其计算公式如下：

存货周转率（次数）＝销货成本/平均存货资金占用额

存货周转天数＝360/存货周转次数

其中：平均存货资金占用额＝（期初存货＋期末存货）/2

销货成本，是与销货有关的直接费用，常采用利润表的相关数据；进一步地，销货成本＝期初商品盘存＋本期进货－进货退出－进货折让－进货费用－期末商品盘存。

存货周转率指标的好坏反映企业存货管理水平的高低，由于存货在流动资产中的比例最大，所以存货周转速度的快慢，直接影响着企业流动资产的周转速度，是企业衡量存货管理水平及销售能力的重要指标。同时该指标还直接影响企业的短期偿债能力，是整个企业管理的一项重要内容。一般来讲，存货周转速度越快，存货的占用水平越低，流动性越强，存货转换为现金或应收账款的速度越快。因此，提高存货周转率可以提高企业的变现能力，从而提高企业的短期偿债能力及获利能力。

通过存货周转速度分析，有利于找出存货管理中存在的问题，尽可能降低资金占用水平。存货周转率反映了企业销售效率和存货使用效率。在正常情况下，如果企业经营顺利，存货周转率越高，说明企业存货周转得越快，企业的销售能力越强。营运资金占用在存货上的金额也会越少。存货周转率考核的目的在于从财务的角度计划预测整个公司的现金流，从而考核整个公司的需求与供应链运作水平。

企业在一定期间内存货周转次数多，存货周转一次所用的天数少，则表明企业存货周转速度快，存货结构比较合理，生产和销售各环节均都正常、顺利，企业短期偿债能力能够得到保证。但存货周转速度过快也可能是因为短期资产太少，存货不足等引起的，所以在对存货周转率进行分析时，应注意分析企业存货是否结构合理，质量可靠，保持应有的流动性，同时还可以结合同行业平均水平及本企业以往该指标的正常水平客观地做出评价。

存货周转率的变动主要是由"主营业务成本"与"存货"金额变动引起，所以在企业年报审计当中可以通过存货周转率反映其与"计价和分摊"有关的认定。

## 2. 应收账款周转率

应收账款周转率是企业销售收入净额对平均应收账款余额的比值。其计算公式为：

应收账款周转率(次数) = 销售收入净额/平均应收账款余额

式中，分子项目销售收入净额中包括现销收入净额和赊销收入净额两个部分。赊销收入净额是销售收入扣除现销收入、销售退回、折让及折扣之后的余额。而分母项目则为赊销账款。

应收账款周转率是反映企业应收账款周转速度的指标，反映企业一定时期内应收账款收回并转化为现金的速度，是对企业流动经营能力的补充。该指标越高，表示收现的时间越短，发生坏账的可能性越小；反之，则表示企业在应收账款及时收回上出现了问题。一般应达到 8~24 次为好。

应收账款周转天数也是反映应收账款周转速度的指标，是指企业从产品销售开始到应收账款收回为止所需要的时间。周转天数越少，说明企业应收账款回收得越快，反之则慢。

现行企业绩效评价指标体系中，应收账款周转率的作用被人为夸大，企业应根据具体情况制定改变信用政策、加大催收账款力度等管理决策，提高应收账款的变现速度和管理效率。

## 3. 流动资产周转率

流动资产周转率是流动资产在一定时期所完成的周转额与流动资产平均占用额的比值。这里的周转额通常用营业收入或销售收入净额来表示，平均流动资产的计算，一般为(期初 + 期末)/2，企业内部使用时，应按照旬计算较为准确。流动资产周转率有两种表示方式，即周转次数和周转天数，它们的计算公式分别为：

流动资产周转率（次）＝营业收入（销售收入净额）/平均流动资产占用额

流动资产周转期（天数）＝平均流动资产总额/日销售收入净额

流动资产周转率是评价企业资产利用率的另一重要指标。流动资产周转次数，指在一定时期内流动资产完成了几次周转。周转次数越多，说明流动资产周转速度越快，则资金利用效果就越好，一般应达到 1.6～3.7 次为好。流动资产周转天数是指流动资产完成一次周转需要多少天。周转一次所用天数越少，表明流动资产周转速度越快，反之则慢。流动资产周转天数和次数是从两个角度来反映企业流动资金周转速度的指标，在实际中，由于周转天数指标更简洁明了，所以应用更为广泛。

企业通过对该指标的分析对比，一方面可以促进企业加强内部管理，充分有效地利用其流动资产，如降低成本、调动暂时闲置的货币资金用于短期投资创造收益等；另一方面，也可以促进企业采取措施扩大销售，提高流动资产的综合使用效率。并且加快流动资产的周转速度，可以相对节约流动资产，相对扩大流动资产的投入，从而提高企业的偿债能力和盈利能力。

4. 固定资产周转率

固定资产周转率是指企业营业收入与平均固定资产净值的比值。它是反映固定资产周转情况，评价固定资产利用效率的一项指标。其计算公式为：

固定资产周转率＝营业收入（销售收入净额）/平均固定资产净值

式中，固定资产净值是指固定资产原始价值减去累计折旧后的差额。

一般来讲，固定资产周转率越高，表明企业固定资产投资得当、利用充分，固定资产结构合理，固定资产管理工作做得好。反之，则表明企业固定资产利用效率低，营运能力差。

5. 总资产周转率

总资产周转率是企业一定时期营业收入与平均资产总额的比值，

是反映企业总资产周转速度的指标，即一年内企业资产周转次数。其计算公式为：

总资产周转率 = 营业收入（销售收入净额）/平均资产总额

总资产周转率越高，说明企业全部资产运用的效率越好；相反，总资产周转率越低，说明企业对各项资产的利用能力较差，越不合理。

企业通过该指标的对比分析，不但能够反映出企业本年度及以前年度总资产的运营效率及其变化，而且能发现企业与同类企业在资产利用上存在的差距，促进企业挖掘潜力、积极创收、提高产品市场占有率、提高资产利用效率。它是反映企业资产的管理质量和利用效益的一个基本指标。

## 四、考察发展能力的财务质量指标

判断一个企业是否有活力，除了看其是否能适应市场的激烈竞争，主要是看它持续发展能力的强弱。现代企业越来越多地关注其持续发展能力，体现持续发展能力的指标包括增长能力、市场竞争能力、创新能力、人力资本能力和社会贡献能力等多项能力方面的指标。

增长能力一般是指企业未来生产经营活动的发展潜能。企业的持续发展要求更大规模地支配、营运资源，在保证质量的前提下，需要不断寻求数量的增长。一个企业的增长能力、偿债能力、营运能力和盈利能力的综合表现，能反映企业的发展趋势，只有增长能力强的企业，才能不断地创造利润，增加企业价值。因此，增长能力分析对企业的所有者、经营者及其他利益相关者至关重要。增长能力的分析与评价指标主要有：销售（营业）收入增长率、利润增长率、净利润增长率、资产增长率、固定资产增长率、资本保值增值率、营运资金增长率等。

1. 销售（营业）收入增长率

销售（营业）增长收入率是衡量企业经营状况和市场占有能力、预测企业经营业务拓展趋势的重要指标。不断增加的主营业务收入，是企业生存和持续发展的基础条件。销售（营业）收入增长率是企业一定时期主营业务收入增长额与上年主营业务收入总额的比率，反映企业主营业务收入的增减变动情况。其计算公式为：

$$\text{销售（营业）增长收入率} = \left( \frac{\text{本年主营业务收入增长额}}{\text{上年主营业务收入}} \right) \times 100\%$$

式中，本年主营业务收入增长额＝本年主营业务收入总额－上年主营业务收入总额

销售（营业）收入增长率大于零，表明企业主营业务收入有所增长。增长率较高，表明企业呈现一个成长势头，企业还有很大的潜力可供挖掘。若该指标小于 0，则说明存在产品或服务不适销对路、质次价高等方面问题，市场份额萎缩。

销售（营业）收入增长率可以用来衡量公司的产品生命周期及产品的市场竞争能力，判断公司发展所处的阶段。一般认为，如果销售（营业）收入增长率超过 10%，说明公司产品处于成长期，将继续保持较好的增长势头，尚未面临产品更新的风险，属于成长型公司。如果销售（营业）收入增长率在 5%～10%，说明公司产品已进入稳定期，不久将进入衰退期，需要着手开发新产品。如果该比率低于 5%，说明公司产品已进入衰退期，保持市场份额已经很困难，业务利润开始滑坡，如果没有已开发好的新产品，将步入衰落；当销售（营业）收入增长率低于 −30% 时，说明公司业务大幅滑坡，预警信号产生。另外，当销售（营业）收入增长率小于应收账款增长率，甚至销售（营业）收入增长率为负数时，公司极可能存在操纵利润行为，需严加防范。在判断时还需根据应收账款占营业收入的比重进行综合分析。

2. 利润增长率

利润增长率是企业一定时期实现利润增长额与前期利润额的比

值。这一比率反映企业财务成果的增长速度。其计算公式如下：

利润增长率＝（本年利润增长额/上年利润）×100%

在具体运用时，可以选择销售利润（或者营业利润），可以选择利润总额或净利润，只要其比较的对象具有可比基础就行。这主要取决于分析者主要聚焦点在何处。

三年利润平均增长率指标能够反映企业利润增长趋势和效益稳定程度，它是对利润增长质量的补充，表明企业创造价值的状况和发展能力。其公式如下：

$$三年利润平均增长率 = \left[\sqrt[3]{\frac{当年利润}{三年前年末利润}} - 1\right] \times 100\%$$

该指标越大，表明企业积累的利润越多，可持续发展能力越强。一般达到20%～35%为好。利用三年利润平均增长率指标，可以避免因少数年份利润不正常增长而对企业发展潜力的错误判断，较好地体现企业的发展状况和发展能力。

## 3. 资本积累率

资本积累率即股东权益增长率，是指企业当年所有者权益增长额同年初所有者权益的比率。资本积累率体现企业资本积累情况，是企业扩大再生产的源泉，同时也展示了企业的发展潜力。其公式如下：

本年资本积累率＝（当年所有者权益增长额/年初的所有者权益）×100%

$$或 = \left(\frac{本年归属于母公司所有者权益增长额}{年初归属于母公司所有者权益}\right) \times 100\%$$

正常情况下，该指标为正，而且越大说明企业资本积累越多、资本的保全性和增长性越好、应付风险和持续发展的能力就越大。一般达到8%～12%为好。该指标为负，表明企业资本受到侵蚀，所有者利益受到损害，应予以充分重视。

## 4. 总资产增长率

总资产增长率又名总资产扩张率，是企业本年总资产增长额同年初资产总额的比率，反映企业本期资产规模的增长情况。总资产增长率从企业资产总量扩张角度衡量企业的发展能力，表明企业资产规模增长水平对企业发展后劲的支持力度。其公式如下：

总资产增长率＝（本年总资产增长额/年初资产总额）×100%

其中：本年总资产增长额＝年末资产总额－年初资产总额

总资产增长率越高，表明企业一定时期内资产经营规模扩张的速度越快，在保证扩张质量的条件下，企业的持续发展能力就越强。一般达到15%～25%为好。但在分析时，需要关注资产规模扩张的质和量的关系，以及企业的后续发展能力，避免盲目扩张。

三年资产平均增长率指标可以消除资产短期波动的影响，反映企业较长时期内的资产增长情况。

$$三年资产平均增长率 = \left[\sqrt[3]{\frac{年末资产总额}{三年前年末资产总额}} - 1\right] \times 100\%$$

## 5. 技术投入比率

技术投入比率是企业当年科技支出费用总额与主营业务收入净额的比率，反映企业产品的技术含量，并从技术创新方面反映企业的发展潜力和可持续发展能力。其公式如下：

技术投入比＝本年科技支出费用总额/当年主营业务收入净额

该指标越大，说明企业投入新技术的经费越多，对投入创新的重视程度越高，企业的生存和发展空间越大。

三年技术投入平均增长率指标能够反映企业在技术转让和研究开发等科技费用上的增长趋势和稳定程度，体现企业的创新能力和持续发展能力。其公式如下：

$$\begin{array}{l}三年技术投入\\平均增长率\end{array} = \left[\sqrt[3]{\frac{当年科技支出费用总额}{三年前年末科技支出费用总额}} - 1\right] \times 100\%$$

该指标越大，表明企业在研究开发方面的投入在不断增长。这将有利于技术和管理创新，而创新有利于企业核心竞争力的提高，有利于战略的实施和企业价值的创造。

除了上述通用财务指标外，对于一些企业包括国有企业而言，可能还有若干特定财务指标：

## 1. 不良资产比率

不良资产比率主要反映资产的管理和使用方面存在的问题，是对企业营运能力进行的重要补充。其计算公式为：

不良资产比率 = （年末不良资产总额/年末资产总额）×100%

该指标越高，表明企业沉积在应收账款、积压存货、闲置固定资产和不良投资等方面的资金越多，资金利用率低。该指标越小越好，等于 0 是最优水平。一般在 2.5% ~ 0.3% 为好。

## 2. 资本保值增值率

资本保值增值率是指企业本年末所有者权益扣除客观增减因素后同年初所有者权益的比率。该指标表示企业当年资本在企业自身努力下的实际增减变动情况，是评价企业财务效益状况的辅助指标。其计算公式为：

资本保值增值率 = （年末所有者权益/年初所有者权益）×100%

当资本保值增值率 = 100% 时，即为资本保值；当资本保值增值率大于 100%，即为资本增值。

资本保值增值结果的分析指标为资本积累率、净资产收益率、总资产报酬率和不良资产比率。分析指标主要对企业资本运营水平和质量，以及资本保值增值实际完成情况进行分析和验证。其中：

资本积累率 = （本年所有者权益增长额/年初所有者权益）×100%

净资产收益率 = （净利润/平均净资产）×100%

总资产报酬率 = [（利润总额 + 利息支出）/平均资产总额] ×100%

不良资产比率 = （年末不良资产总额/年末资产总额）×100%

所有者权益由实收资本、资本公积、盈余公积和未分配利润构成，四个项目中任何一个变动都将引起所有者权益总额的变动。至少有两种情形并不反映真正意义的资本保值增值。

其一，本期投资者追加投资，使企业的实收资本增加，还可能产生资本溢价、资本折算差额，从而引起资本公积变动。

其二，本期接受外来捐赠、资产评估增值导致资本公积增加。在本期既无投资者追加投入，又无接受捐赠和资产评估事项的情形下，上述公式仍然需要推敲。因为本期资本的增值不仅表现为期末账面结存的盈余公积和未分配利润的增加，还应包括本期企业向投资者分配的利润，而分配了的利润不再包括在期末所有者权益中。所以不能简单地将期末所有者权益的增长理解为资本增值，期末所有者权益未减少理解为资本保值。

资本保值增值率反映了投资者投入企业资本的保全性和增长性，该指标越高，表明企业的资本保全状况越好，所有者权益增长越快，债权人的债务越有保障，企业发展后劲越强。

需要指出的是，真正意义的资本保值增值与本期筹资和其他事项无关，与本期利润分配也无关，而是取决于当期实现的经济效益，即净利润。因此，资本保值增值指标应从利润表出发，以净利润为核心。重新设计的资本保值增值率指标计算如下：

$$资本保值增值率 = \left(期初所有者权益 + 本期利润\right)/期初所有者权益 \times 100\%$$

资本保值增值率若为100%，说明企业不盈不亏，保本经营，资本保值；若大于100%，说明企业有经济效益，资本在原有基础上实现了增值。

资本保值是增值的基础，保值的含义在物价上涨形势下应是实际价值的保全，而非名义价值的保全。考虑物价上涨因素对资本保全的影响，只有在当期净利润不低于期初所有者权益与一般物价指数上升率的乘积时，才能实现真正的资本保值增值。

重新设计的资本保值增值率指标，将资产负债表中的所有者权益与利润表中的净利润联系起来，含义直观明确，易于理解操作，克服了单纯从资产负债表出发分析资本保值增值的局限性，投资者据此不仅可以明了自身权益的保障程度，而且可以检查考核经营者受托责任的履行情况，全面评价企业的经济效益。

# 第二节　基于现实导向的财务指标体系

在同一样本与素材的框架下，人们关注的焦点、分析的热点可能是不同的，这种不同导向既营造了分析家的巨大表现空间，也进一步适应了差异化的环境诉求。

## 一、基于出资者监管导向的国有企业绩效评价指标体系

作为国有企业的出资者，对国有企业运行态势尤其是对经营绩效的关注是其核心利益所在，因此，不论是以前的财政部或者是现在的国资委，都在持续改进对国有企业绩效评价的标准，这些评价标准构成国有企业绩效评价指标体系。现以 2011 版国资委对中央企业经营绩效的评价标准为例，指标体系分为四个大类，每个大类都分为基本指标与修正指标两个小类，具体构成如下①：

第一大类，评价企业盈利能力的指标体系。其中，基本指标类包括：净资产收益率、总资产报酬率；修正指标类：主营业务利润率、盈余现金保障倍数、成本费用利润率、资本收益率。

第二大类，评价资产质量状况的指标体系。其中，基本指标类包括：总资产周转率（次）、应收账款周转率（次）；修正指标类：不良资产比率、资产现金回收率、流动资产周转率。

第三大类，评价债务风险状况的指标体系。其中，基本指标类包括：资产负债率、已获利息倍数；修正指标类包括：速动比率、现金流动负债比率、带息负债比率、或有负债比率。

第四大类，评价经营增长状况的指标体系。其中，基本指标类包

---

① 国务院国资委财务监督与考核评价局制定．企业绩效评价标准值 2012．北京：经济科学出版社，2012．

括：销售（营业）增长率、资本保值增值率；修正指标类：总资产增长率、销售（营业）利润增长率、技术投入比率、存货周转率、资本积累率。

经营增长的辅助评价指标包括：三年资本平均增长率、三年销售平均增长率、不良资产率。

## 二、基于社会审计独立视角的企业财务指标体系

我国已经拥有了体制机制相对完备的社会审计系统，作为"经济警察"，他们对企业财务运行的分析已经受到应有的关注与尊重。从现行注册会计师专业资格考试体系看，其对企业财务的分析指标如下[①]：

第一类，偿债能力比率。包括两类：一是可偿债资产与短期债务的存量比率：包括：净营运资本、流动比率、速动比率和现金比率；二是现金流量与短期债务的比较：现金流量比率。

第二类，长期偿债能力比率。总债务存量比率：资产负债率、产权比率、权益乘数、长期资本负债率；总债务流量比率：利息保障倍数、现金流量利息保障倍数、现金流量债务比；影响长期偿债能力的其他因素：长期租赁、债务担保、未决诉讼。

第三类，资产管理比率：应收账款周转率、存货周转率、流动资产周转率、净营运资本周转率、非流动资产周转率和总资产周转率等。

第四类，盈利能力比率：销售净利率、资产净利率、资产净利率、权益净利率。

第五类，市价比率：市盈率、每股收益、市净率、市销率。

---

① 中国注册会计师协会．财务成本管理（2010）．北京：中国财政经济出版社，2010.

## 三、基于通用企业财务分析的财务指标体系

总结常规的财务分析指标，比较系统、全面的财务分析指标体系列示如下：

第一类，偿债能力的分析与评价指标：从短期偿债能力评价指标看，包括：流动比率、速动比率、现金比率、现金流动负债比率（现金流量比率）；从长期偿债能力评价指标看，包括：资产负债率、所有者权益比率、权益乘数、产权比率、利息保障倍数、带息负债比率。

第二类，营运能力评价指标：流动资产周转率、存货周转率、应收账款周转率、固定资产周转率、总资产周转率。

第三类，盈利能力评价指标：总资产报酬率、净资产收益率、资本收益率、销售净利率、成本费用利润率。

第四类，其他获利能力指标：资产净利率、营业利润率、盈余现金保障倍数。

第五类，上市公司盈利能力评价指标：每股收益、每股净资产、每股股利、股利支付率、市盈率。

第六类，增长能力评价指标：总资产增长率、固定资产增长率、资本保值增值率、营运资金增长率、营业收入增长率、利润增长率、净利润增长率。

## 四、基于做大做强企业导向的财务指标体系

做大做强，已经成为中国企业的共同梦想与追求，在做强做大的梦想诱导下，必然也会滋生相应的分析指标体系，通过分析，现列出基于做大做强企业导向的财务指标体系[①]如下：

第一类，盈利能力：销售利润率、净资产收益率、每股收益、盈

---

① 姚树中. 大企业财务竞争力研究. 北京：经济管理出版社，2012.

余现金保障倍数四个指标。

第二类，偿债能力：资产负债率、流动比率、速动比率。

第三类，资产管理能力：应收账款周转率、存货周转率、总资产周转率、资产现金回收率。

第四类，成长能力：净利润增长率、总资产增长率、资本保值增值率、主营业务增长率。

## 五、基于观察企业财务活力的财务指标体系

财务活力的提升有赖于财务管理与企业资源、技术的有效结合。这对于中国企业转换经济发展方式，提高自主创新能力、增强核心竞争力和持续发展力来说，自然是值得考察的动态指标。从财务活力看，主要分析指标列示[①]如下：

第一类，评价企业偿债能力的指标：资产负债率、已获利息倍数、速动比率、现金流动负债比率。

第二类，评价企业营运能力的指标：总资产周转率、应收账款周转率、不良资产比率、流动资产周转率。

第三类，评价企业盈利能力的指标：净资产收益率、EVA 经济增加值、总资产报酬率、盈余现金保障倍数、主营业务利润率、成本费用利润率。

第四类，评价企业持续发展能力的指标：销售（营业）增长率、资本积累率、三年销售利润平均增长率、总资产增长率、三年技术投入平均增长率、技术投入比率、培训费用率、人均利税率。

## 六、基于上市公司面向外部利益相关者的盈利能力分析及评价指标体系

"向财务报告使用者提供与企业财务状况、经营成果和现金流量

---

① 曾道荣. 企业财务活力研究. 西南财经大学出版社，2008.

等有关的会计信息，反映企业管理层受托责任履行情况，有助于财务会计报告使用者作出经济决策。"是我国上市公司财务报告的目标。作为企业的股东或潜在投资者，通过企业披露的信息了解企业的财务状况及其经营成果，分析企业的盈利能力及其发展趋势，正确预测投资收益，才能把握投资机会及投资规模。对上市公司进行财务分析，除了采用上述偿债能力和营运能力分析常用的指标以外，还应对每股收益、每股净资产、每股股利等指标进行分析评价，才能得出正确结论，为其作出正确决策提供依据。

## 1. 每股收益

每股收益（EPS），又称每股税后利润、每股盈余，是由企业的税后净利扣除优先股股利后的余额与当期实际发行在外普通股的加权平均数进行对比计算确定，计算公式为：

$$每股收益 = P/S = \frac{归属于普通股股东的当期净利润}{发行在外普通股的加权平均数}$$

其中，分子归属于普通股股东的当期净利润 = 税后净利润 − 优先股股利

分母当期发行在外普通股加权平均数 = 期初发行在外普通股股数 + 当期新发行普通股股数 × 发行在外时间/报告期时间 − 当期回购普通股股数 × 已回购时间/报告期时间

每股收益进一步分为基本每股收益和稀释每股收益，前者反映公司当前股本结构下的盈利水平，后者充分考虑了潜在普通股对每股收益的稀释作用，以反映公司在未来股本结构下的资本盈利水平，在外普通股的加权平均数。每股收益是测定股票投资价值的重要指标之一，是分析每股价值的一个基础性指标，是综合反映公司获利能力的重要指标，该指标比率越高，表明每股所创造的利润就越多。在投资分析中，投资者可以把本年度的每股收益和公司以往年度的每股收益相比较，预测每股盈利的变动趋势及股价的变动趋势，一般来讲，每股盈利越高，表明企业绩效越好。投资决策前投资人通过对各公司的

每股收益进行横向比较，可以确定投资目标和投资策略。

## 2. 每股净资产

每股净资产，俗称每股账面净资产或每股账面价值，是期末净资产与普通股总股数的比例。每股净资产值反映每股股票代表的公司净资产价值，为支撑股票市场价格的重要基础。计算公式为：

每股净资产 = 股东权益/总股本

每股净资产值越大，表明公司每股股票代表的财富越雄厚，通常创造利润的能力和抵御外来因素影响的能力越强，因此，投资安全性越高。该指标还可以用来帮助判断股票市价的合理性。

## 3. 每股股利

每股股利是企业股利总额与期末普通股股数的比值。用以反映普通股获得股利的多少，是评价普通股报酬情况的重要指标。计算公式为：

每股股利 = 股利总额/普通股股数

= （现金股利总额 － 优先股股利）/发行在外的普通股股数

企业每股股利的高低，一般取决于两个因素：一方面，企业获利能力的强弱，一个没有盈利能力的公司，发放股利是困难的，若是发放股票股利会增加流通在外的股数，引起股价下跌；另一方面，企业是否有充裕的现金流，因为它直接影响现金股利的发放。当然公司若有更好的投资机会，即使有足够用于支付现金股利的现金流，也会影响是否发放股利以及每股股利发放的决策。

## 4. 股利支付率

股利支付率是普通股每股股利与每股收益的比值，它反映了公司的股利支付政策和支付股利的能力。计算公式为：

股利支付率 = （每股股利/每股净收益）×100%

或：股利支付率 = 股利总额/净利润总额

股利支付率 + 利润留存率 = 1

该比率主要用于衡量公司当期每股收益有多大的比例或者企业的

税后利润多大比例以股利形式支付给普通股股东。从公司股东的角度来分析，股利支付率和每股股利一样，比每股收益更能直接体现当前收益。股利支付率的高低没有固定的衡量标准，而且一般公司之间也没有可比性。

股利支付率反映的是支付股利与净利润的关系，并不能反映股利的现金来源和可靠程度。为此，公司理财理论将此指标进行了修改。

现金股利支付率＝现金股利或分配的利润/经营现金净流量

现金股利支付率反映本期经营现金净流量与现金股利的关系，比率越低，企业支付现金股利的能力就越强。这一指标的修改比传统股利支付率更能体现支付股利的现金来源和可靠程度。

### 5. 市盈率

市盈率也称价格盈余比例，是股票投资者衡量股票潜力，借以投资入市的重要指标。它是普通股每股市场价格与每股盈余的比率。反映投资者为从某种股票取得 1 元收益所愿意支付的价格。其计算公式为：

市盈率＝每股市价/每股盈利，即 $S = P/E$。其中，$S$ 表示市盈率，$P$ 表示股票价格，$E$ 表示股票的每股净收益。

股票的市盈率与股价成正比，与每股净收益成反比。股票的价格越高，则市盈率越高；而每股净收益越高，市盈率则越低。市盈率反映投资者对公司未来盈利的预期。市盈率越高，说明投资者预期的公司未来盈利越大，反之，就越小。一般来讲，那些快速发展的行业或公司股票盈率高些，而平稳发展的行业或公司这个比例则低些。市盈率越大，往往也意味着投资风险越大，投资价值越低。

总之，财务指标常常需要与时俱进地解释问题，这就是"商业生态"的力量所在。因为，"生态"在本质上是由多种要素所形成的相互协同和制约的关系，在一个生态中，个体往往呈现出本身所不具备的能量与价值。企业在谋求自身发展时，已经不能拘泥于自己的竞争优势或者熟悉的行业特点，点、线的思维在崇尚跨界的时代已经不再适用。企业作为一个比生物体处于更高层次的生命存在，其生存发展之道不能局限于"优胜劣汰"，"适者生存"才是经得住考验的"真理"。也就是说，虽然不会完全避开竞争，但只要有可能，就得避开竞争对手的制约，避免双方无谓的争夺，利用尚未有对手竞争的资源，建立自己不与其他企业发生重叠的"生态"，或尽量在较少重叠的"生态"中生存发展。在利用自身的优势基因形成自己的特点之后，要在自己自身特点与环境因素相匹配、相契合的"生态位"中成为"最适者"，不断发展自己的特殊能力，成为其他企业不能与之竞争的优势。

作为企业运行态势的数字化写照，财务指标也同样需要这样的理想境界。这就是财务指标分析对企业生存、获利与发展的匹配性与生态化属性。

# 第三节　财务指标预警体系

## 一、财务指标预警体系研究动态

财务指标是财务预警研究中最基本的变量。不同类型的指标所包含的信息量是不同的，因此对财务危机预警指标的选择关系到财务危机预警模型的预测能力和效果。这也是有相当一部分学者关注预警指标选择的原因所在。关于财务预警指标体系的选择和构建方面研究，先后经历了传统财务指标预警体系、现金流量指标预警体系以及和非财务指标相结合构建预警体系三个阶段，这三个阶段并没有明确的划分界限。

### （一）传统财务指标预警体系

早期财务预警指标的选择主要集中在可以直接计算得到的传统财

务指标上。费兹帕特里克（Fitz Patrick，1932）[1] 最早使用财务指标进行财务危机预测，发现"净利润/股东权益"和"股东权益/负债"这两个指标的判别能力最高。史密斯和威纳科尔（Smith and Wina-kor，1935）研究发现"营运资本/总资产"这个指标的预测能力最高。墨文（Merwin，1942）发现"营运资本/总资产"、"股东权益/负债"和"流动资产/流动负债"这三个指标能够提前6年对公司破产做出预测。威廉（Wiliiam，1962）发现债务保障率（倍数）预测的准确率最高，其次是资产负债率，并且离破产日越近，指标的预见性就越强。[2]

在国内的文献中，陈静（1999）[3] 以1998年的27家ST公司非ST公司，使用了1995~1997年的财务报表数据，进行了单变量分析和多元线性判定分析，并进行了两种方法的比较。多元线性判定分析中，在负债比率、净资产收益率四个指标中，流动比率和负债比率误判率最低；在多元线性判定分析中，有负债比率、净资产收益率、流动比率、营运资本/总资产、总资产周转率等六个指标构建的模型，在ST发生的前三年能较好地预测ST；顾晓安（2000）[4] 用总资产报酬率、成本费用利润率、资产负债率、应收账款增长率和销售增长率来构建长期财务危机预警模型；吴世农、卢贤义（2001）[5] 综合选择了反映企业盈利能力、偿债能力、营运能力、成长能力和企业规模的21个财务指标来构建模型，这些指标也主要集中在传统财务指标上；

① Friz Partrick. A Comparison of ratios of Successful Industrial Enterprises with those of Failed Firms [M]. New York：Certified Public Accountant，1932：156 – 161.
② 相关文献转引自：Edward. I. Altman. "Financial Ratios，Discriminant Analysis and the Prediction of Corporate Bankruptcy". Journal of Finance，Volume23，Issue 4 （Sep. 1968），589 – 609.
③ 陈静. 上市公司财务恶化预测的实证分析. 会计研究，1999 （4）.
④ 顾晓安. 公司财务预警系统的构建 [J]. 财经论丛，2000，7 （4）.
⑤ 吴世农，卢贤义. 我国上市公司财务危机的预测模型研究. 经济研究，2001 （6）.

黄岩、李元旭（2001）[①] 在《上市公司财务失败预测实证研究》中所选用的财务指标为："营运资本/总资产"、"留存收益（未分配利润）/总资产"、"息税前收益/总资产、"权益资本市值/负债总额（账面值）"、总资产周转率和资产负债率。以 1998 年工业类板块的 237 家上市公司为样本，将样本分为三组：第一组是经营业绩比较好的公司，共 69 家；第二组是经营业绩一般的公司共 45 家；第三组是经营业绩较差的公司共 19 家。然后用 Fisher 判别法建立模型。得出结论：当上市公司的 z < −1.575 时，为经营业绩差的上市公司，财务失败的可能性很大；当上市公司的 z 值介于 −1.5753 和 0.6534 之间，为经营业绩中等的上市公司，有财务失败的可能；当上市公司的 z > 0.6534 时，经营业绩好的上市公司，财务失败的可能性很小。

周兵、张军（2002）[②] 建立了上市公司财务状况恶化的预警模型，以沪深两市的 ST 公司为研究对象，选择的财务指标为：净资产增长率、主业收入增长率、营业利润增长率、净利润增长率、总资产增长率、Log（净资产）和 Log（总资产）等。将这些指标首先做了 T 检验，验证在盈利公司和 ST 公司在众多财务指标上是否有明显差异，然后根据差异显著的指标放入模型当中去，采用的是主成分分析方法，建立模型，最后进入模型的变量为流动比率、股东权益比率、总资产周转率、资产净利率、主营业务利润率和总资产增长率，预测效果很好。蔡红艳、韩立岩（2003）[③] 采用短长期偿债能力指标、营运能力指标、获利能力指标建立预警模型。

## （二）现金流量指标预警体系

用现金流量指标来构建预警模型在国外起步较早，也取得了显著

---

① 黄岩，李元旭.上市公司财务失败预测实证研究.系统工程理论方法应用，2001，27（12）.

② 周兵，张军.上市公司财务状况恶化的预警模型分析.华东经济管理，2002，16（4）.

③ 蔡红艳，韩立岩.上市公司财务状况判定模型研究.审计研究，2003（1）.

成果：

比弗（1966）① 通过对 1954～1964 年间 79 家失败企业和相对应的 79 家成功企业的 30 个财务比率进行研究发现，在"现金流量/债务总额"、资产收益率和资产负债率这三个财务比率中，"现金流量/债务总额"指标预测财务失败效果最为显著。迪金（1972）、布鲁姆（Blum，1974）的研究也基本支持比弗（1966）的结论。但是卡赛和巴特扎克（Casey and Bartczak，1984）② 的研究结果表明经营性现金流量的预测效率低于权责发生制会计变量，而且经营性现金流量也不能在应计制会计变量的基础上增强预测能力。

为了克服 Beaver 模型的缺陷，其他的单变量模型如赌徒理论（Gambler's Ruin）等应运而生。赌徒理论则重点关注破产前企业连续出现的负现金流。在格恩特里、纽波德和温特弗德（Gentry，Newbold and Whitford，1985a，1985b）研究的基础上，阿伊兹、伊曼努尔和劳森（Aziz，Emanuel and Lawson，1988）发展了现金流量信息预测财务危机模型。公司的价值来自经营的、政府的、债权人的和股东的现金流量的折现值之和。它们根据配对的破产公司和非破产公司的数据，发现在破产前 5 年内两类公司的经营现金流量均值和现金支付的所得税均值有显著的差异。显然，这一结果是符合现实的。破产公司与非破产公司的经营性现金流量会因投资质量和经营效率的差异而不同，二者以现金支付的所得税也因税收会计的处理差异而不同。

阿伊兹、伊曼努尔和劳森（1989）③ 比较了 Z 模型、ZETA 模型、现金流量模型预测企业发生财务危机的准确率，发现现金流量模型的预测效果较好。阿伊兹和劳森（1989）的研究还发现营业现金流、

---

① 转引自：Altman E. I. , Financial Ratios. Discriminant Analysis and the prediction of Corporate Bankruptcy [J]. Journal of Finance. 1968, 23 (9): 589 – 609.

② Gary A. Giroux, Casper E. Wiggins. An Event Approach to Corporate Bankruptcy. Journal of Banking Research, Vol. 15, Issue 3, Autumn. 1984.

③ Abodul Aziz, Gerald H. Lawson. Cash Flow Reporting and Financial Distress Models: Testing of Hypotheses. Financial Management. 1989.

贷款人现金流（lender cash flow）、净资本投资、已付税金是预测破产的重要变量。

陈和李（Chen and Lee，1993）[①] 利用生存分析法（survival analysis）研究了 20 世纪 80 年代的石油天然气行业，研究样本包括1980～1988 年间 175 家企业，结果表明财务杠杆比率、营业现金流、开采成功率、企业历史和规模对企业能否存活影响巨大。

在分行业的研究中，沃德（Ward，1994）[②] 在对非金融业的研究中发现，经折旧和摊销调整后的净利润在预测财务危机方面效果较好。沃德选择了 1988～1989 年 385 个企业的数据，他发现现金流量指标尤其是投资活动产生的现金流在预测采掘、石油和天然气行业中企业的财务危机方面作用明显，而经营活动产生的现金流在预测非资源性行业的财务危机中较为重要。

莫斯曼、拜尔、斯瓦兹和特托（Mossman，Bell，Swartz and Turtle，1998）[③] 运用了 1980～1991 年的数据，比较了基于财务比率、现金流、股价收益率以及收益率标准差的四种预测破产模型。结果发现，就单个模型而言，现金流指标体系构建的模型能在破产前的第 2年和第 3 年预测多数破产案例，预测精度较高。

在我国，周首华、杨济华、王平（1996）[④] 在阿特曼的 Z 分数模型（Z – Score Model）的基础上加入了现金流量指标，建立了 F 分数模型，以提高模型预测的准确性。

---

① A. Rashad Abdel – Khalik. Discussion of Financial Ratios and Corporate Endurance：A Case of the Oil and Gas Industry. Contemporary Accounting Research，1993 Vol. 9，No. 2.

② Terry J. Ward. An Empirical Study of the Incremental Predictive Ability of Beaver's Naïve Operating Flow Measure Using Four – State Ordinal Models of Financial Distress. Journal of Business Finance & Accounting，1994，Vol. 21，Issue 4，June.

③ Charles E. Mossman，Geoffrey G. Bell，L. Mick Swartz，Harry Turtle. An Empirical Comparison of Bankruptcy Models. The Financial Review 33. 1998.

④ 周首华，杨济华，王平. 论财务危机的预警分析——F 分数模式 [J]. 会计研究，1996（8）：8－11.

蔡基栋、晏静（2004）[①] 的研究表明，ST 类上市公司的经营现金流量对公司的财务失败具有较好的预警功能。但是没指出具体的经营现金流量指标。

周娟与王丽娟（2005）[②] 选取了主营业务现金回收比率、净利润现金比率、每股经营性现金流量、资产现金回报率、现金流动负债比等 7 个现金流量指标，结合资产负债率、总资产周转率、总资产报酬率、流动比率等 6 个传统财务比率作为控制变量，利用判别分析法构建财务危机预警模型。该模型对 2001 年检验样本的预测准确率为 86%，对 2000 年检验样本的预测准确率为 74.4%。

熊银平（2006）[③] 选取 2006 年的 28 家 ST 公司和 56 家非 ST 公司作为样本公司，选取 13 个应计会计变量、10 个现金流量指标和 1 个规模变量，运用多变量 Logistic 分析研究制造业上市公司现金流量在财务危机预警中的信息含量，结果显示：在财务危机前第 1 年，每股经营性现金流量和现金流动负债比具有较多的增量信息含量；在财务危机前第 2 年，每股经营性现金流量具有一定的增量信息含量，现金股东权益比具有较多的增量信息含量。在财务危机前第 3 年，每股经营性现金流量具有较多的增量信息含量。

彭小英（2007）[④] 以偿债能力、支付能力、获利能力、收益质量四个方面 16 个现金流量指标为基础建立 logistic 模型，对上市公司财务危机预警进行研究，结果发现在财务危机发生前一年，模型的预测综合准确率达到 72.7%，财务危机发生前两年模型的预测综合准确率达到 66.7%。

---

① 蔡基栋，晏静.ST 公司现金流量的信息功能［J］.武汉大学学报（哲学社会科学版）.2004（05）.

② 周娟.基于现金流和 EVA 的财务危机预警模型研究［D］.无锡：江南大学，2007.

③ 熊银萍.现金流量在财务危机预警中的信息含量实证研究［D］.武汉：华中科技大学，2006.

④ 彭小英.现金流视角的我国上市公司财务危机预警模型实证研究［D］.上海：华东师范大学博士学位论文，2007

### （三）　与非财务指标结合的预警体系

随着公司财务危机预警研究的逐步深入，20 世纪 60 年代后期开始，学者开始逐渐引入一些非财务指标应用于财务危机预警研究。

威廉在 1968 年的研究中进一步发现[①]，除了可以采用财务指标进行预测外，公司股票价格的变化也可以用来进行预测，于是他在研究中加入股票收益率指标。同时他还发现，股票收益率指标和财务会计指标的预测并不完全同步，但是如果综合这两种指标进行判断，可能有助于提高预测的准确率。

马奎特（Marquette，1980）[②] 认为大多数以财务比率为基础构建的预警模型将会因时间的推移而改变，判别效果也会退化。为改善这种状况，他建议在构建模型时将长期宏观经济指标考虑进去，如通货膨胀率、景气变动指标、利率、产业与经济之间的关系等指标。

唐纳德森（1986）[③] 认为有些经济事件存在一定的前置时间，如破产前几年公司通常不能及时支付到期票据等，可以将这些经济事件运用到预警指标中去。

吉尔森（Gilson，1989）[④] 也认为高层管理者如 CEO、总经理或总裁离职也可以作为预警指标，他以 1979 ~ 1984 年共 381 家发生财务危机的公司作为样本，发现 52% 的公司有高级管理人员异动的情形，而正常公司中该数字只有 19%。

---

①　Altman E. I. , Financial Ratios. Discriminant Analysis and the prediction of Corporate Bankruptcy [J]. Journal of Finance, 1968, 23 (9): 589 – 609.

②　Marquette A. Ohlson. Financial Ratios and the Probabilistic Prediction of bankruptcy. Journal of Accounting Research, 1980.

③　Donaldson W. L. Logit Versus Discriminant Anaylsis: A Specification Test and Application to Corparate Bankruptcies. Journal of Econometrics 31 (1986) pp. 151 – 178.

④　Ronald M. Gilson. The Resolution of Financial Distress, Review of Financial studies. Volume 2, Issue 1 (1989), pp. 25 – 47.

伊弗米和古耶（Elfoumi and Gueyie，2001）① 以 1994~1998 年间的 92 家加拿大公司为样本，以董事会的某些特征（如董事会中外部董事的比例、董事长和总经理是否兼任等）为变量进行研究，结果发现除财务指标外，企业董事会的构成与结构也可以解释企业的财务困境。

在我国的研究中，姜秀华（2001）引入了股权集中度、管理层持股比例以及总经理持股比例等这些非财务变量；张建（2004）选用了董事会规模、董事长和总经理二位一体性、内部董事比例、高管人员持股比例、总经理持股比例、董事长持股比例、监事会规模、股权集中度、第一大股东持股比例等反映公司治理和股权结构的指标。

目前来看，学者们在研究中所采用的非财务指标主要包括公司治理指标、股权结构指标、市场价值维度指标和宏观经济指标等。

## 二、基于现金流财务预警指标体系构建基础

### （一）关于现金流预警指标体系的理论探讨

国外用现金流预警模型取得了很好的预警效果。但由于我国上市公司所处的背景机制不同，一些国外研究中用到的现金流预警指标在我国并不具有实用性，应根据国内的具体情况相应设置指标。

谢获宝（2002）② 在《财务报表比率分析局限性及其解决策略》一文中指出：

第一，公司所属行业的特点、公司的经营方针和发展阶段等方面的独特性会使不同企业之间的同一比率指标缺乏可比性。第二，不同公司或同一公司不同时期选用互不相同的财务政策和会计方法也会使

---

① Fathi Elloumi，Jean‒Pierre Gueyie. Financial Distress and Corporate Governance：An Empirical Analysis. Corporate Governance，Vol 1，Issue 1，2001.

② 谢获宝. 财务报表比率分析法的局限性及其解决策略. 科技进步与对策，2002.

它们之间的比率指标丧失可比性。第三，各公司计算同一比率指标口径上的不一致使得它们之间的比率指标无法很好地进行比较分析。第四，一些用于计算财务比率的数据的抽象性和笼统性有时会误导分析人员的判断。第五，比率指标的计算一般都是建立在以历史成本为基础的财务报表之上，这使得比率指标提供的信息与决策之间的相关性大打折扣。第六，比率指标的计算往往建立在公司的历史数据基础上，这弱化了财务比率分析为企业决策提供有效服务的能力。

陈志斌、韩飞（2002）[①]《基于价值创造的现金流管理》一文指出：企业价值评价指标体系应该与现金流指标相结合。传统的价值评价是以利润指标为主，考虑到利润指标的局限性，现金流贴现指标变得越来越重要。主张用现金附加价值（CVA）来评估企业价值。现金附加价值（CVA）＝经营现金流（OCF）－经营所要求的现金流（OCFD），此指标更能克服 NPV 指标的缺陷。

曾忻（2002）[②]《企业价值链分析与基于现金流的价值管理》提到，现代企业理论中的价值链分析和价值管理是帮助企业确立竞争优势和发展战略的有力工具。从企业内部、企业横向联系、企业纵向边界三个维度对企业的价值链进行分析，并引入公司财务净现金流概念以建立价值管理中的定量指标，以解决传统价值管理缺乏可操作性的问题。

储一昀、王安武（2000）[③]在《上市公司盈利质量分析》指出评价上市公司盈利质量指标中，将现金收付实现制下的净资产收益率、每股现金流量和每股收益、总资产收益率和销售利润率等几个指标与传统的权责发生制下的指标：净资产收益率、总资产收益率和销售利润率进行对比分析。对上市公司盈利质量存在的问题，主要在于盈利的获得和现金的流入并不同步，导致盈利质量较差。

---

① 陈志斌，韩飞．基于价值创造的现金流管理．会计研究，2002（12）.
② 曾忻．企业价值链分析与基于现金流的价值管理．重庆大学学报，2002（8）.
③ 储一昀，王安武．上市公司盈利质量分析．会计研究，2000（9）.

张宏华（2002）①《利润与现金流孰重孰轻》中认为利润与现金流对于企业来说都是十分重要的。利润是企业追求的终极目标，现金流是企业的血脉线，二者孰重孰轻，值得我们思考。笔者认为，企业所追求的利润应该是真实的利润，而非财务利润，只有获得真实的现金流才能保证真实的利润。加强对现金流的管理，对于企业意义重大。对于企业而言，其最危险的时期就是它在迅速膨胀的阶段，而这其中最主要的风险就是增长背景下的现金流管理，有无数的例子证明，这个风险足以导致企业经营的彻底失败。

田笑丰（2002）②《现金流量表分析指标体系初探》认为现金流量的指标一般有两个层次：分项指标和具体指标。分项指标主要包括变现能力、盈利质量、成长潜力和财务弹性等。具体指标主要包括现金比率、每股现金流量、现金股利保障倍数、外部融资比率和净现金流量偏离标准比率等。

师佳英（2001）③认为评价上市公司财务状况的指标体系应包括：总资产报酬率，净资产收益率、主营业务净资产收益率、每股收益；每股现金流量、销售利润率、资产负债率、净资产增长率；经营活动现金流量占营业利润的百分比 = 经营活动现金净流量/营业利润；市场占有率 = 主要产品销售收入/同类产品市场销售额；产权比率 = 负债总额/股东权益。

刘习勇（2002）④在《试论现金流量制财务指标体系的构建》中指出现金流指标体系应分以下几块：偿债能力分析指标、支付能力分析指标、收现能力分析指标现金流量净利润比率。该指标反映企业经营活动所产生的现金净流量与按权责确认的本期净利润的比较，从而对企业的收益质量进行评价。

---

① 张宏华. 利润与现金流孰重孰轻. 财经科学，2002（2）.

② 田笑丰. 现金流量表分析指标体系初探［J］. 财会月刊，2002（11）.

③ 师佳英. 关于我国上市公司财务分析的思考. 工业会计，2002（11）.

④ 刘习勇. 试论现金流量制财务指标体系的构建. 甘肃省经济管理干部学院学报，2001（14）.

张延波、彭淑雄（2002）[1] 在《财务风险监测与危机预警的指标探讨》一文中指出：在建立风险监测与危机预警指标体系中，可考虑加入下列现金流指标。可采用的指标如下：现金流量比率和债务期限结构比率。以上指标只是在探讨之中，并没有实证建模，所以对于哪个财务指标具有显著监测和预警能力还须进一步探讨。

洪森（2002）[2] 认为，现金流量指标比传统应计制下的利润指标更重要。会计学研究的对象是社会再生产条件下的资金运动。在现实经济生活中，企业的倒闭不完全取决于盈利水平。换句话说，以权责发生制和历史成本原则为基础，所核算的资金运动和会计盈利，不能真实地揭示企业的财务状况和风险。企业能否维持，不是取决于盈利水平的高低，而应取决于现金流量的大小，现金流是财务预警的对象和内容。

韩良智（2002）[3]《上市公司的经营现金流量》指出在上市公司披露的众多财务指标中，每股收益、每股净资产和净资产收益率是投资者最为关心的财务指标，也是进行股票投资常用的参考指标。在上市公司的现金流量表中，经营活动产生的现金流量净额就是一个非常重要的指标。对上市公司的经营现金流量进行分析，不是说该值的绝对值高低的好坏，而应将经营现金流量结合公司所处行业、公司资本结构和发展阶段，才能对公司的盈利能力、偿债能力、支付股利能力、再投资能力和可持续发展能力进行综合判断。

胡旭微、莫燕（2002）[4] 用现金流量的系列指标分析评价上市公司获取现金的能力中，认为可采用指标如下：经营活动现金流入量/经营活动现金流出量、投资活动现金流入流出比、筹资活动现金流入流出比三个指标评价现金流量状况。对于流动性分析采用的指标：现

① 张延波，彭淑雄. 财务风险监测与危机预警的指标探讨. 北京工商大学学报，2002，17（5）.

② 洪森. 企业应关注现金流量. 财务与会计，2002（5）.

③ 韩良智. 浅议上市公司的经营现金流量. 内蒙古科技与经济，2003（1）.

④ 胡旭微，莫燕. 上市公司现金流量的评价. 数量经济技术经济研究，2002（11）.

金到期债务比、经营现金净流量与本期到期债务之比、现金流动负债比、经营现金净流量与流动负债现金债务总额之比和经营现金净流量与负债总额之比这五个指标评价企业的流动性。

姜守志，林淑辉（2000）[①] 建议采用现金流入流出结构等比率来分析。认为现金流更能真实反映企业的财务状况。同时现金流不易受会计政策，会计估计方法的影响，比传统财务指标更具有优越性。但目前还没有一套完整的比较科学合理的现金流评价体系，对上市公司财务状况进行综合评价。

## （二）现金流指标体系的现实优越性

现金流是企业生命的源泉，决定了企业的兴衰存亡。在企业资产循环周转中扮演着重要的角色，贯穿于企业经营活动的全过程。随着社会信用基础的日益完善，现金为王的时代已经来临，跨国公司财务管理中愈加强调现金流量在公司战略管理中的重要地位，并提出了"现金流量至尊"的观念。现金流在企业财务分析评价中来说是至关重要的，是财务预警的对象和内容，其优越性主要体现在以下几个方面：

### 1. 现金流比利润更真实地反映企业的收益质量

收益质量是指报告收益与公司业绩之间的相关性。如果收益能如实反映公司的业绩，则认为收益质量好；如果收益不能很好地反映公司业绩，则认为收益的质量较差。现金流比利润更能说明企业的收益质量。以会计权责发生制为基础的账面利润与账面成本难以真实反映企业的现金性收益与现金性支出；由于应收账款的存在及人为夸大利润或缩小利润，根据权责发生制确定的利润指标在反映企业的收益方面确实容易导致一定的"水分"；多年的实证研究表明，按照应计制编制的资产负债表和利润表最容易被管理者所粉饰，因此上市公司利

---

① 姜守志，林淑辉. 谈现金流量表的分析. 陕西财经大学学报，2000（22）.

润指标含金量差异很大。而现金流指标，恰恰弥补了权责发生制在这些方面的不足，按照收付实现制编制的现金流量表被人为粉饰的可能性很小，这也是西方国家非常重视现金流量分析的原因。所以，关注现金流指标，甩干利润指标中的"水分"，重点考察企业的经营活动现金流的情况，才能使投资者和债权人等更充分、全面地认识企业的财务状况、评判企业的赢利质量、确定企业真实的价值创造。

### 2. 现金流更好地反映企业的偿债能力

在国外破产倒闭的企业中有85%的企业是盈利情况非常好的企业。这些企业虽有大量的流动资产，但现金支付能力却很差，甚至无力偿债，最终破产清算。传统的根据资产负债表确定的流动比率虽然在一定程度上反映了企业的流动性，但却有很大的局限性，主要表现为：作为流动资产主要部分的存货并不能很快变为可偿债的现金；存货用成本计价而不能反映变现净值；流动资产中的待摊费用并不能转变为现金。同样的，速动比率可信性的重要因素是应收账款的变现能力，而账面上的应收账款不一定都能变成现金，如果应收账款的金额过大或质量较差，那么即使速动比率保持在1∶1左右，也不能说明企业的短期偿债能力强，相反企业的短期偿债能力可能较低，但是却给投资者、债权人传递了错误的信息。从偿债能力的角度看，毫无疑问，现金流量指标比传统的权责发生制下的指标更具有说服力。

### 3. 现金流有助于评价企业的财务弹性

财务弹性是指企业适应经济环境变化和利用投资机会的能力，也叫财务适应能力。这种能力来源于现金流量和支付现金需要的比较。当企业的现金流量超过支付现金的需要，有剩余的现金时，企业适应性就强。因此，通常用经营现金流量与支付要求（指投资需求或承诺支付等）进行比较来衡量企业的财务弹性。通过现金流量信息可以了解企业适应经济环境变化的能力，而这一信息从传统的权责发生制下的指标是无法获得的。

### 4. 现金流在一定程度上提高了企业之间会计信息的可比性

传统的利润指标由于受会计政策，会计估计方法的影响而有所差异，不同企业的利润指标因口径不一致而不具有可比性。现金流量的估价方法是以收付实现制为基础，排除了权责发生制和配比原则等传统会计方法的估计因素，剔除了各企业对同样交易和事项采用不同会计处理方法所造成的影响，从而使不同企业所报告的经营业绩，在现金流量方面具有更高的可比性。

### 5. 现金流量有助于评价上市公司未来获取现金的能力，为投资者做出正确的投资决策提供信息

企业的现金流量分为：经营活动产生的现金流量，投资活动产生的现金流量，筹资活动产生的现金流量。这三个方面可以反映一定时期内企业现金流量的总体情况，以及企业的经营状况。经营活动产生的现金流量反映了在不依靠外部融资的情况下企业通过自身经营活动获得现金的能力；投资活动的现金流量是指企业在投资活动中所发生的现金流入量和现金流出量；筹资活动的现金流量则代表了企业筹集资金及筹资成本的有关情况。通过对现金流指标分析可以得出企业未来获取或支付现金的能力，从而帮助投资者分析企业未来股价的走势、股利的分配及对上市公司财务状况进行综合评价，为投资决策提供实用信息。

## 三、财务预警指标体系的构建

### （一）财务预警指标的选择

指标及属性，分为条件属性和决策属性两类，是模型构建的基础。决策属性是被解释对象，通常有一定的判别标准，易于确定。而条件属性是解释变量，不同的属性指标信息含量不同，其解释功能也是有差别的，在预警变量的选择上首先要正确理解和把握所研究的财务现象中暗含的经济学理论和经济行为规律；其次，选择变量要考虑数据的可获得性；此外还要考虑所有入选变量之间的关系，使得每一

个解释变量都相互独立。总的来说，构建企业财务危机预警的指标体系，在具体确定和选择相关变量指标时，应遵循以下原则：

（1）科学性原则。企业财务预警指标体系的构建要按照财务管理与财务分析理论，分析现象和原因，科学设计，指标应能够对各主要因素做出合理科学描述。

（2）敏感性原则。财务指标要能真正反映企业财务的现实状况、发展潜力和变化趋势，特别是对财务状态的变化要能够及时作出反应，而不是直到财务危机发生才有所体现。

（3）全面性原则。即财务指标能够体现导致财务危机发生的全部因素，以避免遗漏掉重要的解释变量，以保证预警综合评价的客观准确。为此，在初步建立指标体系时应尽可能地选取可以概括反映企业财务状况的指标，以便最终确定指标时有筛选余地。

（4）概括性原则。在多个指标同时可选的情况下，要求选取的指标体系要具有高度的概括性，能反映最本质、最重要的特征。

（5）可比性原则。即指标数据所解释的含义具有一致性，不会因为数据自身的变化而导致解释性的丧失。因此，指标选择要注意与目前国内、国际通行的指标保持一致，尤其是各知名组织或系列所采用的评价指标相互一致，保证评价指标具有国际可比性，能够被世界学术界认可和应用。

（6）独创性原则。在国际通用和可比的前提下，在指标的选取上，还要注意反映由于我国上市公司所处的背景机制的不同，其经济活动所独具的性质和特点。同时还应结合具体研究对象、时期和具体目标不同，创造性地提出具有一定特色的、新型的财务预警指标体系，作为评价、预警指标体系的有益补充和动态发展。

（7）可获得性原则。即指标数据是易于获得的且可以持续获得的。指标设置上的一个关键问题，是要考虑这些指标是否能够采集到权威、准确的公开数据。虽然在理论研究中可以设置很多指标，有些甚至是非常具有理论和实践意义的，但如果该指标采集不到数据也是没有用的，指标数据不易获得就会使模型失去现实意义。

（8）协调性原则。在选取指标时，应注意与所采用预警方法相协调。有的方法本身能够消除指标之间的相互干扰和替代，这时选取指标应多注意全面性。而另一些方法却要求评价指标间尽可能不相关，这时应注意指标的代表性。

（9）经济性原则。在选取指标时，应注意与相关研究的对比和借鉴，提高指标分析的效率，节约分析成本与时间。同时尽量减少指标之间的重叠区域，使指标数量达到最少。

不同指标信息含量不同。指标太多会影响研究的效率，而太少又会影响研究的效果，因此在指标体系的构建上要根据研究目的有所侧重。

### （二）基于现金流财务预警指标体系的构建

基于实用基础和前期相关研究，经过反复比较、分析、试算，本研究在行业态势财务预警实证研究一章中构建的基于现金流财务预警指标体系如表2-1所示。

表2-1　　　　　　　　基于现金流财务预警指标体系

| 变量 | 指标 | 计算公式 |
|---|---|---|
| 偿债能力 | 现金流量比率 | 经营活动现金净流量/流动负债 |
| | 全部债务现金比率 | 经营活动现金净流量/负债总额 |
| 财务弹性 | 现金股利保障倍数 | 每股营业现金净流入/每股现金股利 |
| | 资本购置比率 | $\dfrac{\text{经营活动现金净流量}}{\text{资本支出}}$ |
| | 全部现金流量比率 | $\dfrac{\text{经营活动现金净流量}}{\text{（筹资活动现金流出 + 投资活动现金流出）}}$ |
| | 再投资现金比率 | $\dfrac{\text{经营活动净现金流量}}{\text{固定资产 + 长期证券投资 + 无形资产及其他资产} + \text{营运资金}}$ |

| 变量 | 指标 | 计算公式 |
|---|---|---|
| 获现能力 | 销售现金比率 | 经营活动现金净流量/主营业务收入 |
| | 总资产现金流量率 | 经营活动现金净流量/总资产 |
| | 股东权益获现率 | 经营活动现金净流量/股东权益 |
| | 每股经营活动现金净流量 | 经营活动现金净流量/普通股股数 |
| 现金流量结构比率 | 总流入结构分析 | 经营活动现金流入量/总流入量 |
| | | 投资活动现金流入量/总流入量 |
| | | 筹资活动现金流入量/总流入量 |
| | 总流出结构 | 经营活动现金流出量/总流出量 |
| | | 投资活动现金流出量/总流出量 |
| | | 筹资活动现金流出量/总流出量 |
| | 流入流出分析 | 经营活动流入量/经营活动流出量 |
| | | 投资活动流入量/投资活动流出量 |
| | | 筹资活动流入量/筹资活动流出量 |
| 规模指标 | 总资产的对数 | Log（总资产） |

传统的财务预警分析中经常忽略两大重要指标：获现能力指标和财务弹性指标。而对于盈利公司和处于财务危机的公司，二者的获现能力、财务弹性却有显著的不同。为此，构建能反映企业整体财务状况的现金流指标体系，需要从企业的偿债能力、财务弹性、获现能力、现金流量结构和企业规模几个方面来选择关键性现金流指标。基于现金流的预警指标体系在选择现金流指标上主要从企业的偿债能力、财务弹性、获现能力、现金流量结构和企业规模几个方面来反映企业的整体财务状况。

### 1. 偿债能力分析指标

充分利用财务杠杆、负债经营是现代企业的一个重要特征。但是负债的额度和期限必须保持合理的结构才能促进企业的稳健经营，否则可能加大企业还债负担，增加企业经营风险。很多上市公司因财务费用负担过重、无法偿还到期债务引发财务危机。对于债权人、投资者来讲，关注上市公司的偿债能力至关重要。从现金流角度去分析企业偿债能力更加客观、科学、合理、可靠。衡量偿债能力的指标主要包括两个：经营活动现金净流量/流动负债和经营活动现金净流量/负债总额。

（1）经营活动现金净流量/流动负债，该指标说明企业通过经营活动所获得的现金净流量可以用来偿还现时债务的能力。比率越大，说明企业流动性越大，短期偿债能力越强；反之，则说明企业流动性越小，短期偿债能力越弱。该指标比权责发生之下的流动比率更好的衡量了企业短期偿债能力。传统的根据资产负债表确定的流动比率虽然在一定程度上反映了企业的流动性，但却有很大的局限性，主要表现为：作为流动资产主要部分的存货并不能很快转变为可偿债的现金；存货用成本计价而不能反映变现净值；流动资产中的待摊费用并不能转变为现金。传统指标中：速动比率＝（流动资产－存货）/流动负债，影响速动比率可信性的重要因素是应收账款的变现能力，而账面上的应收账款不一定都能变成现金，如果应收账款的金额过大或质量较差，企业的短期偿债能力并不强。该指标中的分子，虽然也可以用现金净流量代替，但经营活动现金净流量较好。因为，企业偿债能力的基础或根本保障是经营活动所带来的经营成果。如果经营活动的现金净流量长期偏低，而偿还债务的资金主要来源于筹资活动所带来的现金流入或投资收回的现金流入，则这种情况是不会长久的，企业必将面临财务危机。

（2）经营活动现金净流量/负债总额，该指标反映企业年度经营活动产生的现金净流量偿还企业全部债务的能力，反映企业长期偿债能力。该指标值越大，表示企业长期偿债能力越强；反之，比率越低、表明企业的长期偿债能力越弱。国外经验表明，该比率值在0.20以上的公司财务状况较好[①]。

在分析企业偿债能力时，若企业的经营活动所取得的现金在满足

---

① ［美］Franklin J. Plewa，George T. Friedlob. 全面理解现金流. 清华大学出版社，1999.

了维持经营活动正常运转所必需发生的支出后，还不足以偿清债务，而必须向外筹措资金来偿债的话，这说明企业财务状况有所恶化。即使企业向外筹措到新的资金，但债务本金的偿还最终还是取决于经营活动的现金流量。

## 2. 财务弹性分析指标

适者生存乃是大自然一成不变的规律。在市场经济下，企业若不能适应经济环境的变化必然会陷入重重危机之中，最终被市场所淘汰。所谓财务弹性就是指企业适应经济环境变化和利用投资机会的能力。这种能力来源于经营现金流量和支付要求进行比较。支付要求可以是投资需求、承诺支付等。当经营现金流量超过需要，有剩余的现金，企业适应经济环境变化的能力就强，生存能力就强。财务弹性包括以下几个指标：

（1）现金股利保障倍数＝每股营业现金净流入/每股现金股利

该指标表明企业用年度正常经营活动所产生的现金净流量来支付股利的能力，其值越大表明企业支付股利的现金越充足，企业支付现金股利的能力也就越强。该比率体现支付股利的现金来源及其可靠程度，是对传统的股利支付率的修正和补充。由于股利发放与管理当局的股利政策有关，因此，该指标对财务分析只起参考作用。在现金流的预警模型中，该指标表现并不好。由于我国很多公司（尤其是 ST 公司）根本不支付现金股利，导致这一指标的分母为零，所以在后面的实证分析中该指标不作考虑。

（2）资本购置比率＝经营活动现金净流量/资本支出

"资本支出"是指公司为购置固定资产、无形资产等发生的支出。该指标反映了企业用经营活动产生的现金流量净额维持和扩大生产经营规模的能力。该指标值越大，说明企业支付资本支出的能力越强，资金自给率越高。当该指标达到 1 时，说明企业可以靠自身经营来满足扩充所需的资金；若小于 1，则说明企业是靠外部融资来补充。

（3）全部现金流量比率

全部现金流量比率=经营活动现金净流量/（筹资现金流出+投资现金流出）

这是一个非常重要的现金流指标。筹资活动的现金流出主要是偿还债务，分配股利、利润和偿付利息所支付的现金。投资现金流出包括购建固定资产、无形资产和其他长期资产所支付的现金，以及进行其他投资所需支付的现金。全部现金流量比率衡量由公司经营活动产生的现金净流量满足投资和筹资现金需求的程度。

（4）再投资现金比率=经营活动现金净流量/（固定资产+长期证券投资+其他资产+营运资金）

其中，长期证券投资包括长期债券投资和长期股权投资；营运资金指流动资产减去流动负债。该指标反映企业经营活动现金流量用于重置资产和维持经营的能力，体现了企业的再投资能力。国外学者认为，该指标的理想水平为7%~11%较为合理。[①]

## 3. 获现能力分析指标

现金流是企业生命的源泉，决定了企业的兴衰存亡。在企业资产循环周转中扮演着重要的角色，贯穿于企业经营活动的全过程。从长期来看，一个企业若要生存发展就必须源源不断地从经营活动中获取现金来满足其正常经营活动的各项开支，经营活动产生的净现金流才是企业偿还债务的基础和根本保障。通常用经营现金净流入与投资资源的比值来反映企业获取现金的能力。获现能力指标弥补了根据损益表分析公司获利能力指标的不足，具有鲜明的客观性。主要包含以下指标：

（1）销售现金比率=经营现金净流量/主营业务收入

该比率反映每元销售得到的现金大小，既可从一个方面反映公司生产的商品在市场畅销与否，又从另一个侧面体现了公司管理层的经

---

① ［美］Franklin J. Plewa，George T. Friedlob. 全面理解现金流. 清华大学出版社，1999.

营能力。这一指标越大越好，该比率类似于权责发生制下的主营业务利润率。

（2）每股经营活动现金净流量＝经营现金净流量/普通股股数

该指标反映公司最大分派现金股利的能力，超过此限度，就要借款分红。

（3）全部资产现金回收率＝经营现金净流量/全部资产

该指标说明公司全部资产产生现金的能力，该比值越大越好，可与同业平均水平或历史同期水平比较，评价上市公司获取现金能力的强弱和公司可持续发展的潜力。

（4）股东权益获现率＝经营活动现金净流量/股东权益

该指标反映了企业净资产产生现金的能力。

### 4. 反映现金流量结构的指标

现金流量结构比率是反映企业财务状况是否正常的一个重要方面，其包括流入、流出及内部结构三个部分。尤其是经营活动流入量/经营活动流出量这一比率至关重要。该比率反映了企业靠自身经营活动所获现金满足其正常经营活动所需现金的程度。从长期来看若其值大于1，说明企业的简单再生产在不增加负债的情况下能基本得到维持。在某种程度上，该指标体现了企业的盈利水平的高低和获利能力的强弱。该指标若长期小于1，表明企业缺乏足够的现金维持再生产的正常进行，企业正常的生产经营活动必须靠出售资产或向外融资才能维持。长期处于此状况，将面临破产危险。

### 5. 规模指标

国外学者在研究中发现企业规模是预测其陷入财务危机的重要因素。奥尔森（1980）用多元逻辑回归方法分析了1970～1976年间破产的105家公司和2 058家公司组成的非配对样本，他发现利用公司规模、当前的变现能力进行财务危机的预测准确率达到96.12%。陈和李（1993）利用生存分析法（survival analysis）研究了20世纪80年代的石油天然气行业，研究样本包括1980～1988年间的75家企业，结果表明，流动性比率、营业现金流、开采成功率、企业历史和规模对企业能否存活影响巨大。所以本研究将总资产的对数作为规模变量，将其与其他的现金流指标作为建模的备选变量，在每一个行业的实证中，通过多元逐步判别分析来检验是否对财务危机公司有显著影响。

## （三）基于生命周期财务预警指标体系的构建

考虑到研究样本和研究方法的特殊性，同时经过反复的比较和测算，本研究在基于企业生命周期财务预警实证研究一章中构建的财务预警指标体系如表2-2所示。

表2-2　　　　　　基于生命周期的财务预警指标体系

| 类型 | | 指标 |
|---|---|---|
| 偿债能力指标 | | $C_1$：速冻比率 |
| | | $C_2$：现金流动负债比率 |
| | | $C_3$：现金负债总额比率 |
| 盈利能力指标 | | $C_4$：主营业务利润率 |
| | | $C_5$：净资产收益率 |
| | | $C_6$：总资产报酬率 |
| 获现能力指标 | | $C_7$：盈利质量比率 |
| | | $C_8$：销售现金比率 |
| | | $C_9$：总资产净现金比率 |
| | | $C_{10}$：股东权益获现率 |
| 财务弹性指标 | | $C_{11}$：资本支出保障率 |
| | | $C_{12}$：再投资现金比率 |
| 现金流量指标 | 总流入结构比率 | $C_{13}$：经营活动现金流入量/总流入量 |
| | | $C_{14}$：投资活动现金流入量/总流入量 |
| | | $C_{15}$：筹资活动现金流入量/总流入量 |
| | 流入流出结构比率 | $C_{16}$：经营活动现金流入量/经营活动现金流出量 |
| | | $C_{17}$：投资活动现金流入量/投资活动现金流出量 |
| | | $C_{18}$：筹资活动现金流入量/筹资活动现金流出量 |
| 企业规模指标 | | $C_{19}$：总资产对数 |
| 多元化经营指标 | | $C_{20}$：所从事行业数量 |

从表 2 - 2 可知，在预警指标的选择上仍以现金流量指标为主体，同时选取少量典型的传统财务指标和非财务指标。指标的类型涉及企业偿债能力、盈利能力、获现能力、财务弹性、现金流量结构、企业规模和多元化经营程度七个方面。

（1）速动比率：（流动资产 - 存货 - 待摊费用）/流动负债($C_1$）。这是一典型传统财务指标，它是衡量企业流动资产中可以立即变现用于偿还流动负债的能力。比率越大，说明企业的短期偿债能力越强；反之则说明企业短期偿债能力有限，产生财务危机的可能性较大。

（2）现金流动负债比率：经营活动现金净流量/流动负债（$C_2$）。该指标从现金流角度反映企业偿付短期债务的能力。比率越大，说明企业经营活动产生的现金净流量越多，企业按期偿付短期债务的能力就越强。但是该指标也不是越大越好，指标过大说明企业流动资金没有得到充分利用，获利能力有限。

（3）现金债务总额比率：经营活动现金净流量/负债总额（$C_3$）。该指标反映企业经营活动现金净流量偿还企业全部债务的能力，反映企业长期偿债能力的大小。比率越大，表示企业长期偿债能力越强；反之，则表明企业经营活动产生的现金流难以保障企业的持续经营。

（4）主营业务利润率：主营业务利润/主营业务收入（$C_4$）。它表明企业每单位主营业务收入能带来多少主营业务利润，是评价企业经营效益的主要指标。比率越大，说明企业主营业务盈利能力越强，发展潜力越大。主营业务利润是企业盈利最基本的保障，没有足够大的主营业务利润率就无法形成企业的最终利润。

（5）净资产收益率：净利润/股东权益（$C_5$）。该指标反映企业净资产收益水平，用以衡量公司运用自有资本的效率。比率越大，说明投资回报率越高。

（6）总资产报酬率：（利润总额 + 利息支出）/平均资产总额（$C_6$）。该指标反映企业全部资产获利能力大小。比率越大，说明企业单位资产的盈利能力越强。企业可以据此指标与市场资本利率进行比较，如果大于市场利率，则说明企业可以进一步利用财务杠杆进行经营，获得更多收益。

（7）盈利质量比率：经营活动现金净流量/营业利润（$C_7$）。该指标体现了权责发生制和收付实现制的差异，反映财务利润转化为现实利润的程度。比率越大，说明企业的盈利质量越高。但是当比率接近 1 时，也可能会因为过于注重款项的回收而影响企业产品的销售量和最终利润。当比率接近于 0 时，说明企业应收账款管理能力严重不足，获现能力差，企业最终会因为缺乏流动性而破产。

（8）销售现金比率：经营活动现金净流量/营业收入（$C_8$）。该指标反映企业实际实现的营业利润。比率越大，企业经营活动获现能力越强，越接近于权责发生制下的营业利润率。

（9）总资产净现金比率：经营活动现金净流量/总资产（$C_9$）。该指标说明公司全部资产产生现金的能力，该指标比值越大越好。用该指标与同行业平均水平比较，可用来评价上市公司的获取现金能力的强弱和公司可持续发展的潜力。

（10）股东权益获现率：经营活动现金净流量/股东权益（$C_{10}$）。该指标反映企业净资产产生现金的能力，是投资决策一个重要的参考指标，客观上影响企业在资本市场的融资能力。

（11）资本支出保障率：经营活动现金净流量/资本支出（$C_{11}$）。其中，"资本支出"是指公司为购置固定资产、无形资产等与主业经营有关的资产而发生的支出。该指标反映企业用经营活动产生的净现金流量维持和扩大生产经营规模的能力。比率越大，说明企业支付资本支出的能力越强，资金自给率越高，企业的财务状况越安全；若比率小于 1，则说明企业是靠外部融资来满足资金需要。

（12）再投资现金比率：经营活动净现金流量/（固定资产＋长期对外投资＋其他长期资产＋营运资金）（$C_{12}$）。其中，长期对外投资包括长期股权性投资和长期债券性投资；营运资金是指流动资产减去流动负债的差额。该指标反映企业经营活动净现金流量用于维持经营和对外投资的能力。比率越大，说明企业的财务弹性越好，越有利于企业进行最佳投资决策。比率越小，说明企业再投资风险越大。

（13）总流入结构比率

①经营活动现金流入量/总流入量（$C_{13}$）；

②投资活动现金流入量/总流入量（$C_{14}$）；

③筹资活动现金流入量/总流入量（$C_{15}$）。

现金流入结构说明经营活动、投资活动和筹资活动现金流入量对现金总流入的贡献程度。在企业不同生命周期阶段，它们的贡献率是不同的。正常情况下，初创期，筹资活动现金流入贡献率的比重相对较大；成长期，经营活动和筹资活动的贡献率较大；成熟期经营活动和投资活动的现金流入比重较大；衰退期，由于企业要逐步退出生产经营活动，投资活动现金流入量可能有所增加。

（14）流入流出结构比率

①经营活动流入量/经营活动流出量（$C_{16}$）；

②投资活动流入量/投资活动流出量（$C_{17}$）；

③筹资活动流入量/筹资活动流出量（$C_{18}$）。

现金流入流出比率反映企业经营活动、投资活动和筹资活动各自是否能产生正的净现金流量。其中，经营活动流入量/经营活动流出量这一比率最为重要，它反映企业自身经营活动所获现金能满足其正常经营活动所需现金的程度。某种程度上，该指标体现企业真实的盈利水平的和获利能力。从长期看，若其比值大于1，说明在不增加负债的情况下企业的生产规模能基本得到维持；比值若长期小于1，则表明企业缺乏足够的现金维持其简单再生产，企业正常的生产经营活动必须靠出售资产或对外融资才能维持，企业必将面临破产危险。

（15）企业规模指标

总资产的对数：Log（总资产）（$C_{19}$）。该指标用于验证企业规模的大小与企业产生财务危机之间的关系。企业规模小，资源有限，应对风险的抵抗力较弱；同时企业可以采用灵活的经营方式，管理成本也比较低。企业规模大，掌握的资源比较多，可以多元经营降低风险，但是管理成本比较高，变革难度大，适应性也会弱一点。因此，该指标值不是越大越好，也不是越小越好，而是应该介于一个合适的范围内。

（16）多元化经营程度指标

行业数量（$C_{20}$）。公司经营涉及的行业数量越多，说明企业的多元化经营程度越高。企业多元化经营一方面可以分散企业风险，降低产生财务危机的可能性；另一方面，还可能削弱企业的核心竞争力，影响主业的发展。

第三章

# 行业态势的财务预警实证研究

　　不同的行业具有不同的特性，影响财务危机的因素自然不同，国外学者在分行业财务危机预警系统的研究中发现，由于行业的不同，同一预警变量包含信息量有所不同，其预测效果大有差别。而国内在2003年之前还没有针对具体行业进行财务预警研究。本章从现金流的角度研究上市公司财务危机，不同行业上市公司其现金流状况差异较大。根据2003年中报进行统计，交通运输、仓储业的上市公司经营活动现金净流入平均为14 844万元，而医药行业的上市公司经营现金净流入平均仅为944万元。显然，将上市公司相关财务指标与同一行业的其他公司或行业的平均水平进行比较研究，才更具有实际意义。

　　本章所指的行业是严格按照中国证监委员会公布的行业指引进行划分的。中国证监委员会将我国上市公司分为22类，由于我国ST公司细分到这22类中去，导致每一类的ST样本数都很有限。所以根据ST样本数，本书选择了机械设备行业①、房地产行业、化工行业②进行研究。同时，为了避免规模因素对财务危机的影响，在本书中，将总资产的对数作为规模变量，将其与其他的现金流指标作为建模的备

---

　　① 机械设备行业包括机械、设备、仪表。
　　② 化工行业包括石油、化工、橡胶、塑料。

选变量，在每一个行业的实证中，通过多元逐步判别分析来检验是否对财务危机公司有显著影响。

本章首先从企业获现能力、偿债能力、财务弹性等几个方面去分析企业财务状况，并计算了财务危机公司和非财务危机公司两组在财务危机发生前三年期间历年的 19 个现金流指标，在此基础上使用剖面分析、单变量判定分析研究企业陷入财务危机影响显著的变量。其次，采用多元逐步判别分析方法筛选出对企业财务危机判别作用最为显著的现金流指标作为预警指标，建立典则判定模型和 Fisher 线性判定模型，并进行预测和效果比较。

# 第一节　机械设备行业财务预警实证研究

## 一、财务危机公司的样本选定

选择 30 家 ST 公司和 30 家同行业的非 ST 公司进行研究。样本期间 2000 年 1 月至 2003 年 7 月。具体分析如下：在 2000～2003 年四年期间，我国 A 股市场上出现的属于机械设备仪表行业的 35 家 ST 公司中界定出 30 家作为财务危机公司，进行财务危机预测研究。在这 35 家公司中：（1）连续两年亏损，包括因对财务报告调整导致连续两年亏损的"连亏"公司，共 26 家；（2）因一年亏损但最近一个会计年度的股东权益低于注册资本，即"巨亏"共有 4 家。其余 5 家被剔除，原因如下：（1）因注册会计师出具"拒绝表示审计意见"而特别处理的，共 3 家，予以剔除。因为这 3 家公司的财务报表的可信度较差，粉饰报表的行为严重，与样本中的其他公司不具有同质性，所以剔除；（2）因诉讼案件所涉及负有赔偿责任的或有赔偿金额总数已超过公司的净资产而实行特别处理的公司有 2 家，予以剔除。因为或有负债属偶发事件，不是由企业正常经营造成的，与其他样本公司不具有同质性。

## 二、剖面分析

首先分组计算30家财务危机公司和30家非财务危机公司的19个财务指标在财务危机发生前的第1年到第3年的平均值和标准差等描述性统计量，比较财务危机公司和非财务危机公司这两组的19个财务指标在各年的平均值是否具有显著性差异，采用SPSS软件中的独立样本T检验方法来分析。

统计方法如下：针对同一财务指标变量而言，当两组样本具备方差齐性（即：$\sigma_1^2 = \sigma_2^2$）时，采用的T统计量是：

$$T = \frac{(\overline{X} - \overline{Y}) - (u_1 - u_2)}{\sqrt{\dfrac{(n-1)S_1^2 + (m-1)S_2^2}{n+m-2}}\sqrt{\dfrac{1}{n} + \dfrac{1}{m}}}$$

当两组样本不具备方差齐性（即：$\sigma_1^2 \neq \sigma_2^2$）时，采用的T统计量是：

$$T = \frac{(\overline{X} - \overline{Y}) - (u_1 - u_2)}{\sqrt{\dfrac{S_1^2}{n} + \dfrac{S_2^2}{m}}}$$

分析结果如表3-1所示：

表3-1 19个财务指标T统计量的计算结果汇总

| 变量 | 指标 年份 | 第1年 | 第2年 | 第3年 |
|------|------|------|------|------|
| $X_1$ | 经营活动现金流入量<br>现金总流入量 | -1.901* | -0.802 | 0.073 |
| $X_2$ | 投资活动现金流入量<br>现金总流入量 | 0.967 | -0.071 | -1.723* |

续表

| 变量 | 指标＼年份 | 第 1 年 | 第 2 年 | 第 3 年 |
|------|-----------|---------|---------|---------|
| $X_3$ | 筹资活动现金流入量／现金总流入量 | 1. 587 | 0. 946 | 0. 616 |
| $X_4$ | 经营活动现金流出量／现金总流出量 | − 0. 395 | 0. 16 | 0. 651 |
| $X_5$ | 投资现金流出量／现金总流出量 | − 1. 284 | − 2. 714 *** | − 2. 249 ** |
| $X_6$ | 筹资现金流出量／现金总流出量 | 1. 466 | − 3. 037 *** | 0. 556 |
| $X_7$ | 经营现金流入量／经营现金流出量 | − 2. 882 *** | − 2. 852 *** | − 3. 002 *** |
| $X_8$ | 投资活动现金流入量／投资活动现金流出量 | 1. 467 | 1. 184 | 0. 432 |
| $X_9$ | 筹资活动现金流入量／筹资活动现金流出量 | 1. 429 | − 1. 169 | − 0. 248 |
| $X_{10}$ | 经营活动现金净流量／筹资现金流出量＋投资现金流出量 | − 3. 842 *** | − 2. 729 *** | − 3. 302 *** |
| $X_{11}$ | 经营活动现金净流量／资本支出 | − 1. 021 | − 1. 009 | − 0. 041 |
| $X_{12}$ | 经营活动现金净流量／主营业务收入 | − 2. 098 ** | − 2. 595 *** | − 0. 041 |
| $X_{13}$ | 经营活动现金净流量／总资产 | − 6. 909 *** | − 3. 964 *** | − 1. 251 |
| $X_{14}$ | 每股经营性现金流量 | − 8. 515 *** | − 4. 55 *** | − 4. 382 *** |
| $X_{15}$ | 经营活动现金净流量／股东权益 | − 3. 341 *** | − 1. 746 * | − 3. 942 *** |
| $X_{16}$ | 再投资现金比率 | − 5. 512 *** | − 4. 573 *** | − 4. 311 *** |
| $X_{17}$ | 经营活动现金净流量／流动负债 | − 7. 111 *** | − 4. 623 *** | − 2. 158 ** |
| $X_{18}$ | 经营活动现金净流量／负债总额 | − 7. 374 *** | − 1. 022 | − 2. 158 ** |
| $X_{19}$ | LOG（资产） | − 2. 506 ** | − 3. 469 *** | − 2. 524 ** |

注：（1）上表中计算出来的 T 值，末尾带有星号的含义如下：

*** 表示在概率为 0. 01 水平下显著；

** 表示在概率为 0. 05 水平下显著；

* 表示在概率为 0. 1 水平下显著。

（2）表中的年份：第 1 年、第 2 年、第 3 年分别指的是在 ST 发生之前的第一年，在 ST 发生之前的第二年、在 ST 发生之前的第三年，如图 3 − 1 所示。

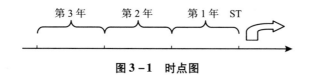

**图 3-1　时点图**

从 T 统计量检验结果可以看出：在财务危机发生之前的第 1 年、第 2 年、第 3 年中，财务危机公司和非财务危机公司共有 14 个现金流指标的平均值存在显著性差异。具体如下：$X_1$（经营活动现金流入量/总流入量）在财务危机发生之前的第 1 年显著，显著性水平 0.1；$X_2$（投资活动现金流入量/现金总流入量）在第 3 年显著，显著性水平为 0.1；$X_5$（投资现金流出量/现金总流出量）在第 2 年和第 3 年显著，显著性水平分别为 0.01 和 0.05；$X_6$（筹资现金流出量/现金总流出量）在第 2 年以 0.01 水平显著。$X_7$（经营现金流入量/经营现金流出量）、$X_{10}$（经营活动现金净流量/筹资现金流出量 + 投资现金流出量）、$X_{14}$（每股经营性现金流量）、$X_{16}$（再投资现金比率）这 4 个变量，连续 3 年显著，显著性水平 0.01；$X_{17}$（经营活动现金净流量/流动负债）在第 1 年、第 2 年都是以 0.01 水平下显著；在第 3 年以 0.05 水平显著。$X_{19}$（LOG（资产））这一指标连续 3 年显著性水平都在 0.05 以内。

从剖面分析可以看出：在第 1 年至第 3 年中，共有 14 个现金流指标的平均值存在显著性差异。其中有 10 个现金流指标至少连续两年显著，显著性水平大部分都在 0.05 以内。而且在现金流指标均值差异的 T 检验中，大部分 T 值的绝对值随着 ST 发生时间的临近而显著增大，即两组的现金流指标平均值的差异随 ST 发生时间的临近而扩大。可见，这些现金流指标具有显著的预测能力。

## 三、单变量判定模型

本书选择经营现金流入量/经营现金流出量、经营活动现金净流量/总资产、经营现金净流量/（筹资现金流出量 + 投资现金流出量）、经营活动现金净流量/流动负债 4 个现金流指标，应用单变量判定分析分别建立 4 个单变量预测模型，通过确定模型的最佳判定点，可以判定某一企业在财务危机发生前的第 1 年至第 3 年其是否会陷入财务危机。由于在第 3 年判定中，有 6 家公司在第 3 年现金流量表的数据不完整，有的无法获得，所以在第 3 年的判定中将其剔除，只对 54 家进行判定。估计模型的判别结果如表 3 – 2 ~ 表 3 – 5 所示。

表 3 – 2　经营现金流入量/经营现金流出量对财务危机发生的
前三年的判定结果

| 年份 | 最佳判定点 | 原始值 | | 预测值 | | 合计 | 误判率 |
|---|---|---|---|---|---|---|---|
| | | | | 0 | 1 | | |
| 第 1 年 | 0.85 | 计数 | 0 | 28 | 2 | 30 | 5% |
| | | | 1 | 1 | 29 | 30 | |
| | | 百分比 | 0 | 93.3 | 6.7 | 100 | |
| | | | 1 | 3.3 | 96.7 | 100 | |
| 第 2 年 | 1.065 | 计数 | 0 | 30 | 0 | 30 | 16.7% |
| | | | 1 | 10 | 20 | 30 | |
| | | 百分比 | 0 | 100 | 0 | 100 | |
| | | | 1 | 33.3 | 66.7 | 100 | |
| 第 3 年 | 1.068 | 计数 | 0 | 20 | 10 | 30 | 25.93% |
| | | | 1 | 4 | 20 | 24 | |
| | | 百分比 | 0 | 66.7 | 33.3 | 100 | |
| | | | 1 | 16.7 | 83.3 | 100 | |

表 3 – 3　经营活动现金净流量/总资产对财务危机发生的
前三年的判定结果

| 年份 | 最佳判定点 | 原始值 | | 预测值 | | 合计 | 误判率 |
|---|---|---|---|---|---|---|---|
| | | | | 0 | 1 | | |
| 第 1 年 | 0.045 | 计数 | 0 | 26 | 4 | 30 | 11.7% |
| | | | 1 | 3 | 27 | 30 | |
| | | 百分比 | 0 | 86.7 | 13.3 | 100 | |
| | | | 1 | 10 | 90 | 100 | |

| 年份 | 最佳判定点 | 原始值 | | 预测值 | | 合计 | 误判率 |
|------|-----------|--------|------|------|------|------|--------|
| | | | | 0 | 1 | | |
| 第2年 | 0.048 | 计数 | 0 | 30 | 0 | 30 | 15% |
| | | | 1 | 9 | 21 | 30 | |
| | | 百分比 | 0 | 100 | 0 | 100 | |
| | | | 1 | 30 | 70 | 100 | |
| 第3年 | 0.051 | 计数 | 0 | 25 | 5 | 30 | 29.6% |
| | | | 1 | 11 | 13 | 24 | |
| | | 百分比 | 0 | 83.3 | 16.7 | 100 | |
| | | | 1 | 45.8 | 54.2 | 100 | |

**表3－4 经营现金净流量／（筹资现金流出量＋投资现金流出量）**

**对财务危机发生的前三年的判定结果**

| 年份 | 最佳判定点 | 原始值 | | 预测值 | | 合计 | 误判率 |
|------|-----------|--------|------|------|------|------|--------|
| | | | | 0 | 1 | | |
| 第1年 | 0.035 | 计数 | 0 | 24 | 6 | 30 | 15% |
| | | | 1 | 3 | 27 | 30 | |
| | | 百分比 | 0 | 80 | 20 | 100 | |
| | | | 1 | 10 | 90 | 100 | |
| 第2年 | 0.037 | 计数 | 0 | 24 | 6 | 30 | 16.7% |
| | | | 1 | 4 | 26 | 30 | |
| | | 百分比 | 0 | 80 | 20 | 100 | |
| | | | 1 | 13.3 | 86.7 | 100 | |
| 第3年 | 0.135 | 计数 | 0 | 22 | 8 | 30 | 22.22% |
| | | | 1 | 4 | 20 | 24 | |
| | | 百分比 | 0 | 73.3 | 26.7 | 100 | |
| | | | 1 | 16.7 | 83.3 | 100 | |

表 3 - 5                经营活动现金净流量/流动负债对财务危机
发生的前三年的判定结果

| 年份 | 最佳判定点 | 原始值 | | 预测值 | | 合计 | 误判率 |
|------|-----------|--------|------|--------|------|------|--------|
| | | | | 0 | 1 | | |
| 第1年 | 0.023 | 计数 | 0 | 27 | 3 | 30 | 8.33% |
| | | | 1 | 2 | 28 | 30 | |
| | | 百分比 | 0 | 90 | 10 | 100 | |
| | | | 1 | 6.7 | 93.3 | 100 | |
| 第2年 | 0.143 | 计数 | 0 | 25 | 5 | 30 | 13.33% |
| | | | 1 | 3 | 27 | 30 | |
| | | 百分比 | 0 | 83.3 | 16.7 | 100 | |
| | | | 1 | 10 | 90 | 100 | |
| 第3年 | 0.273 | 计数 | 0 | 26 | 4 | 30 | 20.37% |
| | | | 1 | 7 | 17 | 24 | |
| | | 百分比 | 0 | 86.67 | 13.33 | 100 | |
| | | | 1 | 29.2 | 70.8 | 100 | |

    由表 3 - 2 ~ 表 3 - 5 可见:(1)从各个单变量判定模型的判定效果来看,在财务危机发生前的第 1 年,经营现金流入量/经营现金流出量这一现金流结构指标的判定模型误差率最小:经营活动现金净流量/流动负债的判定模型误差率次之,经营现金净流量/(筹资现金流出量 + 投资现金流出量)的误差率最高。(2)现金流指标作为预测变量具有信息含量和时效性,其信息含量随着时间的推移而递减,即指标值离财务危机发生的时间越短,信息含量越多,预测的准确性越高,反之信息含量越少,预测准确性越低。例如,经营现金流入量/经营现金流出量这一现金流指标在 ST 发生之前的第 1 年误判率为 5%,第 2 年误判率为 16.7%,第 3 年误判率为 25.93%。(3)结合剖面分析,在两组均值的差异性检验中,差异越显著的现金流指标其误判率越低。但经营现金净流量/(筹资现金流出量 + 投资现金流出量)这一现金流指标在两组均值差异性检验中非常显著,其误判率却比较高:这一现金流指标在 ST 发生之前的第 1 年误判率为 15%,

第 2 年误判率为 16.7%，第 3 年误判率为 22.22%。单变量判定模型的判定结果不仅与财务危机公司和非财务危机公司这两组现金流指标的均值差异是否显著有关，同时与两组现金流指标的样本分布的状况也有关。

## 四、多元线性判别模型

### （一）现金流指标的筛选

为了得到更好的判别分析模型，首先应用多元逐步判别分析方法来选择变量。通过逐步判别分析方法选择出最能反映类间差异的变量子集来建立较好的判别函数。一个变量能否被选择为变量子集的成员并进入模型主要取决于协方差分析 F 检验的显著性水平，当显著性水平 Sig. 小于 0.05 或 0.01 时，可以说该变量对判别的贡献显著。把模型外的对模型的判别力贡献最大的变量加入到模型中，同时考虑已经在模型中，但又不符合留在模型中的条件的变量从模型中剔出。直到模型中所有变量都符合留在模型中的判据，同时模型外的变量都不符合进入模型的判据时为止。本书分别对 ST 发生之前的第 1 年、第 2 年数据采用逐步判别分析方法进行筛选变量，目的是为了筛选出在各年判别作用非常显著的变量。具体做法如下：

首先，结合剖面分析的 T 统计量检验结果可知，共有 14 个现金流指标差异非常显著。为了能够建立较好的判别模型，以这 14 个现金流指标作为逐步判别分析选择的初始变量，利用 SPSS 软件的 Discriminant Analysis 中的 Use stepwise method 选项，在对 ST 发生之前的第 1 年数据进行多元逐步判别分析。多元逐步判别分析首先从模型中没有变量开始，将模型外的对模型的判别力贡献最大的变量加入到模型中，同时考虑已经在模型中，但又不符合留在模型中的条件的变量从模型中剔出。直到模型中所有变量都符合留在模型中的判据，模型外的变量都不符合进入模型的判据时为止。采用 SPSS 系统默认的判别方法：根据 Wilks' Lambda 值进行逐步选择变量，并进行 F 检验。当一个自变量进入模型后，对模型内各变量以及模型外的自变量进行方差分析和 F 检验。变量进入模型中的判据为系统默认值，即进入模型中的判据为 $F \geqslant 3.84$；从模型中剔除变量的判据是 $F \leqslant 2.71$。SPSS 软件统计结果如表 3 - 6 所示：

表 3 - 6 第 1 年逐步判别分析选择变量的结果

| 变量 | Wilks' Lambda | | | | | | | |
|---|---|---|---|---|---|---|---|---|
| | Wilks' λ 值 | 自由度 df1 | 自由度 df2 | 自由度 df3 | Exact F | | | |
| | | | | | F 值 | 自由度 df1 | 自由度 df2 | 显著水平 Sig. |
| $X_{14}$ | 0.444 | 1 | 1 | 58.000 | 72.51 | 1 | 58.000 | 0.000 |
| $X_{17}$ | 0.415 | 2 | 1 | 58.000 | 40.22 | 2 | 57.000 | 0.000 |
| $X_{12}$ | 0.375 | 3 | 1 | 58.000 | 31.12 | 3 | 56.000 | 0.000 |

对 ST 发生之前的第 1 年数据进行多元逐步判别分析，得出：$X_{14}$（每股经营性现金流量）、$X_{17}$（经营活动现金净流量/流动负债）、$X_{12}$（经营活动现金净流量/主营业务收入）这三个现金流指标在第 1 年判别分析的显著性水平 Sig. $= 0.000$，小于 0.01，判别作用非常显著。

其次，对第 2 年数据进行多元逐步判别分析，将上述 14 个现金流指标作为逐步判别分析选择的初始变量，采用 SPSS 软件中的 Discriminant Analysis 中的 Use stepwise method 选项，逐步筛选变量，判别方法仍然是根据 Wilks' Lambda 值进行逐步选择变量，并进行 F 检验。变量进入模型中的判据为系统默认值，即：进入模型中变量的 F 值为 $F \geqslant 3.84$；从模型中剔出变量的判据是 $F \leqslant 2.71$。SPSS 软件统计结果如表 3 - 7 所示：

表 3 - 7　　　　　　　　　第 2 年逐步判别分析选择变量的结果

| 变量 | Wilks' Lambda 判别方法 | | | | | | | |
|---|---|---|---|---|---|---|---|---|
| | Wilks' λ 统计量 | 自由度 df1 | 自由度 df2 | 自由度 df3 | Exact F | | | |
| | | | | | F 值 | 自由度 df1 | 自由度 df2 | 显著水平 Sig. |
| $X_7$ | 0.118 | 1 | 1 | 58.000 | 434.816 | 1 | 58.000 | 0.000 |
| $X_5$ | 0.101 | 2 | 1 | 58.000 | 252.703 | 2 | 57.000 | 0.000 |
| $X_{17}$ | 0.094 | 3 | 1 | 58.000 | 179.024 | 3 | 56.000 | 0.000 |
| $X_{16}$ | 0.085 | 4 | 1 | 58.000 | 147.838 | 4 | 55.000 | 0.000 |

对第 2 年数据进行多元逐步判别分析，筛选出 4 个变量。发现 $X_7$（经营现金流入量/经营现金流出量）、$X_5$（投资现金流出量/现金总流出量）、$X_{17}$（经营活动现金净流量/流动负债）、$X_{16}$（再投资现金比率）这 4 个变量显著性水平 Sig. = 0.000，小于 0.01，可以说这 4 个变量的判别作用非常显著，对判别模型的贡献力较大。

综上所述，在实际工作中，应该把使用逐步判别分析选择变量的结果与在实践中对变量的总体认识相结合，会得到很好的判别分析模型。根据这一原则，本书对第 1 年、第 2 年运用逐步判别分析选择出来的判别作用显著的变量进行分析、汇总，最终选取 $X_7$（经营现金流入量/经营现金流出量）、$X_{16}$（再投资现金比率）、$X_{17}$（经营活动现金净流量/流动负债）、$X_5$（投资现金流出量/现金总流出量）、$X_{14}$（每股经营性现金流量）、$X_{12}$（经营活动现金净流量/主营业务收入）这 6 个现金流指标作为多元判定分析的变量。选取这些变量的原因是：

（1）以财务危机发生前的第 1 年逐步判别分析结果为主，参考其他年份的逐步判别分析结果。由剖面分析可知，财务危机发生前的第 1 年财务指标作为财务危机预测的信息含量最多，时效性最强；离财务危机发生的时间越远，指标的信息含量越少，时效性越差。所以，第 1 年逐步判别分析所得到的现金流指标全部入选。由剖面分析还可知，财务危机公司和非财务危机公司现金流指标平均值的差异在第 2 年仍十分显著，信息含量较多，时效性较强，所以，对第 2 年数据进行多元逐步判别分析得到的变量也应全部选取。

（2）兼顾全面综合信息，力求反映企业整体财务状况。首先，在对第 1 年的逐步判别分析中得到的变量：$X_{14}$（每股经营性现金流量）、$X_{12}$（经营活动现金净流量/主营业务收入）、$X_{17}$（经营活动现金净流量/流动负债）中，$X_{14}$（每股经营性现金流量）反映了企业经营活动创造现金的能力。每股经营性现金含量越高，说明企业资本的获现能力越强；每股经营性现金含量越低，企业资本的获现能力越弱。$X_{12}$（经营活动现金净流量/主营业务收入），反映了每一元的主营业务收入所能获得的现金流量，当经营活动现金净流量/主营业务收入的比率越高，主营业务的获现能力就越强；反之，经营活动现金净流量/主营业务收入的比率越低，主营业务的获现能力就越弱。$X_{17}$（经营活动现金净流量/流动负债）反映了企业真实的短期偿债能力。很多上市公司因无法偿还到期债务而陷入危机，经营活动现金净流量/流动负债是非常重要的预警指标。现金流就是企业的血液，只有源源不断的血液才能维持企业的正常经营和发展，没有了血液，企业岂能生存？所以获现能力指标在财务预警中起到非常重要的作用。为了充分反映企业获取现金的能力，提高此类信息在预警中的比重，将 $X_{14}$（每股经营性现金流量）、$X_{12}$（经营活动现金净流量/主营业务收入）这两个指标都放入预警模型中。

其次，在对第 2 年逐步判别分析得到的变量：$X_7$（经营现金流入量/经营现金流出量）、$X_{16}$（再投资现金比率）、$X_{17}$（经营活动现金净流量/流动负债）、$X_5$（投资现金流出量/现金总流出量）。其中并没有反映获现能力的指标。$X_7$（经营现金流入量/经营现金流出量）是企业经营活动中现金流入与流出的结构比率指标，反映了企业在经营活动中每一元的流出可换回多少现金的流入。从长期来看，该比值越大越好。$X_{16}$（再投资现金比率），反映企业经营活动现金流量用于重置资产和维持经营的能力。此比率越高，企业当期经营活动产生的现金流量用于重置资产和维持经营的能力就越强。$X_5$（投资现金流出量/现金总流出量），投资活动的现金流出主要是由于购置固定资产、无形资产和其他长期资产而发生的现金流出。这一现金流量结构比率反映了投资活动的现金流出占现金总流出的比重。以上几个现金流指标反映了企业财务状况的不同侧面，所以全部入选。

### （二）典则判别模型

根据上述选定的 6 个变量及财务危机发生前的第 1 年的样本数据，运用 SPSS 软件，财务危机公司为组合 1，非财务危机公司为组合 2，得到了典则线性判定模型和 Fisher 二类线性判定模型。

以典则变量代替原始数据中指定的自变量。其中，典则变量是原始自变量的线性组合。运用 SPSS 软件进行统计，统计结果如表 3 - 8 所示：

表 3 - 8　　　　　　　典则判别函数特征值表（Eigenvalues）

| 函数代号 | 特征值（Eigenvalues） | 方差百分比（% of Variance） | 方差累计百分比（Cumulative%） | 典则相关系数（Canonical Correlation） |
|---|---|---|---|---|
| 1 | 1.860 | 100.0 | 100.0 | 0.806 |

由表 3 - 8 可知：特征值（Eigenvalues）为 1.860，方差百分比为（% of Variance）为 100%，方差累计百分比（Cumulative%）为 100%，典则相关系数（Canonical Correlation）为 0.806。

表 3 - 9 是对典则判别函数的有效性的检验，判断该判别函数能否将两类很好地区分开。由上表可知：Wilks' Lambda 值等于 0.350，卡方统计量值（Chi-square）为 57.792，自由度为 6，显著性概率 Sig. = 0.000，Sig. < 0.01，从而认为判别函数有效。

表 3 - 9　　　　　　　　　　Wilks' Lambda

| 函数检验 | Wilks' Lambda 值 | Chi-square 值 | 自由度 | 显著水平 Sig. |
|---|---|---|---|---|
| 1 | 0.350 | 57.792 | 6 | 0.000 |

典则线性判别函数为：

$$Z = 0.181 - 1.140X_{12} + 1.793X_{14} + 3.588X_{17}$$
$$+ 2.605X_5 - 1.614X_7 + 1.057X_{16}$$

其中：$X_7$（经营现金流入量/经营现金流出量）；$X_{16}$（再投资现金比率）；$X_{17}$（经营活动现金净流量/流动负债）；$X_5$（投资现金流出量/现金总流出量）；$X_{14}$（每股经营性现金流量）；$X_{12}$（经营活动现金净流量/主营业务收入）。

根据上述判定模型，以财务危机发生前的第 1 年的原始数据分别进行回代。两个组合的平均 Z 值分别是 $-1.341$ 和 $1.341$，由于样本个数都为 30 个，所以，按完全对称原则确定的最佳判定点为 $Z^* = \dfrac{-1.341 + 1.341}{2} = 0$，由此可知：当把 ST 发生前的第 1 年的原始数据代入判定模型所得的判定值 Z 大于 $Z^*$，则判为组合 2，即非财务危机公司，否则判为组合 1。判定结果见表 3-10：

表 3-10　典则线性判定模型对财务危机发生前的第 1 年的判定结果

| 年份 | 原始值 | | 预测值 | | 合计 | 误判率（％） |
|---|---|---|---|---|---|---|
| | | | 1 | 2 | | |
| 1 | 计数 | 1 | 30 | 0 | 30 | 3.3% |
| | | 2 | 2 | 28 | 30 | |
| | 百分比 | 1 | 100.0 | 0.0 | 100.0 | |
| | | 2 | 6.7 | 93.3 | 100.0 | |

### （三）Fisher 判定模型

根据上述选定的 6 个变量及财务危机发生前的第 1 年的样本数据，运用 SPSS 软件，统计结果如下：

对于财务危机公司，判定模型为：

$$Z_1 = -59.528 - 53.186X_{12} + (6.694E - 02)X_{14} - 16.897X_{17}$$
$$- 10.92X_5 + 116.1X_7 - 21.201X_{16}$$

对于非财务危机公司，判定模型为：

$$Z_2 = -59.043 - 56.243X_{12} + 4.875X_{14} - 7.274X_{17} - 3.931X_5$$
$$+ 111.761X_7 - 18.365X_{16}$$

其中：$X_7$（经营现金流入量/经营现金流出量）；$X_{16}$（再投资现金比率）；$X_{17}$（经营活动现金净流量/流动负债）；$X_5$（投资现金流出量/现金总流出量）；$X_{14}$（每股经营性现金流量）；$X_{12}$（经营活动现金净流量/主营业务收入）。

将各变量值代入以上两个判别函数模型分别进行计算，二者数值比较，若 $Z_1 > Z_2$，对应观测量归入组合 1（即：财务危机公司）；若 $Z_1 < Z_2$，对应观测量归入组合 2（即非财务危机公司）。对财务危机发生前的第 1 年进行判定，见表 3－11。

表 3－11　　Fisher 二类线性判定模型对财务危机发生前的第 1 年的判定结果

| 年份 | 原始值 | | 预测值 | | 合计 | 误判率（%） |
|---|---|---|---|---|---|---|
| | | | 1 | 2 | | |
| 1 | 计数 | 1 | 30 | 0 | 30 | 3.3% |
| | | 2 | 2 | 28 | 30 | |
| | 百分比 | 1 | 100.0 | 0.0 | 100.0 | |
| | | 2 | 6.7 | 93.3 | 100.0 | |

对财务危机发生前的第 1 年的判定结果中，30 家非 ST 公司有 2 家被错判，误判率为 6.7%，30 家 ST 公司误判率为 0，总体上看 60 家公司有 2 家被错判，误判率为 3.3%。同理，对财务危机发生前的第 2 年、第 3 年的情况进行判定分析。判定结果汇总，见表 3－12。

表 3－12　　　　　　　　　　判定结果汇总

| 年份 | 一类错误（%） | | 二类错误（%） | | 误判率（%） | |
|---|---|---|---|---|---|---|
| | 典则判定模型 | Fisher模型 | 典则判定模型 | Fisher模型 | 典则判定模型 | Fisher模型 |
| 1 | 0 | 0 | 6.7 | 6.7 | 3.3 | 3.3 |
| 2 | 10 | 10 | 13.33 | 13.33 | 11.7 | 11.7 |
| 3 | 12.5 | 12.5 | 20 | 20 | 16.7 | 16.7 |

# 五、结论

第一，从剖面分析 T 统计量检验结果得出：在 ST 发生前的第 1 年至第 3 年，财务危机公司和非财务危机公司共有 14 个现金流指标的平均值存在显著性差异。在单变量判定分析中，在 ST 发生前的第 1 年，经营现金流入量/经营现金流出量这一现金流结构指标的判定模型误差率最小，判定效果最好。我国上市公司的现金流指标具有预测财务危机的信息含量和时效性，其信息含量随着时间的推移而递减，即指标值离财务危机发生的时间越短，信息含量越多，预测的准确率越高，反之信息含量越少，预测的准确性越低。同时在单变量判定中还发现：每个现金流指标在判定和预测财务危机的信息含量是不同的，预测财务危机的准确率也不相同。如经营现金流入量/经营现金流出量在 ST 发生之前的第 1 年的误判率为5%，经营活动现金净流量/流动负债在 ST 发生前的第 1 年的误判率却为 8.33%。

第二，我国上市公司陷入财务危机之前的第 1 年和第 2 年，运用逐步判别分析选择出来的判别作用显著的变量有 6 个：$X_7$（经营现金流入量/经营现金流出量）、$X_{16}$（再投资现金比率）、$X_{17}$（经营活动现金净流量/流动负债）、$X_5$（投资现金流出量/现金总流出量）、$X_{14}$（每股经营性现金流量）、$X_{12}$（经营活动现金净流量/主营业务收入）。运用这 6 个现金流指标建模，得出典则线性判定模型和 Fisher 二类线性判定模型，这两个模型的判别效果相同。在 ST 发生之前的第 1 年、第 2 年、第 3 年判别率分别为 3.3%、11.7%、16.7%，判别率很高。从而可得，多变量判定模型优于单变量判定模型。

# 第二节　房地产行业财务预警实证研究

## 一、样本选择

选择 15 家 ST 公司和 15 家同行业的非 ST 公司进行研究。样本期间 2000 年至 2003 年 7 月。具体分析如下：在 2000 ~ 2003 年四年间，我国 A 股市场上房地产行业的 15 家 ST 公司作为财务危机公司，进行财务危机预测研究。在这 15 家公司中：（1）连续两年亏损，包括因对财务报告调整导致连续两年亏损的"连亏"公司，共 9 家；（2）因一年亏损但最近一个会计年度的股东权益低于注册资本，即"巨亏"共有 6 家。

## 二、剖面分析

由于我国在 1998 年才开始编制企业现金流报表，房地产行业中的绝大部分样本都缺少第 3 年的现金流报表，所以针对房地产行业进行研究时，只研究 ST 发生的前两年。首先采用剖面分析，分组计算 15 家财务危机公司和 15 家非财务危机公司的 19 个财务指标在财务危机发生前的第 1 年、第 2 年的平均值和标准差等描述性统计量，比较财务危机公司和非财务危机公司这两组的 19 个财务指标变量在各年的平均值是否具有显著性差异，采用 SPSS 软件中的独立样本 T 检验方法来分析。

统计方法如下：针对同一财务指标变量而言，当两组样本具备方差齐性（即：$\sigma_1^2 = \sigma_2^2$）时，采用的 T 统计量是：

$$T = \frac{(\overline{X} - \overline{Y}) - (u_1 - u_2)}{\sqrt{\dfrac{(n-1)S_1^2 + (m-1)S_2^2}{n+m-2}}\sqrt{\dfrac{1}{n} + \dfrac{1}{m}}}$$

当两组样本不具备方差齐性（即：$\sigma_1^2 \neq \sigma_2^2$）时，采用的 T 统计量是：

$$T = \frac{(\overline{X} - \overline{Y}) - (u_1 - u_2)}{\sqrt{\dfrac{S_1^2}{n} + \dfrac{S_2^2}{m}}}$$

分析结果如表 3 – 13 所示：

表 3 – 13　　　　　　　19 个财务指标 T 统计量的计算结果汇总

| 变量 | 指标　　　　　　　　年份 | 第 1 年 | 第 2 年 |
|---|---|---|---|
| $X_1$ | $\dfrac{经营活动现金流入量}{现金总流入量}$ | – 1. 173 | 0. 657 |
| $X_2$ | $\dfrac{投资活动现金流入量}{现金总流入量}$ | 0. 292 | – 0. 837 |
| $X_3$ | $\dfrac{筹资活动现金流入量}{现金总流入量}$ | 0. 992 | – 0. 357 |
| $X_4$ | $\dfrac{经营活动现金流出量}{现金总流出量}$ | 0. 337 | 0. 782 |
| $X_5$ | $\dfrac{投资现金流出量}{现金总流出量}$ | – 0. 295 | – 0. 853 |
| $X_6$ | $\dfrac{筹资现金流出量}{现金总流出量}$ | – 0. 152 | – 0. 375 |
| $X_7$ | $\dfrac{经营现金流入量}{经营现金流出量}$ | – 5. 507 *** | – 1. 564 |
| $X_8$ | $\dfrac{投资活动现金流入量}{投资活动现金流出量}$ | – 0. 371 | – 1. 282 |
| $X_9$ | $\dfrac{筹资活动现金流入量}{筹资活动现金流出量}$ | 1. 010 | – 0. 169 |
| $X_{10}$ | $\dfrac{经营活动现金净流量}{筹资现金流出量 + 投资现金流出量}$ | – 3. 186 *** | 0. 24 |

续表

| 变量 | 指标　　　　　　　　　年份 | 第 1 年 | 第 2 年 |
|------|------|------|------|
| $X_{11}$ | $\dfrac{\text{经营活动现金净流量}}{\text{资本支出}}$ | − 3. 239 *** | − 0. 58 |
| $X_{12}$ | $\dfrac{\text{经营活动现金净流量}}{\text{主营业务收入}}$ | − 1. 332 | − 2. 019 |
| $X_{13}$ | $\dfrac{\text{经营活动现金净流量}}{\text{总资产}}$ | − 5. 6 *** | − 3. 077 *** |
| $X_{14}$ | 每股经营性现金流量 | − 6. 708 *** | − 3. 050 *** |
| $X_{15}$ | $\dfrac{\text{经营活动现金净流量}}{\text{股东权益}}$ | − 3. 385 *** | − 2. 128 ** |
| $X_{16}$ | 再投资现金比率 | − 3. 905 *** | − 0. 417 |
| $X_{17}$ | $\dfrac{\text{经营活动现金净流量}}{\text{流动负债}}$ | − 4. 748 *** | − 3. 775 *** |
| $X_{18}$ | $\dfrac{\text{经营活动现金净流量}}{\text{负债总额}}$ | − 3. 667 *** | − 1. 072 |
| $X_{19}$ | LOG（总资产） | − 1. 488 | − 4. 028 *** |

注：（1）上表中计算出来的 T 值，末尾带有星号的含义如下：
*** 表示在概率为 0. 01 水平下显著；
** 表示在概率为 0. 05 水平下显著。
（2）表中的年份：第 1 年、第 2 年与本章第一节的定义相同，见图 3 - 1。

从表 3 - 13 可知：两组均值的差异性检验中，非常显著的现金流指标如下：$X_7$（经营现金流入量/经营现金流出量）、$X_{10}$（经营活动现金净流量/筹资现金流出量 + 投资现金流出量）、$X_{11}$（经营活动现金净流量/资本支出）、$X_{13}$（经营活动现金净流量/总资产）、$X_{15}$（经营活动现金净流量/股东权益）、$X_{14}$（每股经营性现金流量）、$X_{16}$（再投资现金比率）、$X_{17}$（经营活动现金净流量/流动负债）、$X_{18}$（经营活动现金净流量/负债总额）、$X_{19}$［LOG（总资产）］。其中，$X_{13}$（经营活动现金净流量/总资产）、$X_{14}$（每股经营性现金流量）和 $X_{17}$（经营活动现金净流量/流动负债）在两年的显著性水平都在 0. 01 以内。

剖面分析结果汇总：在 ST 发生之前的第 1 年和第 2 年，财务危机公司和非财务危机公司的 10 个现金流指标的平均值存在显著的差异。其 T 值随着 ST 发生时间的临近而显著增大，即两组的财务指标平均值的差异随 ST 发生时间的临近而扩大。说明这 10 个现金流指标在财务危机发生前两年都具有显著的预测能力。

## 三、单变量判定模型

本书选择经营活动现金流入量/经营活动现金流出量、经营活动现金净流量/总资产、经营现金净流量/（筹资现金流出量 + 投资现金流出量）、再投资现金比率 4 个现金流指标，应用单变量判定分析分别建立 4 个单变量预测模型，通过确定模型的最佳判定点，可以判定某一企业在财务危机发生前的第 1 年、第 2 年其是否会陷入财务危机。估计模型的结果如表 3-14 ～ 表 3-17 所示：

**表 3-14　　经营现金流入量/经营现金流出量对财务危机发生的前两年的判定结果**

| 年份 | 最佳判定点 | 原始值 | | 预测值 | | 合计 | 误判率 |
|---|---|---|---|---|---|---|---|
| | | | | 0 | 1 | | |
| 第 1 年 | 1.005 | 计数 | 0 | 14 | 1 | 15 | 10% |
| | | | 1 | 2 | 13 | 15 | |
| | | 百分比 | 0 | 93.3 | 6.7 | 100 | |
| | | | 1 | 13.3 | 86.7 | 100 | |
| 第 2 年 | 1.027 | 计数 | 0 | 13 | 2 | 15 | 13.33% |
| | | | 1 | 2 | 13 | 15 | |
| | | 百分比 | 0 | 86.7 | 13.3 | 100 | |
| | | | 1 | 13.3 | 86.7 | 100 | |

表 3 - 15　　经营活动现金净流量/总资产对财务危机发生的
前两年的判定结果

| 年份 | 最佳判定点 | 原始值 | | 预测值 | | 合计 | 误判率 |
|------|-----------|--------|---|------|------|------|--------|
| | | | | 0 | 1 | | |
| 第1年 | 0.045 | 计数 | 0 | 14 | 1 | 15 | 13.33% |
| | | | 1 | 3 | 12 | 15 | |
| | | 百分比 | 0 | 93.3 | 6.7 | 100 | |
| | | | 1 | 20 | 80 | 100 | |
| 第2年 | 0.047 | 计数 | 0 | 10 | 5 | 15 | 16.7% |
| | | | 1 | 0 | 15 | 15 | |
| | | 百分比 | 0 | 66.7 | 33.3 | 100 | |
| | | | 1 | 0 | 100 | 100 | |

表 3 - 16　　经营现金净流量/（筹资现金流出量 + 投资现金
流出量）判定结果

| 年份 | 最佳判定点 | 原始值 | | 预测值 | | 合计 | 误判率 |
|------|-----------|--------|---|------|------|------|--------|
| | | | | 0 | 1 | | |
| 第1年 | 0.039 | 计数 | 0 | 12 | 3 | 15 | 16.7% |
| | | | 1 | 2 | 13 | 15 | |
| | | 百分比 | 0 | 80 | 20 | 100 | |
| | | | 1 | 13.3 | 86.7 | 100 | |
| 第2年 | 0.105 | 计数 | 0 | 10 | 5 | 15 | 20% |
| | | | 1 | 1 | 14 | 15 | |
| | | 百分比 | 0 | 66.7 | 33.3 | 100 | |
| | | | 1 | 6.7 | 93.3 | 100 | |

表 3 - 17　　　　再投资现金比率对财务危机发生的
前两年的判定结果

| 年份 | 最佳判定点 | 原始值 | | 预测值 | | 合计 | 误判率 |
|------|-----------|--------|---|------|------|------|--------|
| | | | | 0 | 1 | | |
| 第1年 | 0.005 | 计数 | 0 | 14 | 1 | 15 | 16.7% |
| | | | 1 | 4 | 11 | 15 | |
| | | 百分比 | 0 | 93.3 | 6.7 | 100 | |
| | | | 1 | 26.7 | 73.3 | 100 | |

续表

| 年份 | 最佳判定点 | 原始值 | | 预测值 | | 合计 | 误判率 |
|---|---|---|---|---|---|---|---|
| | | | | 0 | 1 | | |
| 第2年 | 0.025 | 计数 | 0 | 12 | 3 | 15 | 23.33% |
| | | | 1 | 4 | 11 | 15 | |
| | | 百分比 | 0 | 80 | 20 | 100 | |
| | | | 1 | 26.7 | 73.3 | 100 | |

由表3-14~表3-17可见：（1）从各个单变量判定模型的判定效果来看，在财务危机发生前的第1年，经营现金流入量/经营现金流出量的判定模型误差最小；经营活动现金净流量/总资产的判定模型的误差次之，再投资现金比率的判定模型和经营现金净流量/（筹资现金流出量+投资现金流出量）的判定模型误差最大。（2）现金流指标作为预测变量具有信息含量和时效性，其信息含量随着时间的推移而递减，即指标值离财务危机发生的时间越短，信息含量越多，预测的准确性越高，反之信息含量越少，预测的准确性越低。（3）结合剖面分析，在两组均值的差异性检验中显著的财务指标，在单变量判定的分析中的误判率并不一定低。如经营活动现金净流量/总资产在T检验中，连续两年的显著性水平都在0.01以内，财务危机公司和非财务危机公司在这一指标上的差异非常显著。但在单变量判定模型中，第1年的误判率却为13.33%，误判率比较高。以上研究表明：应用不同研究方法分析同一个指标所得结果不同。其原因可能是在剖面分析的T检验中，某一变量在两组的均值以及在两组的样本分布状况都会影响到其在T检验显著性水平，应用不同的分析方法所得结论是不同的。

## 四、多元线性判别模型

### （一）现金流指标的筛选

本书首先应用多元逐步判别分析方法来选择变量，分别对第1年、第2年数据采用逐步判别分析方法进行筛选变量，目的是为了筛选出在各年判别作用非常显著的变量。具体做法如下：

首先，从剖面分析的 T 检验可知：在第 1 年和第 2 年，财务危机公司和非财务危机公司这两组指标的均值差异性检验中有 10 个现金流指标非常显著。为了提高模型的判别准确率，将这 10 个现金流指标作为逐步判别分析选择的初始变量，对 ST 发生前的第 1 年数据进行多元逐步判别分析。用逐步判别分析能够选择出最能反映类间差异的变量子集，来建立较好的判别函数。

多元逐步判别分析首先从模型中没有变量开始，每一步都对模型外的变量进行检测，以求选择出最能反映类间差异的变量。一个变量能否被选择并进入模型主要取决于协方差分析的 F 检验的显著性水平，当显著性水平 Sig. 小于 0.05 或 0.01 时，可以说该变量对判别的贡献显著。每一步把模型外的对模型的判别力贡献最大的变量加入到模型中，同时考虑已经在模型中，但又不符合留在模型中的条件的变量从模型中剔出。直到模型中所有变量都符合留在模型中的判据：模型外的变量都不符合进入模型的判据时为止。

本书利用 SPSS 软件 Use stepwise method 选项进行统计分析。采用系统默认的判别方法：根据 Wilks' Lambda 值进行逐步选择变量，并进行 F 检验。每一步都计算该变量进入模型后使 Wilks' Lambda 值降低了多少，选择使总的 Wilks' Lambda 值最小的变量进入判别函数，同时对模型内各变量以及模型外的变量进行方差分析和 F 检验。SPSS 系统默认判据是：进入模型中的 F 值为 F≥3.84；从模型中剔出变量的判据是 F≤2.71。SPSS 软件统计结果如表 3 - 18 所示：

表 3 - 18　　　　　　　第 1 年逐步判别分析选择变量结果

| 变量 | Wilks' Lambda | | | | | | | |
| | Wilks' λ 统计量 | 自由度 df1 | 自由度 df2 | 自由度 df3 | Exact F | | | |
| | | | | | F 值 | 自由度 df1 | 自由度 df2 | 显著水平 Sig. |
| $X_{14}$ | 0.307 | 1 | 1 | 28.000 | 63.168 | 1 | 28.000 | 0.000 |
| $X_7$ | 0.236 | 2 | 1 | 28.000 | 43.593 | 2 | 27.000 | 0.000 |

从表 3 - 18 可以看出：在对第 1 年逐步判别分析中，$X_{14}$（每股经营性现金流量）、$X_7$（经营现金流入量/经营现金流出量）这两个现金流指标显著性水平 Sig. = 0.000，都小于 0.01，可以说这两个变量的判别作用非常显著，对判别模型的贡献较大。

其次，对第 2 年数据进行多元逐步判别分析，仍采用 SPSS 软件中的 Discriminant Analysis 中的 Use stepwise method 选项，逐步筛选变量。判别方法仍然是 Wilks' Lambda 方法。根据 Wilks' Lambda 值进行逐步选择变量，并进行 F 检验。变量进入模型中的判据为系统默认值，即：进入模型中变量的 F 值为 F ≥ 3.84；从模型中剔出变量的判据是 F ≤ 2.71。SPSS 软件统计结果如表 3 - 19 所示：

表 3 - 19    第 2 年逐步判别分析选择变量的结果

| 变量 | Wilks' Lambda | | | | | | | |
| --- | --- | --- | --- | --- | --- | --- | --- | --- |
| | Wilks' λ 统计量 | 自由度 df1 | 自由度 df2 | 自由度 df3 | Exact F | | | |
| | | | | | F 值 | 自由度 df1 | 自由度 df2 | 显著水平 Sig. |
| $X_{19}$ | 0.633 | 1 | 1 | 28.000 | 16.228 | 1 | 28.000 | 0.000 |
| $X_{17}$ | 0.534 | 2 | 1 | 28.000 | 11.765 | 2 | 27.000 | 0.000 |
| $X_{13}$ | 0.393 | 3 | 1 | 28.000 | 13.394 | 3 | 26.000 | 0.000 |

对第 2 年数据进行多元逐步判别分析，得出：$X_{19}$［Log（总资产）］、$X_{17}$（经营活动现金净流量/流动负债）、$X_{13}$（经营活动现金净流量/总资产）。这三个变量显著性水平 Sig. = 0.000，都小于 0.01，可以说这三个变量的判别作用非常显著，对判别模型的贡献较大。

在实际工作中，应该把使用逐步判别分析选择变量的结果与在实践中对变量的总体认识相结合，才能得到很好的判别分析模型。根据这一原则，本书对第 1 年、第 2 年运用逐步判别分析选择出来的判别作用显著的变量进行分析、汇总，最终选取 $X_{14}$（每股经营性现金流量）、$X_7$（经营现金流入量/经营现金流出量）、$X_{17}$（经营活动现金净流量/流动负债）、$X_{13}$（经营活动现金净流量/总资产）、$X_{19}$［Log

（总资产）〕五个变量。选取这些变量的原因是：

第一，以财务危机发生前的第 1 年逐步判别分析结果为主，参考其他年份的逐步判别分析结果。由剖面分析可知，T 值随着 ST 发生时间的临近而显著增大，即两组的财务指标平均值的差异随 ST 发生时间的临近而扩大。可见，财务危机发生前的第 1 年财务指标作为财务危机预测的信息含量最多，时效性最强；离财务危机发生的时间越远，指标的信息含量越少，时效性越差。所以，财务危机发生前的第 1 年逐步判别分析所得的现金流的指标全部入选。由剖面分析还可知，财务危机公司和非财务危机公司现金流指标均值的差异在第 2 年仍十分显著，信息含量较多，时效性较强，所以，对第 2 年数据进行多元逐步判别分析得到的变量也应全部选取。

第二，这五个指标主要从现金流的角度基本反映了企业整体财务状况。首先，在对第 1 年逐步判别分析得到的变量：$X_{14}$（每股经营性现金流量）、$X_7$（经营现金流入量/经营现金流出量）中，$X_{14}$（每股经营性现金流量），反映了企业经营活动创造现金的能力，是每股收益的现金保障。从短期看，每股经营活动现金流量比每股盈余更能显示从事资本性支出及支付股利的能力。大部分财务危机公司经营活动产生的现金净流入比较少，靠自身经营活动创造现金的能力较弱，每股的经营活动现金含量也较低。从剖面分析的 T 检验也可知，该指标显著性水平在 0.01 以内，具有较强的预测能力。$X_7$（经营现金流入量/经营现金流出量），该指标表示企业经营活动所得现金满足现金开支的程度，它体现了企业经营活动产生现金流量的能力。从长期来看，若公司在这一现金流指标上的平均值是大于 1 的，说明该公司经营活动现金收入能够负担经营活动所需开支，企业经营活动的创现能力比较强。其次，在对第 2 年逐步判别分析得到的变量：$X_{19}$〔Log（总资产）〕、$X_{17}$（经营活动现金净流量/流动负债）、$X_{13}$（经营活动现金净流量/总资产）。$X_{19}$〔Log（总资产）〕说明企业规模在房地产行业的预警中有显著的判别能力；$X_{17}$（经营活动现金净流量/流动负债），该指标从现金流的角度来反映企业当期短期偿债能力。该指标值越大，表明企业的短期偿债能力越强，对债权人来讲，就越安全可靠；反之，比率越低，表明企业短期偿债能力越差。此指标重点反映了企业靠自身经营活动产生的现金流量是否能偿还流动负债，偿还的比重有多大。另外，从剖面分析的 T 检验可知：经营活动现金净流量/流动负债此比率在两年的显著性水平都在 0.01 以内。可见，该指标具有较强的判别能力。$X_{13}$（经营活动现金净流量/总资产），该比率表示资产创造经营现金净流量的能力，该比率越大，说明资产"造血功能"越强。对于财务危机公司而言，靠经营活动产生的现金净流入相对较小，经营活动现金净流量与总资产的比率自然很低。从剖面分析 T 检验可以看出，该指标在 ST 发生前两年显著性水平都在 0.01 以内，非常显著。所以这一指标具有较强的预测能力。所以，以上指标全部入选。

### (二) 典则判别模型

根据上述选定的 5 个变量及其财务危机发生前的第 1 年的样本数据，运用 SPSS 软件，财务危机公司为组合 1，非财务危机公司为组合 2，得到了典则线性判定模型和 Fisher 二类线性判定模型。

以典则变量代替原始数据中指定的自变量。其中，典则变量是原始自变量的线性组合。运用 SPSS 软件，统计结果如表 3 - 20 所示：

表 3 - 20　　　　　　典则判别函数特征值（Eigenvalues）

| 函数 | 特征值<br>（Eigenvalues） | 方差百分比<br>（Variance） | 方差累计百分比<br>（Cumulative%） | 典则相关系数<br>Canonical Correlation |
|---|---|---|---|---|
| 1 | 3.352 | 100.0 | 100.0 | 0.878 |

由表 3 - 20 可知：特征值（Eigenvalues）为 3.352，方差百分比为（% of Variance）为 100%，方差累计百分比（Cumulative%）为 100%，典则相关系数（Canonical Correlation）为 0.878。

表 3 - 21 是对典则判别函数的有效性的检验，判断该判别函数能否将两类很好地区分开。由上表可知：Wilks' Lambda 值等于 0.230，

卡方统计量值为 37.502，自由度为 5，显著性概率 Sig. = 0.000，Sig. < 0.01，从而认为判别函数有效。

表 3 - 21　　　　　　　　　　　　**Wilks' Lambda**

| 函数检验 | Wilks' Lambda | Chi-square | 自由度 | 显著水平 Sig. |
| --- | --- | --- | --- | --- |
| 1 | 0.230 | 37.502 | 5 | 0.000 |

典则线性判别函数为：

$$Z = -7.322 + 0.495X_{19} + 0.222X_{17} + 3.791X_{14} - 3.374X_{13} + 1.672X_7$$

其中：$X_{19}$ 是总资产的对数；$X_{14}$ 是每股经营性现金流量；$X_7$ 是经营现金流入量/经营现金流出量；$X_{17}$ 是经营活动现金净流量/流动负债；$X_{13}$ 是经营活动现金净流量/总资产。

根据上述判定模型，以财务危机发生前的第 1 年的原始数据分别进行回代。两个组合的平均 Z 值分别是 -1.769 和 1.769，由于样本个数都为 15 个，所以，按完全对称原则确定的最佳判定点为 $Z^* = \dfrac{-1.769 + 1.769}{2} = 0$，由此可知：当把财务危机发生前的第 1 年的原始数据代入判定模型所得的判定值 Z 大于 $Z^*$，则判为组合 2，即非财务危机公司，否则判为组合 1。同理，对财务危机发生前的第 2 年数据进行判定。判定结果见表 3 - 22：

表 3 - 22　　　　　　　典则线性判定模型判定结果

| 年份 | 原始值 | | 预测值 | | 合计 | 误判率 |
| --- | --- | --- | --- | --- | --- | --- |
| | | | 1 | 2 | | |
| 1 | 计数 | 1 | 15 | 0 | 15 | 3.3% |
| | | 2 | 1 | 14 | 15 | |
| | 百分比 | 1 | 100.0 | 0.0 | 100.0 | |
| | | 2 | 6.7 | 93.3 | 100.0 | |
| 2 | 计数 | 1 | 15 | 0 | 15 | 10% |
| | | 2 | 3 | 12 | 15 | |
| | 百分比 | 1 | 100.0 | 0.0 | 100.0 | |
| | | 2 | 20 | 80 | 100.0 | |

### （三）Fisher 判定模型

根据上述选定的 5 个变量及其财务危机发生前的第 1 年的样本数据，运用 SPSS 软件，统计结果如下：

对于财务危机公司，判定模型为：

$$Z_1 = -386.670 + 87.932X_{19} + 92.745X_{17} + 23.979X_{14}$$
$$- 266.569X_{13} - 7.671X_7$$

对于非财务危机公司，判定模型为：

$$Z_2 = -412.571 + 89.683X_{19} + 93.532X_{17} + 37.389X_{14}$$
$$- 278.503X_{13} - 1.755X_7$$

其中：$X_{19}$ 是总资产的对数；$X_{14}$ 是每股经营性现金流量；$X_7$ 是经营现金流入量/经营现金流出量；$X_{17}$ 是经营活动现金净流量/流动负债；$X_{13}$ 是经营活动现金净流量/总资产。

将各变量值代入以上两个判别函数模型分别进行计算，二者数值比较，若 $Z_1 > Z_2$，对应观测量归入组合 1（即：财务危机公司）；若 $Z_1 < Z_2$，对应观测量归入组合 2（即：非财务危机公司）。对财务危机发生前两年数据的判定结果汇总如表 3 - 23 所示：

表 3 - 23　　　　　　Fisher 二类线性判定模型判定结果

| 年份 | 原始值 | | 预测值 | | 合计 | 误判率 |
|------|--------|---|------|------|------|--------|
| | | | 1 | 2 | | |
| 1 | 计数 | 1 | 15 | 0 | 15 | 3.3% |
| | | 2 | 1 | 14 | 15 | |
| | 百分比 | 1 | 100.0 | 0.0 | 100.0 | |
| | | 2 | 6.7 | 93.3 | 100.0 | |
| 2 | 计数 | 1 | 15 | 0 | 15 | 10% |
| | | 2 | 3 | 12 | 15 | |
| | 百分比 | 1 | 100.0 | 0 | 100.0 | |
| | | 2 | 20 | 80 | 100.0 | |

## 五、结论

第一，从剖面分析 T 统计量检验结果得出：在 ST 发生之前的第 1 年和第 2 年，财务危机公司和非财务危机公司共有 10 个现金流指标的平均值存在显著性差异。在单变量分析中，在财务危机发生前的第 1 年，经营现金流入量/经营现金流出量这个现金流结构指标的判定模型误差率最小，判定效果最好。现金流指标在房地产行业中具有预测财务危机的信息含量和时效性，其信息含量随着时间的推移而递减。同时在单变量判定中还发现：各个现金流指标的信息含量不同，预测财务危机的准确率也不同。如经营现金流入量/经营现金流出量在 ST 发生前的第 1 年误判率为 10%，经营活动现金净流量/总资产在 ST 发生前的第 1 年的误判率却为 13.33%。

第二，在我国上市公司陷入财务危机的前两年中，运用逐步判别分析选择出来的判别作用显著的变量有 5 个：$X_{14}$（每股经营性现金流量）、$X_7$（经营现金流入量/经营现金流出量）、$X_{17}$（经营活动现金净流量/流动负债）、$X_{13}$（经营活动现金净流量/总资产）、$X_{19}$（总资产的对数）5 个变量。运用这五个现金流变量建模，得出典则线性判定模型和 Fisher 二类线性判定模型，这两个模型的判别效果相同。在财务危机发生之前的第 1 年和第 2 年，判别率分别为 3.3%、10%，判别率很高。从而可得，多变量判定模型优于单变量判定模型。

# 第三节　化工行业财务预警实证研究

## 一、样本选择

选择 16 家 ST 公司和 16 家同行业的非 ST 公司进行研究。样本期

中国上市公司财务预警体系与实证研究

间 2000 年至 2003 年 7 月。具体分析如下：在 2000～2003 年四年期间，我国 A 股市场上属于化工行业的 16 家 ST 公司作为财务危机公司，进行财务危机预测研究。在这 16 家公司中：（1）连续两年亏损，包括因对财务报告调整导致连续两年亏损的"连亏"公司，共13 家；（2）因一年亏损但最近一个会计年度的股东权益低于注册资本，即"巨亏"有 3 家。

## 二、剖面分析

首先分组计算 16 家财务危机公司和 16 家非财务危机公司的 19 个财务指标在财务危机发生的前三年的平均值和标准差等描述性统计量，比较财务危机公司和非财务危机公司这两组的 19 个财务指标变量在各年的平均值是否具有显著性差异，采用 SPSS 软件中的独立样本 T 检验方法来分析。发现在化工行业中 19 个财务指标中有 12 个现金流指标是显著的，见表 3 -24：

表 3 -24　　　　12 个财务指标 T 统计量的计算结果汇总

| 变量 | 指标　　　　　　年份 | 第 1 年 | 第 2 年 | 第 3 年 |
|---|---|---|---|---|
| $X_1$ | 经营活动现金流入量／现金总流入量 | -2.242 ** | 0.147 | 0.407 |
| $X_5$ | 投资现金流出量／现金总流出量 | -4.113 *** | -2.428 ** | -2.551 ** |
| $X_7$ | 经营现金流入量／经营现金流出量 | -3.242 *** | -4.841 *** | -1.499 |
| $X_8$ | 投资活动现金流入量／投资活动现金流出量 | -0.862 | 2.192 ** | 1.563 |
| $X_{10}$ | 经营活动现金净流量／筹资现金流出量＋投资现金流出量 | -1.025 | -3.679 *** | -0.970 |
| $X_{11}$ | 经营活动现金净流量／资本支出 | -2.034 * | -1.322 | 1.077 |

| 变量 | 指标 　　　　年份 | 第1年 | 第2年 | 第3年 |
|---|---|---|---|---|
| $X_{13}$ | <u>经营活动现金净流量</u><br>总资产 | − 8.031 *** | − 7.513 *** | − 2.970 *** |
| $X_{14}$ | 每股经营性现金流量 | − 9.028 *** | − 7.443 *** | − 2.839 *** |
| $X_{15}$ | <u>经营活动现金净流量</u><br>股东权益 | − 4.034 *** | − 6.728 *** | − 1.421 |
| $X_{16}$ | 再投资现金比率 | − 6.864 *** | − 4.747 *** | 0.362 |
| $X_{17}$ | 经营活动现金净流量/流动负债 | − 7.598 *** | − 5.838 *** | − 3.560 *** |
| $X_{18}$ | 经营活动现金净流量/负债总额 | − 6.475 *** | − 4.884 *** | − 1.718 * |

注：（1）上表中计算出来的 T 值，末尾带有星号的含义如下：
*** 表示在概率为 0.01 水平下显著；
** 表示在概率为 0.05 水平下显著；
* 表示在概率为 0.1 水平下显著。
（2）表中的年份：第 1 年、第 2 年、第 3 年表示的含义见本章第一节图 3 −1。

　　对 ST 发生之前的第 1 年、第 2 年、第 3 年数据进行财务指标的均值计算，并进行 T 检验。发现财务危机公司和同行业的非财务危机公司在 12 个现金流指标上存在明显差异。从表 3 −24 可看出：在 T 检验中，至少连续两年显著的现金流指标共有 8 个，分为四大类：第一类是反映现金流结构性的指标两个：$X_7$（经营现金流入量/经营现金流出量）和 $X_5$（投资现金流出量/现金总流出量）；第二类是反映企业偿债能力的指标：$X_{17}$（经营活动现金净流量/流动负债）、$X_{18}$（经营活动现金净流量/负债总额）。第三类是反映企业经营活动现金流用于重置资产和维持经营的能力的指标：$X_{16}$（再投资现金比率）。第四类是反映企业获现能力的指标：$X_{13}$（经营活动现金净流量/总资产）、$X_{14}$（每股经营性现金流量）、$X_{15}$（经营活动现金净流量/股东权益）。其中，$X_5$（投资现金流出量/现金总流出量）、$X_{13}$（经营活动现金净流量/总资产）、$X_{14}$（每股经营性现金流量）、$X_{17}$（经营活动现金净流量/流动负债）、$X_{18}$（经营活动现金净流量/负债总额）这五个指标连续三年显著，显著性水平都非常高。

　　为了更直观地显示现金流指标均值的变化趋势，从连续三年均值差异非常显著的现金流指标中选择两个现金流指标：$X_{13}$（经营活动现金净流量/总资产）和 $X_{17}$（经营活动现金净流量/流动负债）。在 T 检验中，这两个指标在第 1 年、第 2 年、第 3 年中显著性水平都在 0.01 以内，非常显著。图 3-2 和图 3-3 为财务危机公司和非财务危机公司在这两个现金流指标均值的变化趋势图。从图中可以看出：$X_{13}$（经营活动现金净流量/总资产）和 $X_{17}$（经营活动现金净流量/流动负债）的图形呈现喇叭形，并在第 1 年最为明显，随着时间后移差异有所缩小。在第 1 年、第 2 年、第 3 年，非财务危机公司的现金流指标均值都明显高于财务危机公司，两条均值线在这三年当中并无交叉点。由此可见，这两个指标在财务危机发生前三年中具有显著的预测能力。

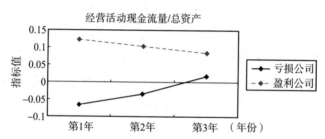

图 3-2　经营活动现金净流量/总资产两组均值变化趋势

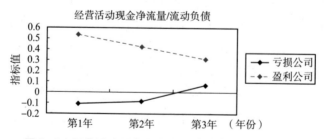

图 3-3　经营活动现金净流量/流动负债均值变化趋势

　　剖面分析结果表明：在 ST 发生之前的第 1 年至第 3 年，财务危机公司和非财务危机公司的 12 个现金流指标的平均值存在显著的差异。其中，至少连续两年显著的现金流指标有 8 个，连续 3 年显著性水平都在 0.01 以内的有 5 个现金流指标，这 5 个现金流指标的 T 值随着 ST 发生的临近而显著增大，即：两组的财务指标平均值的差异随 ST 发生时间的临近而扩大，具有显著的预测能力。

## 三、单变量判定模型

本书选择经营活动现金净流量/股东权益、经营活动现金流入量/经营活动现金流出量、每股经营性现金流量、经营现金净流量/（筹资现金流出量 + 投资现金流出量）这 4 个现金流指标，应用单变量判定分析分别建立 4 个单变量预测模型，通过确定模型的最佳判定点，可以判定某一企业在财务危机发生前的第 1 年至第 3 年其是否会陷入财务危机。在对第 3 年的判定中，有 1 家 ST 公司缺少第 3 年的现金流量数据，将其剔除，对 15 家 ST 公司进行判定。估计模型的结果如表 3 – 25 ～ 表 3 – 28 所示。

由表 3 – 25 ～ 表 3 – 28 可见：（1）从各个单变量判定模型的判定效果来看，在财务危机发生前的第 1 年里，每股经营性现金流量的判定模型误差最小；经营活动现金净流量/股东权益的判定模型的误差次之，经营活动现金流入量/经营活动现金流出量的判定模型和经营现金净流量/（筹资现金流出量 + 投资现金流出量）的判定模型误差最大。（2）现金流指标作为预测变量具有信息含量和时效性，其信息含量随着时间的推移而递减，即指标值离财务危机发生的时间越短，信息含量越多，预测的准确性越高，反之信息含量越少，预测的准确性越低。（3）结合剖面分析，在两组均值的差异性检验中显著的财务指标，在单变量判定分析中的误判率比较低。如每股经营性现金流量在 T 检验中，连续三年的显著性水平都在 0.01 以内，财务危机公司和非财务危机公司在这一指标上的差异非常显著。其在单变量判定模型中，第 1 年的误判率为 3.125% ，误判率是比较低的。

**表 3 – 25　经营活动现金净流量/股东权益在财务危机前 1～3 年判定结果**

| 年份 | 最佳判定点 | 原始值 | | 预测值 | | 合计 | 误判率 |
|---|---|---|---|---|---|---|---|
| | | | | 0 | 1 | | |
| 第 1 年 | 0.035 | 计数 | 0 | 16 | 0 | 16 | 9.375% |
| | | | 1 | 3 | 13 | 16 | |
| | | 百分比 | 0 | 100 | 0 | 100 | |
| | | | 1 | 18.75 | 81.25 | 100 | |
| 第 2 年 | 0.041 | 计数 | 0 | 13 | 3 | 16 | 15.625% |
| | | | 1 | 2 | 14 | 16 | |
| | | 百分比 | 0 | 81.25 | 18.75 | 100 | |
| | | | 1 | 12.5 | 87.5 | 100 | |
| 第 3 年 | 0.1127 | 计数 | 0 | 12 | 4 | 16 | 22.58% |
| | | | 1 | 3 | 12 | 15 | |
| | | 百分比 | 0 | 75 | 25 | 100 | |
| | | | 1 | 20 | 80 | 100 | |

**表 3 – 26　　经营活动现金流入量/经营活动现金流出量在**
**财务危机前 1～3 年判定结果**

| 年份 | 最佳判定点 | 原始值 | | 预测值 | | 合计 | 误判率 |
|---|---|---|---|---|---|---|---|
| | | | | 0 | 1 | | |
| 第 1 年 | 1.115 | 计数 | 0 | 13 | 3 | 16 | 12.5% |
| | | | 1 | 1 | 15 | 16 | |
| | | 百分比 | 0 | 81.25 | 18.75 | 100 | |
| | | | 1 | 6.25 | 93.75 | 100 | |
| 第 2 年 | 1.121 | 计数 | 0 | 13 | 3 | 16 | 15.625% |
| | | | 1 | 2 | 14 | 16 | |
| | | 百分比 | 0 | 81.25 | 18.75 | 100 | |
| | | | 1 | 12.5 | 87.5 | 100 | |
| 第 3 年 | 1.14 | 计数 | 0 | 12 | 4 | 16 | 22.58% |
| | | | 1 | 3 | 12 | 15 | |
| | | 百分比 | 0 | 75 | 25 | 100 | |
| | | | 1 | 20 | 80 | 100 | |

表 3 - 27 每股经营性现金流量在财务危机前 1~3 年判定结果

| 年份 | 最佳判定点 | 原始值 | | 预测值 | | 合计 | 误判率 |
|---|---|---|---|---|---|---|---|
| | | | | 0 | 1 | | |
| 第 1 年 | 0.175 | 计数 | 0 | 15 | 1 | 16 | 3.125% |
| | | | 1 | 0 | 16 | 16 | |
| | | 百分比 | 0 | 93.75 | 6.25 | 100 | |
| | | | 1 | 0 | 100 | 100 | |
| 第 2 年 | 0.179 | 计数 | 0 | 12 | 4 | 16 | 12.5% |
| | | | 1 | 0 | 16 | 16 | |
| | | 百分比 | 0 | 75 | 25 | 100 | |
| | | | 1 | 0 | 100 | 100 | |
| 第 3 年 | 0.23 | 计数 | 0 | 14 | 2 | 16 | 16.13% |
| | | | 1 | 3 | 12 | 15 | |
| | | 百分比 | 0 | 87.5 | 12.5 | 100 | |
| | | | 1 | 20 | 80 | 100 | |

表 3 - 28 经营现金净流量/（筹资现金流出量 + 投资现金流出量）
在财务危机前 1~3 年判定结果

| 年份 | 最佳判定点 | 原始值 | | 预测值 | | 合计 | 误判率 |
|---|---|---|---|---|---|---|---|
| | | | | 0 | 1 | | |
| 第 1 年 | 0.185 | 计数 | 0 | 13 | 3 | 16 | 12.5% |
| | | | 1 | 1 | 15 | 16 | |
| | | 百分比 | 0 | 81.25 | 18.75 | 100 | |
| | | | 1 | 6.25 | 93.75 | 100 | |
| 第 2 年 | 0.215 | 计数 | 0 | 12 | 4 | 16 | 18.75% |
| | | | 1 | 2 | 14 | 16 | |
| | | 百分比 | 0 | 75 | 25 | 100 | |
| | | | 1 | 12.5 | 87.5 | 100 | |
| 第 3 年 | 0.304 | 计数 | 0 | 14 | 2 | 16 | 22.58% |
| | | | 1 | 5 | 10 | 15 | |
| | | 百分比 | 0 | 87.5 | 12.5 | 100 | |
| | | | 1 | 33.3 | 66.7 | 100 | |

# 四、多元线性判别模型

## （一）现金流指标的筛选

本书首先应用多元逐步判别分析方法来选择变量，分别对 ST 发生前的第 1 年、第 2 年数据采用逐步判别分析方法进行筛选变量，目的是为了筛选出在各年判别作用非常显著的变量。具体做法如下：

首先，从剖面分析的 T 检验可知：在第 1 年和第 2 年，财务危机公司和非财务危机公司这两组指标的均值差异性检验中有 12 个现金流指标非常显著。为了提高模型的判别准确率，将这 12 个现金流指标作为逐步判别分析选择的初始变量，对 ST 发生之前的第 1 年数据进行多元逐步判别分析。用逐步判别分析能够选择出最能反映类间差异的变量子集来建立较好的判别函数。

多元逐步判别分析首先从模型中没有变量开始，每一步都对模型外的变量进行检测，以求选择出最能反映类间差异的变量。一个变量能否被选择并进入模型主要取决于协方差分析的 F 检验的显著性水平，当显著性水平 Sig. 小于 0.05 或 0.01 时，可以说该变量对判别的贡献显著。每一步把模型外的对模型的判别力贡献最大的变量加入到模型中，同时考虑已经在模型中，但又不符合留在模型中的条件的变量从模型中剔出。直到模型中所有变量都符合留在模型中的判据：模型外的变量都不符合进入模型的判据时为止。

本书利用 SPSS 软件 Use stepwise method 选项进行统计分析。采用系统默认的判别方法：根据 Wilks' Lambda 值进行逐步选择变量，并进行 F 检验。每一步都计算该变量进入模型后使 Wilks' Lambda 值降低了多少，选择使总的 Wilks' Lambda 值最小的变量进入判别函数，同时对模型内各变量以及模型外的自变量进行方差分析和 F 检验。SPSS 系统默认判据是：进入模型中的 F 值为 F ≥ 3.84；从模型中剔除变量的判据是 F≤2.71。SPSS 软件统计结果如表 3-29 所示：

表 3-29　　　　　　　　　第 1 年逐步判别分析选择变量结果

| 变量 | Wilks' Lambda | | | | | | | |
|---|---|---|---|---|---|---|---|---|
| | Wilks' λ 统计量 | 自由度 df1 | 自由度 df2 | 自由度 df3 | Exact F | | | |
| | | | | | F 值 | 自由度 df1 | 自由度 df2 | 显著水平 Sig. |
| $X_{14}$ | 0.269 | 1 | 1 | 30.000 | 81.508 | 1 | 30.000 | 0.000 |
| $X_5$ | 0.230 | 2 | 1 | 30.000 | 48.513 | 2 | 29.000 | 0.000 |
| $X_{17}$ | 0.183 | 3 | 1 | 30.000 | 41.777 | 3 | 28.000 | 0.000 |
| $X_{16}$ | 0.140 | 4 | 1 | 30.000 | 41.339 | 4 | 27.000 | 0.000 |

　　从表 3-29 可以看出：在对第 1 年逐步判别分析中，$X_{14}$（每股经营性现金流量）、$X_5$（投资现金流出量/现金总流出量）、$X_{17}$（经营活动现金净流量/流动负债）、$X_{16}$（再投资现金比率）这四个现金流指标显著性水平 Sig. =0.000，全部都小于 0.01，可以说这四个变量的判别作用非常显著，对判别模型的贡献较大。

　　其次，对第 2 年数据进行多元逐步判别分析，仍采用 SPSS 软件中的 Discriminant Analysis 中的 Use stepwise method 选项，逐步筛选变量。判别方法仍然是 Wilks' Lambda 方法。根据 Wilks' Lambda 值进行逐步选择变量，并进行 F 检验。变量进入模型中的判据为系统默认值，即：进入模型中变量的 F 值为 F≥3.84；从模型中剔除变量的判据是 F≤2.71。SPSS 软件统计结果如表 3-30 所示：

表 3-30　　　　　　　　　第 2 年逐步判别分析选择变量结果

| 变量 | Wilks' Lambda | | | | | | | |
|---|---|---|---|---|---|---|---|---|
| | Wilks' λ 统计量 | 自由度 df1 | 自由度 df2 | 自由度 df3 | Exact F | | | |
| | | | | | F 值 | 自由度 df1 | 自由度 df2 | 显著水平 Sig. |
| $X_{13}$ | 0.347 | 1 | 1 | 30.000 | 56.451 | 1 | 30.000 | 0.000 |
| $X_8$ | 0.268 | 2 | 1 | 30.000 | 39.561 | 2 | 29.000 | 0.000 |

对第 2 年数据进行多元逐步判别分析，得出：$X_{13}$（经营活动现金净流量/总资产），$X_8$（投资活动现金流入量/投资活动现金流出量）。两个变量的显著性水平是 Sig. = 0.000，显著性水平都小于 0.01，可以说这两个变量的判别作用非常显著，对判别模型的贡献较大。

综上所述，本书对第 1 年、第 2 年运用逐步判别分析选择出来的判别作用显著的变量进行分析、汇总，最终选取 $X_{14}$（每股经营性现金流量）、$X_5$（投资现金流出量/现金总流出量）、$X_{17}$（经营活动现金净流量/流动负债）、$X_{16}$（再投资现金比率）、$X_{13}$（经营活动现金净流量/总资产）、$X_8$（投资活动现金流入量/投资活动现金流出量）这 6 个变量。选取这些变量的原因是：

第一，以财务危机发生前的第 1 年的逐步判别分析结果为主，参考第 2 年的逐步判别分析结果。由剖面分析可知，T 值随着 ST 发生时间的临近而显著增大，即：两组的财务指标平均值的差异随 ST 发生时间的临近而扩大。可见，财务危机发生前的第 1 年的财务指标作为财务危机预测的信息含量最多，时效性最强；离财务危机发生的时间越远，指标的信息含量越少，时效性越差。所以，第 1 年的逐步判别分析所得的现金流的指标全部入选。由剖面分析还可知，财务危机公司和非财务危机公司现金流指标均值的差异在第 2 年仍十分显著，信息含量较多，有较强预测作用，所以，对第 2 年数据进行多元逐步判别分析得到的变量也应全部选取。

第二，从现金流的角度力求反映企业整体信息。在这六个现金流指标中有两个指标是反映企业获现能力的。一个是 $X_{14}$（每股经营性现金流量），另一个是 $X_{13}$（经营活动现金净流量/总资产）。其中：$X_{14}$（每股经营性现金流量），该指标反映了企业经营活动创造现金的能力，是每股收益的现金保障。从短期看，每股经营活动现金流量比率比每股盈余更能显示从事资本性支出及支付股利的能力。每股经营性现金含量越高，说明企业资本的盈利能力越强，从事资本性支出及支付股利的能力也就越强。大部分财务危机公司经营活动产生的现金净流入比较少，靠自身经营活动创造现金的能力较弱，每股的经营活动现金含量也较低。从剖面分析的 T 检验也可知，该指标在第 1 年、第 2 年、第 3 年显著性水平全都在 0.01 以内。可见，每股经营性现金流量具有较强的预测能力；$X_{13}$（经营活动现金净流量/总资产），该指标是经营活动现金流量净额与企业当期的资产总额之比，表明每一元资产能带来的经营活动现金流量，它是以现金流量为基础的资产报酬率。该比率越高，以现金流量为基础的资产报酬率也就越高，企业创现能力越强。反之，该比率越低，以现金流量为基础的资产报酬率也就越低，企业创现能力越弱。从剖面分析的 T 检验可知：经营活动现金净流量/总资产这一指标在第 1 年、第 2 年、第 3 年显著性水平全都在 0.01 以内，判别作用显著，预测能力较强。每股经营性现金流量和经营活动现金净流量/总资产，这两个指标从不同的角度衡量了企业创现能力。在前面的剖面分析中，这两个指标的预测能力很强，所以两个指标全部入选。$X_5$（投资现金流出量/现金总流出量）、$X_8$（投资活动现金流入量/投资活动现金流出量），这两个指标反映了企业投资活动的现金流量结构。$X_5$（投资现金流出量/现金总流出量）反映了在现金总流出中，投资活动现金流出所占的比重。投资活动的现金流出主要是购建固定资产，无形资产，其他长期资产导致的现金流出。固定资产投资是企业扩大再生产的手段，而扩大再生产是为了提高企业未来的获利能力。我国证券市场上的财务危机公司多半是由成熟期向衰退期过渡的公司，其资本性支出相对较低，投资现金流出量占现金总流出量的比率较小。从剖面分析可看出：在第 1 年，该指标的显著性水平在 0.01 以内，在第 2 年、第 3 年显著性水平全都在 0.05 以内，此指标在财务危机公司和非财务危机公司两组指标均值差异检验中非常显著，有很强的判别作用和预测能力。$X_8$（投资活动现金流入量/投资活动现金流出量）这一指标在均值差异的 T 检验中，第 2 年显著性水平为 0.036，小于 0.05，也具有一定的判别功能。$X_{17}$（经营活动现金净流量/流动负债），反映了企业短期偿债能力，该指标值越大，表明企业的短期偿债能力越强，对债权人来讲，就越安全可靠；反之，比率越低，表明企业短期偿债能力越差。国外的一些学者认为该比率在 40% 以上为理想状况。[①] 此指标重点反映了企业靠自身经营活动产生的现金流量是否能偿还流动负债。众所周知，一个企业要长期的发展下去，企业必须从经营活动中获得源源不断的血液供应，才能维持其生存和发展，是企业偿还债务的基础和根本保障。而财务危机公司的盈利能力较差，靠经营活动产生的现金净流量即使大于零，也甚微，其偿债能力可想而知。而且，从剖面分析的 T 检验可知：现金流动负债比率在第 1 年 Sig. = 0.001，在第 2 年 Sig. = 0.000，在第 3 年 Sig. = 0.001，连续三年的显著性水平都在 0.01 以内。可见，该指标具有较强的预测能力。$X_{16}$（再投资现金比率）反映了企业经营活动产生的现金可用于替代现有资产并进行扩张的满足情况。该比率越高，表明再投资能力越强，经营活动产生的现金流量上升的空间就越大。国外学者认为此比率的合理之应在 7% ~ 11%。该指标在第 1 年、第 2 年均值差异的 T 检验中显著性水平都在 0.01 以内，预测能力很强。

由于以上原因，选择了 $X_{14}$（每股经营性现金流量）、$X_5$（投资现金流出量/现金总流出量）、$X_{17}$（经营活动现金净流量/流动负债）、$X_{16}$（再投资现金比率）、$X_{13}$（经营活动现金净流量/总资产）、$X_8$（投资活动现金流入量/投资活动现金流出量）这 6 个变量进行建模。

## （二）典则判别模型

根据上述选定的 6 个变量及其财务危机发生前的第 1 年的样本数据，运用 SPSS 软件，财务危机公司为组合 1，用 1 表示；非财务危

---

① ［美］Franklin J. Plewa，George T. Friedlob. 全面理解现金流. 清华大学出版社，1999.

机公司为组合 2，用 2 表示。得到了典则线性判定模型和 Fisher 二类
线性判定模型。

以典则变量代替原始数据中指定的自变量。其中，典则变量是原
始自变量的线性组合。运用 SPSS 软件，统计结果如表 3 – 31 所示：

表 3 – 31　　　　　典则判别函数特征值表（Eigenvalues）

| 函数代号 | 特征值<br>Eigenvalue | 方差百分比<br>% of Variance | 方差累计百分比<br>Cumulative% | 典则相关系数<br>Canonical Correlation |
|---|---|---|---|---|
| 1 | 6.132 | 100.0 | 100.0 | 0.927 |

由表 3 – 31 可知：特征值（Eigenvalues）为 6.132，方差百分比
为（% of Variance）为 100%，方差累计百分比（Cumulative%）为
100%，典则相关系数（Canonical Correlation）为 0.927。

表 3 – 32　　　　　　　　　　Wilks' Lambda

| 函数检验 | Wilks' Lambda 值 | Chi-square 值 | 自由度 | 显著水平 Sig. |
|---|---|---|---|---|
| 1 | 0.140 | 53.045 | 6 | 0.000 |

表 3 – 32 是对典则判别函数的有效性的检验，判断该判别函数能
否将两类很好的区分开。由上表可知：Wilks' Lambda 值等于 0.140，
非常小，卡方统计量（Chi-square）值为 53.045，自由度为 6，显著
性概率 Sig. = 0.000，Sig. < 0.01，从而认为判别函数有效。

典则线性判别函数为：
$$Z = -1.657 - 0.175X_8 + 3.718X_{16} + 2.943X_{17} + 9.150X_5$$
$$- 0.876X_{13} + 0.886X_{14}$$

其中：$X_8$ 表示投资活动现金流入量/投资活动现金流出量；$X_{16}$
是再投资现金比率；$X_{17}$ 是经营活动现金净流量/流动负债；$X_5$ 是投
资现金流出量/现金总流出量；$X_{13}$ 是经营活动现金净流量/总资产；
$X_{14}$ 是每股经营性现金流量。

根据上述判定模型，以财务危机发生前的第 1 年的原始数据分别进行回代。两个组合的平均 Z 值分别是 -2.398 和 2.398，由于样本个数都为 16 个，所以，按完全对称原则确定的最佳判定点为 $Z^* = \frac{-2.398 + 2.398}{2} = 0$，由此可知：当把财务危机发生前的第 1 年的原始数据代入判定模型所得的判定值 Z 大于 $Z^*$，则判为组合 2，即非财务危机公司，否则判为组合 1。由此得到的判定结果见表 3-33。

表 3-33 典则线性判定模型对财务危机发生前的第 1 年的判定结果

| 年份 | 原始值 | | 预测值 | | 合计 | 误判率 |
|---|---|---|---|---|---|---|
| | | | 1 | 2 | | |
| 1 | 计数 | 1 | 16 | 0 | 16 | 0% |
| | | 2 | 0 | 16 | 16 | |
| | 百分比 | 1 | 100.0 | 0 | 100.0 | |
| | | 2 | 0 | 100.0 | 100.0 | |

### （三）Fisher 判定模型

同样运用上述选定的 6 个变量及其财务危机发生前的第 1 年的样本数据，运用 SPSS 软件，统计结果如下：

对于财务危机公司，判定模型为：

$$Z_1 = -1.394 - 0.968X_8 - 3.204X_{16} - 0.0866X_{17} + 4.250X_5$$
$$- 3.276X_{13} - 2.647X_{14}$$

对于非财务危机公司，判定模型为：

$$Z_2 = -9.339 - 0.524X_8 + 14.623X_{16} + 14.024X_{17} + 48.130X_5$$
$$- 7.476X_{13} + 1.603X_{14}$$

其中：$X_8$ 表示投资活动现金流入量/投资活动现金流出量；$X_{16}$ 是再投资现金比率；$X_{17}$ 是经营活动现金净流量/流动负债；$X_5$ 是投资现金流出量/现金总流出量；$X_{13}$ 是经营活动现金净流量/总资产；$X_{14}$ 是每股经营性现金流量。

将各变量值代入以上两个判别函数模型分别进行计算，二者数值比较，若 $Z_1 > Z_2$，对应观测量归入组合 1（即：财务危机公司）；若 $Z_1 < Z_2$，对应观测量归入组合 2（即：非财务危机公司）。根据以上所得到的 Fisher 二类线性判定模型对财务危机发生前的第 1 年的原始数据进行回代判定，结果见表 3－34。

表 3－34　Fisher 二类线性判定模型对财务危机发生前的第 1 年的判定结果

| 年份 | 原始值 | | 预测值 | | 合计 | 误判率 |
|---|---|---|---|---|---|---|
| | | | 1 | 2 | | |
| 1 | 计数 | 1 | 16 | 0 | 16 | 0% |
| | | 2 | 0 | 16 | 16 | |
| | 百分比 | 1 | 100.0 | 0 | 100.0 | |
| | | 2 | 0 | 100.0 | 100.0 | |

在财务危机发生前的第 1 年，16 个 ST 公司全部被正确判定，误判率为 0，16 家非 ST 公司也全部被正确判定，误判率为 0，总体上看，32 家公司都被正确判定。同样地，对财务危机发生前的第 2 年、第 3 年的原始数据进行判定。判定结果汇总，见表 3－35。

表 3－35　　　　　　　　　判定结果汇总

| 年份 | 一类错误（%） | | 二类错误（%） | | 误判率（%） | |
|---|---|---|---|---|---|---|
| | 典则判定模型 | Fisher模型 | 典则判定模型 | Fisher模型 | 典则判定模型 | Fisher模型 |
| 1 | 0 | 0 | 0 | 0 | 0 | 0 |
| 2 | 6.25 | 6.25 | 12.5 | 12.5 | 9.375 | 9.375 |
| 3 | 6.67 | 6.67 | 18.75 | 18.75 | 12.9 | 12.9 |

## 五、结论

第一，从剖面分析 T 统计量检验结果得出：在财务危机发生的前三年，财务危机公司和非财务危机公司共有 12 个现金流指标的平均值存在显著性差异。在单变量分析中，在财务危机发生前的第 1 年里，每股经营性现金流量这一现金流结构指标的判定模型误差率最小，判定效果最好。在财务危机发生前的第 1 年误判率为 3.125%，第 2 年误判率为 12.5%，第 3 年误判率为 16.13%。可见，我国上市公司的现金流指标具有预测财务危机的信息含量和时效性，其信息含量随着时间的推移而递减，即指标值离财务危机发生的时间越短，信息含量越多，预测的准确率越高，反之信息含量越少，预测的准确性越低。同时在单变量判定中还发现：各个指标的信息含量不同，预测财务危机的准确率不同。如经营活动现金净流量/股东权益在财务危机发生前的第 1 年误判率 9.375%，经营活动现金流入量/经营活动现金流出量在财务危机发生前的第 1 年的误判率却为 12.5%。

第二，在我国上市公司陷入财务危机的前两年，运用逐步判别分析选择出来的判别作用显著的变量有 6 个：$X_{14}$（每股经营性现金流量）、$X_5$（投资现金流出量/现金总流出量）、$X_{17}$（经营活动现金净流量/流动负债）、$X_{16}$（再投资现金比率）、$X_{13}$（经营活动现金净流量/总资产）、$X_8$（投资活动现金流入量/投资活动现金流出量）这 6 个变量。运用这 6 个现金流变量建模，得出典则线性判定模型和 Fisher 二类线性判定模型，这两个模型的判别效果相同。在第 1 年、第 2 年、第 3 年判别率为 0、9.375%、12.9%，判别率很高。从而可得多变量判定模型优于单变量判定模型。

# 第四节　研究结论和相关建议

## 一、研究结论

本章从现金流角度出发，研究我国财务危机公司和非财务危机公司在现金流指标上的差异，力求建立预测准确率较高的预警模型，以求保护投资者和债权人的利益，为公司的管理者提供决策依据。至2003年7月国内财务预警文献中还没有从现金流角度出发，针对具体行业分别建立预警模型。由于不同行业的现金流指标可比性较差，所以为了提高财务预警模型判别的准确率，增加现金流指标的可比性，必须分行业研究。本研究对行业划分是严格按照中国证监委员会公布的行业指引进行划分的。中国证监委员会将我国上市公司分为22类，由于我国ST公司细分到这22类中去，导致每一类的ST样本数都很有限。所以根据ST样本数本书选择了机械设备行业、房地产行业、化工行业进行研究。同时，为了避免规模因素对财务危机的影响，在本研究中，将总资产的对数作为规模变量，将其与其他的现金流指标作为建模的备选变量，在每一个行业的实证中，通过多元逐步判别分析来检验是否对财务危机公司有显著影响。

分行业建模：分别针对机械设备行业、房地产行业、石油化工行业的特点从19个现金流指标中用多元逐步判别分析法选择出具有显著预测能力的现金流指标，这些指标能从现金流的角度综合反映了企业的获现能力、偿债能力、财务弹性、现金流结构等几个方面。利用这些指标建立典则判定模型和Fisher线性判定模型，并进行预测和结果比较。实证结论如下：

（1）机械设备行业：首先，从剖面分析T统计量检验结果得出：在财务危机发生前的第1年至第3年，财务危机公司和非财务危机公司共有14个现金流指标的平均值存在显著性差异。在单变量判定分析中，在财务危机发生前的第1年，经营现金流入量/经营现金流出量这一现金流结构指标的判定模型误差率最小，判定效果最好。我国上市公司的现金流指标具有预测财务危机的信息含量和时效性，其信息含量随着时间的推移而递减，即指标值离财务危机发生的时间越短，信息含量越多，预测的准确率越高，反之信息含量越少，预测的准确性越低。同时在单变量判定中还发现：每个现金流指标在判定和预测财务危机的信息含量是不同的，预测财务危机的准确率也不相同。如经营现金流入量/经营现金流出量在财务危机发生之前的第1年的误判率为5%，经营活动现金净流量/流动负债在财务危机发生前的第1年的误判率却为8.33%。其次，我国上市公司陷入财务危机发生之前的第1年和第2年，运用逐步判别分析选择出来的判别作用显著的变量有6个：$X_7$（经营现金流入量/经营现金流出量）、$X_{16}$（再投资现金比率）、$X_{17}$（经营活动现金净流量/流动负债）、$X_5$（投资现金流出量/现金总流出量）、$X_{14}$（每股经营性现金流量）、$X_{12}$（经营活动现金净流量/主营业务收入）。运用这6个现金流指标建模，得出典则线性判定模型和Fisher二类线性判定模型，这两个模型的判别效果相同。在财务危机发生之前的第1年、第2年、第3年判别率分别为3.3%、11.7%、16.7%，判别率很高。从而可得，多变量判定模型优于单变量判定模型。

（2）房地产行业：首先，从剖面分析T统计量检验结果得出：在财务危机发生之前的第1年和第2年，财务危机公司和非财务危机公司共有10个现金流指标的平均值存在显著性差异。在单变量分析中，在财务危机发生前的第1年，经营现金流入量/经营现金流出量这个现金流结构指标的判定模型误差率最小，判定效果最好。现金流指标在房地产行业中具有预测财务危机的信息含量和时效性，其信息含量随着时间的推移而递减。同时在单变量判定中还发现：各个现金流指标的信息含量不同，预测财务危机的准确率不同。如经营现金流入量/经营现金流出量在财务危机发生前的第1年误判率为10%，经营活动现金净流量/总资产在财务危机发生前的第1年的误判率却为13.33%。其次，在我国上市公司陷入财务危机前的第1年和第2年两年中，运用逐步判别分析选择出来的判别作用显著的变量有5个：$X_{14}$（每股经营性现金流量）、$X_7$（经营现金流入量/经营现金流出量）、$X_{17}$（经营活动现金净流量/流动负债）、$X_{13}$（经营活动现金净流量/总资产）、$X_{19}$（总资产的对数）5个变量。运用这5个现金流变量建模，得出典则线性判定模型和 Fisher 二类线性判定模型，这两个模型的判别效果相同。在财务危机发生之前的第 1 年和第 2 年，判别率分别为 3.3%、10%，判别率很高。从而可得多变量判定模型优于单变量判定模型。

（3）化工行业：首先，从剖面分析 T 统计量检验结果得出：在财务危机发生的前三年中，财务危机公司和非财务危机公司共有 12 个现金流指标的平均值存在显著性差异。在单变量分析中，在财务危机发生前的第 1 年里，每股经营性现金流量这一现金流结构指标的判定模型误差率最小，判定效果最好。在财务危机发生前的第 1 年误判率为 3.125%，第 2 年误判率为 12.5%，第 3 年误判率为 16.13%。可见，我国上市公司的现金流指标具有预测财务危机的信息含量和时效性，其信息含量随着时间的推移而递减，即指标值离财务危机发生的时间越短，信息含量越多，预测的准确率越高，反之信息含量越少，预测的准确性越低。同时在单变量判定中还发现：各个指标的信息含量不同，预测财务危机的准确率也不同。如经营活动现金净流量/股东权益在财务危机发生前的第 1 年误判率 9.375%，经营活动现金流入量/经营活动现金流出量在财务危机发生前的第 1 年的误判率却为 12.5%。其次，在我国上市公司陷入财务危机前的第 1 年和第 2 年两年中，运用逐步判别分析选择出来的判别作用显著的变量有 6 个：$X_{14}$（每股经营性现金流量）、$X_5$（投资现金流出量/现金总流出量）、$X_{17}$（经营活动现金净流量/流动负债）、$X_{16}$（再投资现金比率）、$X_{13}$（经营活动现金净流量/总资产）、$X_8$（投资活动现金流入量/投资活动现金流出量）这 6 个变量。运用这六个现金流变量建模，得出典则线性判定模型和 Fisher 二类线性判定模型，这两个模型的判别效果相同。在第 1 年、第 2 年、第 3 年判别率为 0、9.375%、12.9%，判别率很高。从而可得多变量判定模型优于单变量判定模型。

（4）企业规模变量在房地产行业第 2 年多元逐步判别分析中

Sig. $=0.000$，小于 $0.01$，判别作用显著。在房地产行业模型中，具有显著的预测能力，而在其他行业财务危机预警的实证当中发现，企业规模并不是影响上市公司财务危机预警的主要因素。

（5）在以上三个行业研究中发现，在机械设备、房地产、化工三个行业中都具备显著的预测能力的变量为：$X_{17}$（经营活动现金净流量/流动负债）和 $X_{14}$（每股经营性现金流量）。而同时在机械设备、化工行业中具有显著预测能力的有：$X_{16}$（再投资现金比率）和 $X_5$（投资现金流出量/现金总流出量）。同时在机械设备行业、房地产行业预测显著的变量为：$X_7$（经营现金流入量/经营现金流出量）。$X_{13}$（经营活动现金净流量/总资产）在房地产和化工行业中都具有显著预测能力。$X_{12}$（经营活动现金净流量/主营业务收入）只在机械行业中显著，$X_8$（投资活动现金流入量/投资活动现金流出量）只在化工行业中显著。

综上所述，在偿债能力指标中，经营活动现金净流量/流动负债判别作用显著；财务弹性指标中，再投资现金比率判别作用比较显著；现金流量结构性指标中，经营现金流入量/经营现金流出量和投资现金流出量/现金总流出量表现较好；获现指标中，每股经营性现金流量、经营活动现金净流量/总资产、经营活动现金净流量/主营业务收入的预警能力很强。这些指标在上市公司财务危机预警中都具有较强的判别能力。

## 二、相关建议

1. 防范财务风险，关注上市公司的偿债能力指标，尤其是经营活动现金净流量/流动负债

研究发现，该指标在三个行业的预测能力显著。表明在防范我国上市公司的财务危机时，应侧重于短期偿债能力的考察。经营活动现金净流量/流动负债这个指标能很好地反映上市公司的短期偿债能力。

关注上市公司偿债能力、保护中小投资者和债权人的利益。

2. 关注上市公司的获现能力指标，加强对上市公司主业的监管

研究发现每股经营性现金流量、经营活动现金净流量/总资产、经营活动现金净流量/主营业务收入在预警中判别作用较强。企业若要长期发展，靠自身经营活动产生的现金流从长期来看应稳定在某一水平上，若靠自身经营活动产生的现金流的能力太差，企业很难持续发展。而国内很多上市公司往往忽略了现金流量的管理，总资产、主营业务的获现能力并不是很好。加强对上市公司主业的监管，提高我国上市公司的收益质量。

3. 关注上市公司的财务弹性指标

财务弹性反映了企业适应经济环境变化和利用投资机会的能力。它是企业经营活动产生的现金流和支付要求的比较。这一指标反映企业可以用经营获取的现金满足所需资金的程度。财务弹性越好，企业适应经济环境变化和利用投资机会的能力就越强，公司的防御能力越强。在本研究中发现再投资现金比率预警能力很强。公司管理层应关注这一指标的变化。

4. 现金流结构性指标不容忽视

通过对现金流量表结构的分析，信息使用者可以进一步了解企业现金流入量的具体来源和现金流出量的具体去向，从而更好地对未来现金流量进行预测。同时现金流量结构性指标应根据具体行业，具体分析。将上市公司的现金流入与流出结构进行历史比较和同行业比较，可以得到很多信息。投资者、监管者、债权人都不应忽视这一指标。

5. 上市公司应注重现金流量管理

我国企业目前在现金流量管理方面较为薄弱，资金利用效率极其低下。一方面，把过多的资金用于长期项目，几乎全部以流动负债来维持运转，财务风险陡增；另一方面，企业支付能力严重匮乏，"三

角债"的问题始终没有得到根本解决。直接影响到企业的持续经营能力。而且很多上市公司没有建立信息反馈机制,对现金流量管理也缺乏事后控制。企业应建立现金流预算体系,加强现金流量管理。现金流总预算应着重于规划和控制企业宏观的经营活动,保障企业战略目标的实现,日常现金流预算应统管日常经营活动的现金安排,保证现金流有条不紊、永不停息,从而保障企业简单再生产或扩大再生产的进行,满足企业实现价值创造的条件。在现金流量管理过程中,应建立信息反馈机制,将有关信息及时反馈到决策部门、计划部门,做到及时发现问题,及时研究解决,将风险和损失控制在一定的范围内。现金流量是企业管理中的"血液",只有形成良性循环,才有利于企业价值最大化。

第四章

# 基于生命周期的财务
# 预警实证研究

  随着财务危机预警理论和方法研究的不断深入，研究成果也越来越多，21 世纪第一个 10 年，财务危机预警研究领域发展最为迅猛的是预警方法的创新，已经突破学科之间的界限，呈现出不同学科相互交叉的特点。用粗糙集理论构建财务预警模型，与统计类模型相比，对数据分布和样本数量没有严格的限制，适用性更强；与其他非统计类模型相比，粗糙集模型理论基础比较成熟，模型构建程序比较简单，没有复杂的训练过程，易于操作和应用。

  传统的财务危机预警模型一般是基于全部企业或分行业构建的，在整体上具有普遍适用性，但是在针对性上仍有所欠缺。本章基于民营企业自身的特点，从生命周期理论的角度分析不同阶段财务危机产生的原因，并构建预警模型，在理论上是一种新的尝试，由此构建的预警模式更具有针对性。

  经济危机之后，我国民营企业所处的国内形势和国际市场环境都发生了显著的变化。我国经济发展模式的转变和产品生命周期的日益缩短对民营企业的技术更新、创新能力和应对市场变化的能力提出更高的要求。而全球经济变冷使得整体市场的需求量减少，对以制造业为主的我国民营企业是一个更大的挑战。外部风险的加大，不确定性因素增多，使得民营企业的经营风险不断放大。如何在不利的市场环境中生存下去并不断成长，成为每一个民营企业必须面对的问题。纵观我国民营企业的发展史，"创业、崛起、衰败"成长轨迹成为大部分民营企业的真实写照，很多企业在经历短暂的高速发展之后迅速衰退，使得企业的生命周期显著缩短。与国有企业相比，首先是我国民营企业成长的环境不利，我国民营企业缺乏国家相关政策措施的扶持，融资困难、产权不清、对经济形势的判断和宏观政策的把握上处于劣势。其次，民营企业规模相对较小，普遍存在管理体制不科学和管理水平低下的问题，制约了民营企业的长远发展。种种原因导致民营企业风险控制水平低下，成长的过程危机重重。1997～2000 年间，三株、巨人、爱多等大型的民营企业优秀代表相继迅速倒闭，引起人们对民营企业生存状况和治理问题的关注。而 2008 年下半年和 2009 年上半年，发生在珠江三角洲和长江三角洲的中小型民营企业倒闭潮，更是引起全社会的广泛关注和对这一问题的深层次思考。据统计，我国民营企业的平均寿命为 3.5 年左右①，远远低于欧美国家民营企业的平均寿命。因此建立一套行之有效的财务危机预警模型对民营企业的财务危机进行预警具有显著的现实意义。

我国民营企业数量众多，企业状况千差万别，传统的财务预警模型很难满足不同企业预警的需要。但是民营企业在成长的过程中呈现出明显的生命周期特征，并且同一生命周期阶段的企业具有显著的共性，因此与企业生命周期理论相结合，分阶段构建预警模型，有助于提高模型的针对性和预测效果。

---

① 中国民企平均寿命 3 年半．人民网环球时报（第六版）．2005－11－9.

# 第一节　基于企业生命周期财务预警研究的理论基础

## 一、企业生命周期理论

该理论认为，企业如同生物体一样，是一个有机的生命体，追求生存和发展是其内在的动力，但是同时也受到生命体成长规律的制约：即每一个企业都会经历从低级到高级、从幼稚到成熟再到死亡的发展过程，这个过程可以分为不同的阶段，每个阶段紧密相连，构成企业完整的生命周期。

最早提出企业生命周期理论的是美国学者马森·海尔瑞（Mason Haire，1959），他认为企业的发展符合生物学中的成长曲线，可以用生命周期的观点来看待企业，并指出导致企业发展上存在极限的原因是企业管理上的局限性造成的。此后，企业生命周期理论被国内外学者广泛关注，对生命周期理论的研究不断深入，对企业生命周期阶段的划分也提出许多不同的观点。

哥德纳（J. W. Gardner，1965）认为，企业的生命周期与生物的生命周期不尽相同，有其自身的特点：第一，企业的寿命具有不可预期性。一个企业从产生到死亡可能会经历2~3年的时间，也可能会经历好几个世纪，而每一种生物生命的长短却是可以预期的；第二，企业的发展可能存在既不明显上升、也不明显下降的停滞阶段，这是生物生命周期所不具有的；第三，企业的消亡并非不可避免，企业完全可以通过变革实现再生，从而开始一个新的生命周期。

美国著名管理学家伊查克·爱迪思（Ichak Adizes）① 在他《企业生命周期》一书中提出了自己的企业成长模型，他把企业成长过程分为孕育期、婴儿期、学步期、青春期、壮年期、稳定期、贵族期、官僚化早期、官僚期以及死亡期 10 个阶段，他用灵活性和可控性两个指标来描述企业成长的每个阶段：初创期的企业，充满灵活性，企业变革比较容易，但可控性较差；壮年期的企业，可控性和灵活性达到平衡，是企业生命周期中最为理想的阶段；当企业进入官僚期以后，企业的自控力相对较强，但缺乏灵活性，企业变革成本高，企业会不断走向衰退。

我国学者对企业生命周期理论的研究起步较晚，但是在国外学者研究的基础上，也提出了一些不同的观点。陈佳贵（1995）② 将企业生命周期分为孕育期、求生存期、高速成长期、成熟期、衰退期和蜕变期。与以往划分方法最大的不同是：该划分不是以衰退期为企业生命周期的结束，而是在企业衰退期后加入了蜕变期。即企业可以通过变革实现再次的成长，从而延长企业的生命周期。这个关键阶段对企业可持续发展具有重要意义。

虽说企业的生命周期是一个连续的过程，可以用不同的阶段来刻画，但是有很多企业，尤其是民营企业，并没有走完生命周期的全过程就已经消亡了。原因是在企业成长的过程存在很多"陷阱"，等着企业去跨越，尤其是从一个生命周期阶段向另一个生命周期阶段过渡的过程中，要伴随着企业组织形式和管理方式的转变，企业的市场战略、营销策略和财务政策等都要做适当的变革。一旦企业的管理理念没有跟上，没有跨过这道"陷阱"，就会面临生命周期中断的危险。

对企业生命周期阶段的划分还没有形成统一的观点，不同的学者

---

① 伊查克·爱迪思. 企业生命周期 [M]. 中国社会科学出版社，1997：27 - 54.
② 陈佳贵. 关于企业生命周期与企业蜕变的探讨 [J]. 中国工业经济，1995（11）：5 - 13.

划分标准相同，划分的阶段也各不相同。但是综观各种划分方法，可以看出企业生命周期存在四个典型的阶段：初创期、成长期、成熟期和衰退期，其他各种划分方法都是在此基础上的细化。这种划分方法不仅简单科学，而且在研究的过程中可操作性强，因此为本书所采用。

## 二、基于生命周期的民营企业财务危机原因分析

### （一）初创期民营企业财务危机原因分析

初创期的企业以生存为第一要务，此时的企业规模小，产品知名度不高，市场占有率低，且需要投入大量的前期资金进行资产的购置、市场的开拓和正常运营，因此一般都处于亏损状态或盈利很少；企业结构简单，层级结构不明显，信息渠道畅通，能够对市场变化做出快速的反应和决策，经营灵活性较强；企业的管理机制还在制定和完善当中，企业文化尚未形成，企业的运营主要靠创业者个人的经验和能力，决策权掌握在一个人或少数人手中。作为民营企业典型特征的家族制在这一阶段发挥明显的优势，依靠血缘和亲缘关系建立起来的民营企业，成员之间具有天然的凝聚力和责任感，可以有效降低企业管理成本。

初创期企业财务危机产生的原因主要有以下几个方面：

（1）创业资金不足。民营企业的创业资金主要来源于创业者个人或从企业员工内部筹资，资金量通常有限。而初创期的企业要进行固定资产的投资、人员招聘、市场开拓和正常的营运，需要大量的启动资金。而这些投资在短期内很难产生回报或回报很少，形成短期沉淀，难以支持企业的进一步投资，导致企业资金紧张。一旦对资金需求估计不足，很容易因为"输血不足"而导致创业失败。

（2）投资失误。我国民营企业投资具有机会导向型特点，"跟

风"现象严重，很多企业创业前没有进行充分的市场调研，而是大量尾随效益好的企业进入某一投资领域，导致所进入的行业竞争激烈。如果企业生产的产品在性能上不具有优越性，或者在成本上不具有优势，就很难形成竞争力，很容易成为市场竞争的牺牲品。

（3）创业者素质不高。创业期企业的治理权一般都掌握在创业者手中，实施集权化管理，企业的生产、经营和财务决策集中在一人手中，对创业者个人能力和素质要求很高。而我国民营企业创业者大部分学历不高，凭着一股热情开始创业，通常管理经验比较缺乏，对所处行业和市场的认识不够深刻，风险意识比较淡薄，很容易因为个人原因导致重大决策失误，如营销策略失误产品销售渠道不畅等，引发财务危机，导致企业失败。

（4）融资困难。融资困难是民营企业普遍存在的一个现象，对初创期的民营企业来说更是如此。初创期的企业由于市场前景不明朗，企业信用比较缺乏，贷款抵押资源有限，企业很难从资本市场融资，银行等金融机构从自身的信贷风险考虑，对民营企业普遍存在"惜贷"现象。在自有资金紧张的前提下，没有一定的融资能力作为保障，企业财务就会面临很大风险。一旦市场环境不稳定，很容易引发财务危机。

### （二）成长期民营企业财务危机原因分析

进入成长期的企业已初具规模，由于市场需求迅速增加，产品供不应求，企业需要迅速扩大生产规模，满足市场需求，提高企业效益。生产规模的扩大客观上增大了企业对资金的需要，但是良好的效益使企业对资金的需要容易得到满足。随着产品销售量的增加，市场占有率提高，规模经济的优势开始体现，企业在生产技术上也日趋完善，形成一定的核心竞争力。生产规模的扩大和组织的不断壮大使企业管理的复杂程度加深，此时经验管理已很难满足企业的发展，需要及时向规范的科学化管理方式过渡。

成长期的企业生命力最为旺盛，但是有很多优秀的民营企业却在这个阶段由于财务问题迅速倒闭，究其原因，主要体现在以下几个方面：

（1）盲目扩张。很多民营企业没有处理好做大与做强的辩证关系，在企业进入成长期之后便忙于不断的融资、扩建和对外兼并，一味地追求扩大规模，却不注重企业管理能力的提高。企业做大之后，由于管理上不到位，过度投资不能转化为现实的效益，企业业绩却急剧下滑，"大而不强"成为这些企业的通病。资金的大量沉淀和利润的减少成为拖垮企业的根本原因。

（2）财务结构不合理。一方面，体现在财务杠杆过高带来的负面效应。由于权益性融资的种种限制，企业为了满足对资金的需要，大多选择债权型融资方式。过多的债券融资会显著提高企业的财务杠杆，在盈利好的情况下可以增加企业的收益，一旦企业的效益下降，利润率不高，反而成为企业的负担，增大了企业的财务风险。另一方面，体现在短期负债和长期负债比例失调，资金成本过高。一些企业为了满足迫切的资金需要，不惜大量短期负债，以新债还旧债，甚至靠高利贷来满足长期资金需要，导致企业资金成本过高和短期还款压力过大，企业财务一直处于高压状态之下。这种扩张性的财务政策很容易导致企业资金链断裂，从而陷入负债危机。

（3）财务管理水平有限。在我国民营企业，特别是中小民营企业中，家族成员担任财务主管的现象比比皆是，不注重专业财务人员的引进，把财务部门的功能定义为记账、报销、盘点、报税、发工资等，财务管理具有浓重的家族色彩。财务制度不规范，财务人员素质不高，风险意识薄弱，很难对企业的资本结构、资金运营进行有效的管理。资产负债率过高，应收账款不能及时收回，存货大量积压，利润分配比例高等，很多企业直到账上没钱，企业断流了才意识到财务管理的重要性。

（4）没有及时转变管理方式。一方面，很多民营企业家凭借个人的智慧取得初步的成功之后，就更加坚信自己的能力，在企业快速成长的过程中依然独断专行，我行我素，缺乏必要的监督和决策支持。在复杂的市场环境中，以一个人的智慧是很难应对各种风险的，独裁式的管理很容易造成"一着不慎，满盘皆输"的局面。另一方面，企业规模扩大，管理的空间范围和人员范围扩大，层级也不断增多，没有科学的管理方式作后盾，没有适当的专业人才支持，很容易造成管理上的失控，致使企业陷入危机。

（5）家族制的限制。企业进入成长期，家族制的弊端开始显现。家族中的成员占据企业所有重要的职位，控制着企业的所有权和控制权，以家族利益而不是公司利益为首，对企业内的非家族成员表现出明显的排斥性，企业很难吸引人才和留住人才，也很难调动非家族员工的积极性，限制企业的发展。而家族成员之间的各种矛盾往往会波及企业生存，使企业产生危机。

### （三）成熟期民营企业财务危机原因分析

进入成熟期的企业一般都创造出自己的品牌，企业知名度很高，产品销售业绩最好，市场份额比较稳定，产品成本达到最低，利润率达到最高，企业财务状况大为改善，现金流比较宽裕。企业组织结构和各项规范日臻完善，管理相对比较稳定。

成熟期企业在相对繁荣的景象下，也潜藏着许多危机：一是这个阶段的民营企业的创业动力淡化，创新精神有所减退，对企业运营中存在的问题反应比较迟钝，风险意识减弱；二是市场上涌现大量竞争者，挤压企业的利润空间，对企业构成威胁，企业要实现持续发展，就必须寻求新的发展战略，以延长企业的生命周期；三是家族制的弊端进一步显现。

因此，成熟期民营企业财务危机的原因可能有以下四个方面：

（1）盲目多元化经营，拖垮公司财务。成熟期的企业为降低经营风险，实现"基业长青"的目标，会选择多元化的经营模式，实施集团化经营。但是多元化经营也要以保持企业的核心竞争力为前提，能增强企业核心竞争力的多元化经营会在不同产业之间形成协同效应，扩大了规模经济的范围。而不相关的多元化经营如果不能培植新的核心竞争能力，反而会削弱原有的竞争力。直接的表现就是投资于不熟悉的领域，占用主业资金，增大了企业财务风险，但却不产生相应的效益，最终导致企业内部整体资金的匮乏，拖累了主业的发展。巨人集团就是因为盲目进入医药行业和房地产行业，致使企业陷入债务危机，导致企业破产的。

（2）集团化管理经验不足。集团化管理是以母公司为基础，产权关系为纽带，成员企业之间在研发、采购、制造、销售、管理等环节紧密联系，协同运作。成熟期民营企业的多元化发展战略不可避免引入集团化管理模式，而很多民营企业家由于自身能力的限制，不能有效转变管理模式，在管理规模扩大、子公司之间存在较大差异的情况下，没有制定完善的风险控制机制，不能很好约束子公司的经营行为，不但不能降低经营风险，反而使财务风险扩大化。

（3）战略管理缺失。我国民营企业的发展有一个很大的弊端就是战略趋同化严重。初创期和发展期，在没有战略指导的前提下，企业可以凭借良好的市场机遇得到很好的发展。但是到了成熟期，缺乏战略就会导致企业行动上的盲目性和随意性，很难实现发展上的跨越，最终会因为误入歧途或过度竞争而消亡。

（4）缺乏创新。创新不仅包括技术和产品的创新，还包括制度创新和管理创新。很多民营企业是依靠一种产品成长起来的，后期又不注重技术创新和新产品的开发，单一的产品结构使企业不可避免陷入过度竞争，并最终被市场淘汰。制度和管理也一样，成熟期的企业文化管理在企业管理中占据重要地位，企业规模越大，就越需要文化来凝聚和激励企业的员工，而不是一味地靠制度来管理和约束。但是管理缺陷始终是制约民营企业发展的瓶颈。

### （四）衰退期民营企业财务危机原因分析

产品被市场淘汰或行业开始没落都有可能导致企业进入衰退期，衰退期是企业生命周期的一个重要转折点，既可能是企业走向终点的前兆，也可能是企业重生的起点。衰退期的企业最明显的特征是市场需求开始萎缩，销售量减少，企业效益开始下滑，且难以通过合理的经营策略实现回转。因此只有两条路可走，一是随着产品或行业的没落而消亡；二是进入新的投资领域，实现企业的再次成长。为了延长企业的生命周期，企业一般都会选择后者，以寻求新的利润增长点。此时企业开始新的创业期，但是与初创时期相比，又有很多不同。衰退期企业财务危机的原因体现在以下两个方面：

（1）激进型的财务策略，增大企业财务风险。与初创期相比，此时的企业具有通畅的融资渠道和丰富的管理经验，一般会选择高负债率进行经营，同时为了保持企业在资本市场的吸引力，还会相应采取高支付率的利润分配政策。这种激进型的财务策略给会企业带来极大风险，一旦市场环境发生变化或产品销售不利，容易导致企业资不抵债而破产。

（2）再投资失败。在没有结合企业自身优势充分进行市场调研的前提下，就匆忙进入一个不熟悉的领域进行投资，或者是投资的领域超前于时代的需求，都有可能导致投资无法收回，不仅不能实现企业的重生，反而过度消耗企业的财务资源，加速企业的死亡。

除了上述阶段性普遍存在的财务危机原因之外，还有一种突发性的财务危机可能存在于企业的各个发展阶段，那就是外部整体经济环境的突变所引起的财务危机，如2008年由美国次贷危机引发的全球金融危机给我国民营企业带来的重创。这属于外部性原因，企业自身无法克服。但是企业只要增强危机意识，加强风险管理，注重内功的修炼，即使不能避免财务危机的发生，也可以将危机的破坏程度降到最低。

# 第二节　基于粗糙集理论的财务危机预警模型

## 一、粗糙集理论简介

粗糙集（Rough Sets）理论是由波兰学者帕拉克（Z. Pawlak）于1982年提出的，它是一种刻画不完整性和不确定性的数学工具，能有效地对各种不精确、不一致、不完整的信息进行处理，还可以对数据进行分析和推理，挖掘其中隐含的知识，揭示潜在的规律。粗糙集理论是在分类机制的基础上建立的，它将分类定义为特定空间上的等价关系，而不同的等价关系构成了对该空间的不同划分。粗糙集理论把对数据的划分称为知识，每一被划分的集合称为概念。粗糙集理论的主要思想是利用已知的知识库，对不精确或不确定的知识进行（近似）刻画。该理论与其他处理类似问题的理论最显著的区别在于：它无须提供问题所要处理数据集合之外的任何先验信息，对问题不确定性的描述和处理比较客观。

### （一）粗糙集理论的基本概念

#### 1. 知识和知识库

粗糙集理论把知识定义为对对象的分类能力，因此知识是与具体或抽象世界特定部分的各种分类模式联系在一起。为了规范化起见，假设 $U = (a_1, a_2, a_3, \cdots)$ 是我们讨论问题所涉及的全部对象组成的集合。$R_1$ 是对 U 的一次划分，即：

$$R_1 = \{X_1, X_2, \cdots, X_n\}, X_i \subseteq U \text{ 且 } X_i \neq \varnothing, X_i \cap X_j = \varnothing, i \neq j;$$
$$i, j = 1, 2, 3, \cdots, n; \bigcup_{i=1}^{n} X_i = U。$$

则 $R_1$ 称为 U 中元素的一个知识，也成为一个等价关系。则所有对 U 的划分合在一起就形成一个知识库。

设 R 是 U 上的一个等价关系，则 U/R 表示 R 的所有等价类构成的集合，$[x]_R$ 表示包含元素 $x \in U$ 的 R 等价类。一个知识库就是一个等价关系系统 K = (U，R)，其中 U 为非空有限集，称为论域，R 是 U 上的一组等价关系。

若 P⊆R 且 P≠∅，则 ∩P（P 中所有等价关系的交集）也是一个等价关系，称为 P 上的不可区分（indiscernibility）关系，记为 ind(P)。且有：

$$[x]_{ind[P]} = \bigcap_{R \in P} [x]_R \tag{4.1}$$

U/ind(P) 表示等价关系 ind(P) 的所有等价类，与等价关系族 P 相关的所有知识，称为 K 中关于 U 的 P 基本知识。ind(P) 的等价类称为知识 P 的基本概念或基本范畴，拥有知识 P 的论域的基本特征，是知识的基本模块，也是对模糊信息进行处理的基础和依据。

2. 上近似与下近似

设 U 是一个非空有限集合，称为论域，R 为 U 上的一族等价关系，称二元组 K = (U，R) 为一个近似空间。对于任意 X⊆U，X 关于近似空间（U，R）的下近似$\overline{R}(x)$ 与上近似$\underline{R}(x)$ 分别定义为：

$$\underline{R}(X) = \{x \in U/[x]_R \subseteq X\} \tag{4.2}$$

$$\overline{R}(X) = \{x \in U/[x]_R \cap X \neq \varnothing\} \tag{4.3}$$

集合 $B(X) = \underline{R}(x) - \overline{R}(x)$ 称为 X 的 R 边界。边界的概念刻画的就是粗糙集理论中信息的不确定性和不完整性，即全域上存在一些个体既不属于某个子集，也不能划归为这个子集的补集，那么只能用上近似和下近似所确定的边界的概念来定义。

当 X 能表达成 R 基本范畴的并时，称 R 是可以定义的，否则称 R 是不可定义的。R 可定义集是论域的子集，也称 R 精确集，而 R 不可定义集成为 R 非精确集或 R 粗糙集（Rough Set）。

3. 知识约简

知识约简又称属性约简，是粗糙集理论的核心内容之一。对于某一概念（决策属性）而言，知识库中知识并非同等重要，其中有些知识可能是冗余的。约简的目的就是在保持分类能力不变的条件下，删除知识库中不相关或不重要的知识，保留具有实质决定性的属性，从而找出其中隐含的规律。

令 R 为一族等价关系，$R_1 \in R$，如果 $ind(R) = ind(R - \{R_1\})$，那么 $R_1$ 是 R 中不必要的，否则称 $R_1$ 是 R 中必要的。如果每一个 $Rn \in R$ 都为 R 中必需的，那么 R 是独立的，否则 R 是依赖的。如果 R 是独立的，$P \subseteq R$，则 P 也是独立的。

设 $Q \subseteq R$，如果 Q 是独立的，且 $ind(Q) = ind(R)$，则称 Q 为 R 的一个约简。显然，R 可以有多种约简。

令 $red(R)$ 表示 R 的所有约简，则 $\cap red(R)$（即 R 中所有必要关系组成的集合）称为 R 的核，记作 $core(R)$。则核中的属性是具有实质决定性的属性，是进行分析推理所不可或缺的。

4. 决策表和决策规则

由论域和等价关系构成的知识系统可以作为一个信息系统，形式上可以表达为 $S = (U, A, V, F)$，其中，U 为论域，A 为论域中元素的属性集，V 为 A 的值域，F 为信息函数，即 $F: U \times A \rightarrow V$，它为论域中每一对象赋以一属性值，通常也用 $S = (U, A)$ 代替。

对于知识表达系统 $S = (U, A)$，设 C、D 是 A 中的两个子属性集，C 为条件属性，D 为决策属性，且 $C \cap D = \varnothing$，则该知识表达系统就是一个决策表，表示为 $T = (U, A, C, D)$，也成为 CD 决策表。

而决策规则正是我们通过分析和推理所要揭示的潜在规律，及 $f: C \rightarrow D$。

## 二、基于粗糙集理论的财务危机预警模型构建

财务危机预警模型构建的依据是企业财务、管理等方面有关信息与财务危机之间的存在的必然联系，模型构建的过程就是揭示其必然

联系的过程。这个过程中同样涉及很多不确定和不精确数据的处理，与粗糙集理论的基本原理吻合。加上粗糙集理论对处理的数据没有数量上和分布上的严格限制，也不受指标之间相互联系的影响，因此在构建预警模型上具有一定的优势。

**模型建立的具体步骤**

1. 财务指标的选取

本书选取的指标体系详见第二章第三节表 2 - 2 "基于生命周期的财务预警指标体系"。

2. 样本的筛选及指标数据的收集和预处理

根据所要处理问题的性质和特点选择合适的样本和样本量是构建模型的前提，样本的数量是决定数据量多少的一个因素。然后根据确定的指标收集样本数据，在这个过程中，需要对原始数据进行预处理。

（1）极限数据的处理

在指标数据计算的过程中，会遇到一些无意义的极限数据，比如投资活动现金流入量/投资活动现金流出量，投资活动现金流出量等于零导致比值失去意义。本书采用赋值法，根据这一指标数据的整体分布情况，对该样本指标赋以一较大数据，使极限数据有限化。

$C_i \in C$, $C_i = \infty$, $(C - C_i)\max = n$

令 $C_i = 100n$

（2）无意义数据的处理

对有些指标来说，数据的变化可能导致比值失去意义。比如净资产收益率 = 净利润/平均股东权益，当平均股东权益为正时，指标具有可比性；当净利润为负导致平均股东权益为负时，指标就失去本来的含义。这时根据指标数据的实质，为其赋以更小数值，使比值恢复意义和可比性。

3. 指标数据的离散化

指标数据离散化就是在每个属性的值域范围内找出若干个断点，

将值域划分为若干个连续的区间，同一区间的数据具有相同或相似的性质，然后指定一新的符号或整数值代表每个区间的属性值。经过离散化之后，决策系统的数据被新的数据所代替。

即对于决策表 S = (U, R, C, D)，U 为论域 $\{a_1, a_2, \cdots, a_m\}$，C 为条件属性集，$C_1 \in C$，$Z_{C1} = [Lc, Rc]$ 是属性 $C_1$ 的值域，则值域 $Z_{C1}$ 上的断点集可表示为 W = $\{w_1, w_2, \cdots, w_n\} \subseteq Z_{C1}$，且 $w_1 < w_2 < \cdots < w_n$。断点集 W 将值域分为 n + 1 个区间，如图所示：

然后对每一区间赋以不同的属性值，如令（$Lc < a_i \leq w_1$）= 0，（$w_1 < a_i \leq w_2$）= 1，$\cdots$，（$w_n < a_i \leq Rc$）= n。对每一属性都经过上述处理之后，即完成对指标数据的离散化。

离散化的本质就是对属性值的归纳和高度概括化，选取断点的过程也是合并属性值的过程，通过属性值的合并，使数据规则化，降低问题的复杂度，有利于提高知识的适应度和规则的透明性。

4. 属性的约简

属性的约简即指标的约简，是数据挖掘的核心内容之一。指标体系中的每个指标的并不是同等重要的，有些指标之间具有的相关性，而有些指标则可能是冗余的，通过属性的约简，删除冗余指标，对相关的属性进行简化，从而揭示出数据之间的内在联系。

属性约简的方法通常有两种：

（1）观察法。通过观察离散化后的决策表数据，找出对样本具有相同分辨能力的属性，只保留其中的一个。经过初步删除之后，再根据粗糙集属性约简的概念，计算不可分辨关系，求解属性的各种简化和核。利用求得的简化进一步约简属性集及其对应的指标体系。

（2）利用属性重要度和信息熵筛选指标。在决策表中，不同的属性可能具有不同的重要性。例如，当企业到银行来贷款时，银行信贷人员需要掌握企业的流动比率、资产负债率、净资产收益率、行业发展趋势等基本状况，但这些基本状况并不是全部同样重要。为了找出某些属性（或属性集）的重要性，需要从决策表中进行处理，方法是从表中去掉一些属性，再来考察没有该属性后分类会怎样变化。若去掉该属性相应分类变化较大，则说明该属性的强度大，即重要性高；反之，说明该属性的强度小，即重要性低。

## 5. 导出决策规则

通过属性约简，删除掉决策表中不必要的条件属性后，就得到一个简化的决策表。决策表中的每一个对象形成一条决策规则，所有的规则合并在一起形成规则集合。

设决策表 $S = (U, A, V, F)$，其中 $A = C \cup D$，$C \cap D \neq \varnothing$，$C$ 是条件属性集，$D$ 是决策属性集。令 $X_i$ 和 $Y_j$ 分别代表 $U/C$ 与 $U/D$ 中的等价类，$des(X_i)$ 表示对等价类 $X_i$ 的描述，即等价类 $X_i$ 对各条件属性值的特定取值；$des(Y_j)$ 表示对等价类 $Y_j$ 的描述，即等价类 $Y_j$ 对各决策属性值的特定取值。则决策规则（rule）定义如下：

$$R_{ij}: des(X_i) \rightarrow des(Y_j), X_i \cap Y_j \neq \varnothing \qquad (4.4)$$

规则的确定性因子 $\mu(X_i, Y_j) = |X_i \cap Y_j| / |X_i|$，$0 < \mu(X_i, Y_j) \leq 1$

当 $\mu(X_i, Y_j) = 1$ 时；$R_{ij}$ 是确定的；当 $o < \mu(X_i, Y_j) < 1$ 时，$R_{ij}$ 是不确定的。

这些规则过度拟合于训练数据集，存在一些冗余甚至矛盾的信息，适应能力比较差，因此需要对规则集进行简化，称为值约简。而值约简之后，还要针对每个不同的规则，消除其不必要条件，称为分类规则的约简。它不是对整体属性的约简，而是对每一分类规则属性的约简，以便使规则最小化。对决策表而言，它使决策表的形式更加简单，又尽可能地保留了原始数据的信息。

不同的规则，特别是预测性的规则，其准确程度是不同的。而可信度和覆盖度是用来描述规则预测精度的方法，其定义如下：

$$\alpha_R(D) = \frac{|[x_k]_R \cap D_K|}{|[x_k]_R|} \tag{4.5}$$

$$\beta_R(D) = \frac{|[x_k]_R \cap D_K|}{|D_K|} \tag{4.6}$$

其中，$\alpha_R(D)$ 表示可信度，$\beta_R(D)$ 表示覆盖度，$x_k$ 表示第 k 条规则的决策属性类，R 代表针对规则条件属性所做的分类。

## 6. 检验并得出最终预警模型

导出决策规则之后，需要对决策规则的可行性进行检验。通常的做法是在模型样本之外另选择一批测试样本，将其反方向导入决策规则中，测试决策规则的准确程度。测试样本的数量越多，配比度越高，说明导出规则的准确度越高，可以为实际工作中决策活动提供参考。

在粗糙集理论模型的指导下，构建民营企业各生命周期阶段财务危机预警模型是本书的目标，模型构建及其实证分析的具体流程如图 4 – 1 所示。

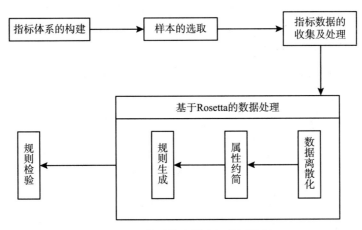

图 4 – 1　模型构建及实证分析流程

# 第三节  实 证 研 究

## 一、样本选取及分类

本研究将特别处理（ST）的上市公司作为财务危机公司，但对于下列情况：因自然灾害、重大事故等意外事件导致上市公司生产经营活动基本中止；因涉及可能赔偿金额超过该公司净资产的诉讼等情况而被特别处理的；公司可能存在重大财务舞弊嫌疑以及对外走私等非法行为。凡因上述原因被特别处理（ST）的公司不包括在本研究中，在实证样本中予以剔除。

为保持数据的一致性，本书以《企业会计准则》（2007 年版）为依据，将 2006～2010 年作为研究区间，选取在上海证券交易所和深圳证券交易所挂牌交易的民营企业上市公司作为研究对象，并从中选出这样两类企业：一是成立之初即为民营的企业；二是 2004 年之前成立并完成民营化的企业。在符合条件的样本中，2007～2010 年期间被首次 ST 的公司有 39 家，这 39 家公司数据选用被 ST 前一会计年度的报表数据。

### 1. ST 公司生命周期的确定

如何准确地判断企业所处的生命周期阶段，是进行分类预测的基础。王冬梅等（2009）从财务分析的角度对如何确定企业生命周期进行探讨，将企业生命周期细分为 8 个阶段，并从两个不同的角度判断企业所处生命周期，具体判别标准如表 4 - 1 所示。

表4-1　　　　　　　　　　企业生命周期判定表①

| | 初创期和成长前期 | 成长后期和成熟前期 | 成熟中期 | 成熟后期和衰退前期 | 衰退后期 | | 深度衰退期 |
|---|---|---|---|---|---|---|---|
| 销售收入 | 正（低） | 正（渐高） | 正（渐高） | 正（最高） | 正（渐低） | 正（低） | 正（低） | 正（低） |
| 净利润 | 负 | 正（渐高） | 正（渐高） | 正（最高） | 正（渐低） | 负 | 负 | 负 |
| 以上从一个方向判定主导产品或业务生命周期 | | | | | | | |
| 经营活动现金流量 | 负 | 正 | 正 | 正 | 正 | 负 | 负 | 负 |
| 投资活动现金流量 | 负 | 负 | 负 | 正 | 正 | 正 | 正 | 负 |
| 筹资活动现金流量 | 正 | 正 | 负 | 正 | 负 | 正 | 负 | 负 |
| 现金净流量 | — | — | — | 正 | — | — | — | 负 |
| 以下从另一个方向判定企业生命周期 | | | | | | | |

　　本书在借鉴以上研究成果的基础上，将生命周期合并为初创期、成长期、成熟期和衰退期四个阶段，并对39家ST公司逐一进行分析判断，确定其所处的生命周期。判定后的公司分布如表4-2所示。从该表可以看出，在符合条件的ST公司中，有18家处于成长期，16家处于成熟期，5家处于衰退期，处于初创期的企业数量为零。因为初创期和衰退期的数据不满足实证研究的需要，因此本书只能以成长期和成熟期两个阶段为研究重点，构建这两个阶段的预警模型。

① 王冬梅，石旭．如何判定企业生命周期——财务分析法．商场现代化，2009：317.

表 4 – 2　　　　　　　　ST 样本公司生命周期阶段分布

| 股票代码 | 股票简称 | 被 ST 年份 | 所处生命周期阶段 |
|---|---|---|---|
| 000760 | 博盈投资 | 2010 | 成长期 |
| 000820 | 金城股份 | 2010 | 成长期 |
| 000902 | 中国服装 | 2010 | 成长期 |
| 600355 | 精伦电子 | 2010 | 成长期 |
| 600373 | 鑫新股份 | 2010 | 成长期 |
| 600538 | 北海国发 | 2010 | 成长期 |
| 600885 | 力诺太阳 | 2010 | 成长期 |
| 600340 | 国祥股份 | 2009 | 成长期 |
| 600678 | 四川金顶 | 2009 | 成长期 |
| 002002 | 江苏琼花 | 2008 | 成长期 |
| 600401 | 江苏申龙 | 2008 | 成长期 |
| 600421 | 国药科技 | 2008 | 成长期 |
| 600817 | 宏盛科技 | 2008 | 成长期 |
| 600868 | 梅雁水电 | 2008 | 成长期 |
| 600080 | 金花股份 | 2007 | 成长期 |
| 600466 | S 迪康 | 2007 | 成长期 |
| 600556 | 北生药业 | 2007 | 成长期 |
| 600568 | 潜江制药 | 2006 | 成长期 |
| 小计 | | 18 | |
| 000415 | 汇通集团 | 2010 | 成熟期 |
| 000676 | 思达高科 | 2010 | 成熟期 |
| 600145 | 四维控股 | 2010 | 成熟期 |
| 600209 | 罗顿发展 | 2010 | 成熟期 |
| 000586 | 汇源通信 | 2009 | 成熟期 |
| 000955 | 欣龙控股 | 2009 | 成熟期 |
| 000995 | 皇台酒业 | 2009 | 成熟期 |
| 600898 | 三联商社 | 2009 | 成熟期 |
| 600771 | 东盛科技 | 2008 | 成熟期 |
| 000007 | 深达声 A | 2007 | 成熟期 |
| 000048 | 康达尔 A | 2007 | 成熟期 |
| 000545 | 吉林制药 | 2007 | 成熟期 |
| 000681 | 远东股份 | 2007 | 成熟期 |
| 000716 | 南方控股 | 2007 | 成熟期 |

续表

| 股票代码 | 股票简称 | 被 ST 年份 | 所处生命周期阶段 |
|---|---|---|---|
| 600381 | 贤成实业 | 2007 | 成熟期 |
| 600706 | 长安信息 | 2007 | 成熟期 |
| 小计 | | 16 | |
| 600634 | 海鸟发展 | 2010 | 衰退期 |
| 600617 | 联华合纤 | 2009 | 衰退期 |
| 000585 | 东北电气 | 2009 | 衰退期 |
| 600275 | 武昌鱼 | 2008 | 衰退期 |
| 600988 | S 宝龙 | 2007 | 衰退期 |
| 小计 | | 5 | |
| 合计 | | 39 | |

同时为满足研究需要，从符合条件且 2007 年前后两年均未被 ST 的民营企业中随机挑选出 18 家处于成长期的企业和 16 家处于成熟期的企业（其判别方法与 ST 公司同）作为配对公司，以提供比较数据，数据选用的是 2007 年度报表数据。这 34 家上市公司如表4－3 所示：

表 4－3　　　　　　　　　比较数据样本公司列表

| 股票代码 | 股票简称 | 所属年份 | 所处生命周期阶段 |
|---|---|---|---|
| 000527 | 美的电器 | 2007 | 成长期 |
| 000593 | 大通燃气 | 2007 | 成长期 |
| 000997 | 新大陆 | 2007 | 成长期 |
| 002008 | 大族激光 | 2007 | 成长期 |
| 002015 | 霞客环保 | 2007 | 成长期 |
| 002022 | 科华生物 | 2007 | 成长期 |
| 002034 | 美欣达 | 2007 | 成长期 |
| 600066 | 宇通客车 | 2007 | 成长期 |
| 600089 | 特变电工 | 2007 | 成长期 |
| 600160 | 巨化股份 | 2007 | 成长期 |
| 600177 | 雅戈尔 | 2007 | 成长期 |

| 股票代码 | 股票简称 | 所属年份 | 所处生命周期阶段 |
|---|---|---|---|
| 600201 | 金宇集团 | 2007 | 成长期 |
| 600300 | 维维股份 | 2007 | 成长期 |
| 600485 | 中创信测 | 2007 | 成长期 |
| 600525 | 长园集团 | 2007 | 成长期 |
| 600588 | 用友软件 | 2007 | 成长期 |
| 600804 | 鹏博士 | 2007 | 成长期 |
| 600978 | 宜华木业 | 2007 | 成长期 |
| 小计 | | 18 | |
| 000062 | 深圳华强 | 2007 | 成熟期 |
| 000159 | 国际实业 | 2007 | 成熟期 |
| 000513 | 丽珠集团 | 2007 | 成熟期 |
| 000639 | 金德发展 | 2007 | 成熟期 |
| 000662 | 索芙特 | 2007 | 成熟期 |
| 000806 | 银河科技 | 2007 | 成熟期 |
| 000882 | 华联股份 | 2007 | 成熟期 |
| 000975 | 科学城 | 2007 | 成熟期 |
| 600105 | 永鼎股份 | 2007 | 成熟期 |
| 600133 | 东湖高新 | 2007 | 成熟期 |
| 600247 | 成城股份 | 2007 | 成熟期 |
| 600261 | 浙江阳光 | 2007 | 成熟期 |
| 600282 | 南钢股份 | 2007 | 成熟期 |
| 600318 | 巢东股份 | 2007 | 成熟期 |
| 600575 | 芜湖港 | 2007 | 成熟期 |
| 600620 | 天宸股份 | 2007 | 成熟期 |
| 小计 | | 16 | |
| 合计 | | 34 | |

## 2. 指标数据的收集及预处理

本研究数据主要来源于 CCER 金融数据库,其中 2009 年、2008 年和 2007 年三年的数据直接从数据库中获得,2006 年的数据是从 2007 年年报的年初数或上年数中获得,从而保证了所获得数据的可比性。

在所选取的 20 个指标当中，$C_5$（净资产收益率）和 $C_{10}$（股东权益获现率）两个指标由于存在平均股东权益为负的情况，采用赋值法恢复数据的可比性；$C_{11}$（资本支出保障率）因出现分母为 0 的情况，本书同样采用赋值法使极限数据有限化，在保证数据的可比性的同时，最大限度保留其实质；$C_7$（盈利质量比率）因分子、分母同时存在可能为正和可能为负的情况，使指标数据失去可比性，在实证过程中被排除。因此最终确定的指标数量为 19 个。

## 二、成长期预警模型构建与实证

### （一）指标数据的离散化

ROSETTA 软件是针对粗糙集理论的应用而专门设计的一款软件，能满足实证过程中各种功能的需要，本书运用的是 ROSETTA V1.4.41 版本。而对指标数据的离散化执行的是 Discretization 中的 Equal Frequency Binning 指令（Intervals =4），该指令根据每一指标数据的分布情况确定断点和区间，使样本在每个区间内基本等量分布。系统为每一区间赋以不同的值，替代原来的属性值，以实现对数据的概括和简化。成长期指标离散化区间及赋值如表 4-4 所示：

表 4-4　　　　　　　成长期指标离散化区间及赋值

| 财务指标 | 离散区间及赋值 | | | |
|---|---|---|---|---|
| | 0 | 1 | 2 | 3 |
| $C_1$ | [ *，0.4452) | [0.4452，0.6952) | [0.6952，0.9805) | [0.9805，* ) |
| $C_2$ | [ *，0.02218) | [0.02218，0.08217) | [0.08217，0.16989) | [0.16989，* ) |
| $C_3$ | [ *，0.02206) | [0.02206，0.06876) | [0.06876，0.14103) | [0.14103，* ) |
| $C_4$ | [ *，0.11094) | [0.11094，0.18803) | [0.18803，0.36028) | [0.36028，* ) |
| $C_5$ | [ *，-0.24993) | [ -0.24993，0.03706) | [0.03706，0.17784) | [0.17784，* ) |
| $C_6$ | [ *，-0.06314) | [ -0.06314，0.04629) | [0.04629，0.11356) | [0.11356，* ) |
| $C_8$ | [ *，0.02655) | [0.02655，0.05185) | [0.05185，0.11762) | [0.11762，* ) |

| 财务指标 | 离散区间及赋值 | | | |
|---|---|---|---|---|
| | 0 | 1 | 2 | 3 |
| $C_9$ | [ *, 0.01682) | [0.01682, 0.04422) | [0.04422, 0.07922) | [0.07922, *) |
| $C_{10}$ | [ *, 0.03991) | [0.03991, 0.12997) | [0.12997, 0.25755) | [0.25755, *) |
| $C_{11}$ | [ *, 0.27866) | [0.27866, 0.93215) | [0.93215, 2.22166) | [2.22166, *) |
| $C_{12}$ | [ *, 0.02661) | [0.02661, 0.09310) | [0.09310, 0.15965) | [0.15965, *) |
| $C_{13}$ | [ *, 0.49755) | [0.49755, 0.66960) | [0.66960, 0.84076) | [0.84076, *) |
| $C_{14}$ | [ *, 0.00356) | [0.00356, 0.01124) | [0.01124, 0.05067) | [0.05067, *) |
| $C_{15}$ | [ *, 0.14573) | [0.14573, 0.25838) | [0.25838, 0.45933) | [0.45933, *) |
| $C_{16}$ | [ *, 1.02456) | [1.02456, 1.05953) | [1.05953, 1.11581) | [1.11581, *) |
| $C_{17}$ | [ *, 0.10946) | [0.10946, 0.27000) | [0.27000, 0.74589) | [0.74589, *) |
| $C_{18}$ | [ *, 0.85760) | [0.85760, 1.08434) | [1.08434, 1.20000) | [1.20000, *) |
| $C_{19}$ | [ *, 8.83691) | [8.83691, 9.11492) | [9.11492, 9.47775) | [9.47775, *) |
| $C_{20}$ | [ *, 2) | [2, 3) | [3, 4) | [4, *) |

数据离散化后，生成新的决策表（见表4-5），与原决策表相比，新的决策表在形式上更加简洁，更易于从中发现和提取隐含的决策规则。

表4-5　　　　　　　成长期离散化后的决策表

| $c_1$ | $c_2$ | $c_3$ | $c_4$ | $c_5$ | $c_6$ | $c_8$ | $c_9$ | $c_{10}$ | $c_{11}$ | $c_{12}$ | $c_{13}$ | $c_{14}$ | $c_{15}$ | $c_{16}$ | $c_{17}$ | $c_{18}$ | $c_{19}$ | $c_{20}$ | D |
|---|---|---|---|---|---|---|---|---|---|---|---|---|---|---|---|---|---|---|---|
| 2 | 1 | 1 | 0 | 1 | 1 | 0 | 1 | 1 | 3 | 1 | 3 | 0 | 0 | 1 | 0 | 2 | 0 | 0 | 1 |
| 0 | 0 | 0 | 2 | 0 | 1 | 1 | 0 | 2 | 0 | 1 | 1 | 0 | 2 | 1 | 0 | 2 | 2 | 0 | 1 |
| 1 | 1 | 1 | 0 | 1 | 1 | 1 | 1 | 2 | 1 | 2 | 2 | 1 | 2 | 0 | 1 | 1 | 1 | 2 | 1 |
| 3 | 3 | 3 | 1 | 0 | 0 | 3 | 2 | 1 | 3 | 2 | 2 | 1 | 3 | 3 | 2 | 0 | 0 | 0 | 1 |
| 0 | 1 | 1 | 1 | 0 | 0 | 1 | 1 | 3 | 2 | 3 | 2 | 1 | 1 | 1 | 1 | 1 | 1 | 1 | 1 |
| 0 | 0 | 0 | 0 | 0 | 0 | 0 | 0 | 0 | 0 | 0 | 0 | 3 | 1 | 0 | 3 | 0 | 1 | 3 | 1 |
| 0 | 1 | 1 | 0 | 0 | 0 | 1 | 1 | 3 | 1 | 0 | 1 | 0 | 3 | 1 | 1 | 1 | 0 | 2 | 1 |
| 2 | 2 | 3 | 1 | 1 | 0 | 2 | 2 | 1 | 1 | 3 | 2 | 0 | 1 | 2 | 0 | 0 | 0 | 0 | 1 |
| 1 | 1 | 1 | 3 | 2 | 2 | 2 | 1 | 2 | 1 | 1 | 0 | 0 | 3 | 3 | 0 | 3 | 2 | 3 | 1 |
| 1 | 0 | 0 | 0 | 1 | 0 | 0 | 0 | 0 | 0 | 0 | 0 | 1 | 2 | 0 | 2 | 0 | 0 | 0 | 1 |
| 0 | 0 | 0 | 1 | 0 | 0 | 0 | 0 | 0 | 0 | 0 | 0 | 3 | 2 | 0 | 3 | 1 | 1 | 1 | 1 |

| $c_1$ | $c_2$ | $c_3$ | $c_4$ | $c_5$ | $c_6$ | $c_8$ | $c_9$ | $c_{10}$ | $c_{11}$ | $c_{12}$ | $c_{13}$ | $c_{14}$ | $c_{15}$ | $c_{16}$ | $c_{17}$ | $c_{18}$ | $c_{19}$ | $c_{20}$ | D |
|---|---|---|---|---|---|---|---|---|---|---|---|---|---|---|---|---|---|---|---|
| 2 | 0 | 0 | 0 | 0 | 0 | 0 | 0 | 0 | 0 | 0 | 0 | 2 | 2 | 1 | 0 | 3 | 0 | 0 | 1 |
| 3 | 0 | 0 | 0 | 0 | 1 | 1 | 1 | 3 | 3 | 3 | 1 | 2 | 2 | 2 | 3 | 0 | 3 | 0 | 1 |
| 0 | 2 | 1 | 2 | 1 | 1 | 3 | 2 | 2 | 3 | 1 | 0 | 3 | 3 | 3 | 3 | 0 | 3 | 3 | 1 |
| 0 | 0 | 0 | 1 | 1 | 1 | 0 | 0 | 0 | 0 | 0 | 0 | 2 | 3 | 0 | 2 | 1 | 2 | 2 | 1 |
| 3 | 1 | 1 | 2 | 0 | 0 | 2 | 1 | 0 | 2 | 0 | 3 | 1 | 0 | 2 | 1 | 0 | 1 | 0 | 1 |
| 0 | 0 | 0 | 3 | 1 | 0 | 0 | 0 | 0 | 0 | 0 | 1 | 0 | 3 | 0 | 0 | 3 | 2 | 0 | 1 |
| 2 | 1 | 1 | 0 | 1 | 1 | 1 | 1 | 1 | 3 | 1 | 3 | 0 | 0 | 1 | 1 | 2 | 2 | 1 | 1 |
| 1 | 2 | 2 | 1 | 3 | 3 | 1 | 3 | 3 | 2 | 3 | 3 | 2 | 0 | 2 | 1 | 3 | 2 | 0 | 0 |
| 1 | 3 | 2 | 2 | 1 | 1 | 3 | 2 | 2 | 2 | 2 | 1 | 3 | 2 | 2 | 3 | 1 | 1 | 0 | 0 |
| 3 | 2 | 2 | 2 | 2 | 2 | 1 | 1 | 1 | 2 | 1 | 2 | 3 | 1 | 1 | 3 | 2 | 1 | 1 | 0 |
| 2 | 1 | 1 | 3 | 3 | 3 | 0 | 0 | 0 | 0 | 1 | 1 | 0 | 2 | 0 | 0 | 3 | 1 | 1 | 0 |
| 1 | 1 | 2 | 1 | 2 | 1 | 2 | 1 | 1 | 1 | 2 | 1 | 1 | 2 | 1 | 1 | 2 | 1 | 1 | 0 |
| 3 | 3 | 3 | 3 | 3 | 3 | 3 | 3 | 3 | 3 | 3 | 3 | 3 | 0 | 3 | 3 | 0 | 0 | 0 | 0 |
| 1 | 0 | 0 | 0 | 2 | 2 | 0 | 0 | 0 | 0 | 0 | 1 | 2 | 2 | 0 | 2 | 2 | 2 | 0 | 0 |
| 1 | 2 | 2 | 2 | 3 | 2 | 2 | 3 | 3 | 3 | 2 | 1 | 2 | 1 | 2 | 2 | 3 | 3 | 0 | 0 |
| 2 | 2 | 2 | 2 | 3 | 2 | 2 | 2 | 3 | 2 | 2 | 2 | 2 | 1 | 2 | 2 | 3 | 3 | 0 | 0 |
| 0 | 3 | 3 | 1 | 2 | 2 | 3 | 2 | 1 | 3 | 2 | 1 | 1 | 2 | 0 | 1 | 3 | 0 | 0 | 0 |
| 1 | 3 | 3 | 3 | 3 | 3 | 3 | 2 | 3 | 0 | 3 | 3 | 3 | 2 | 3 | 2 | 3 | 1 | 0 | 0 |
| 2 | 3 | 3 | 3 | 2 | 3 | 3 | 3 | 2 | 3 | 3 | 3 | 3 | 1 | 1 | 3 | 1 | 1 | 1 | 0 |
| 2 | 2 | 2 | 1 | 2 | 2 | 2 | 1 | 1 | 2 | 2 | 2 | 1 | 1 | 2 | 2 | 2 | 2 | 1 | 0 |
| 3 | 3 | 2 | 2 | 3 | 2 | 1 | 3 | 1 | 3 | 1 | 0 | 2 | 2 | 0 | 0 | 0 | 0 | 0 | 0 |
| 2 | 2 | 2 | 3 | 3 | 2 | 2 | 1 | 1 | 2 | 0 | 1 | 3 | 2 | 0 | 3 | 2 | 0 | 0 | 0 |
| 3 | 3 | 3 | 3 | 3 | 3 | 3 | 3 | 2 | 2 | 2 | 3 | 2 | 0 | 3 | 2 | 0 | 0 | 0 | 0 |
| 3 | 3 | 3 | 2 | 3 | 3 | 3 | 3 | 3 | 1 | 3 | 0 | 3 | 3 | 1 | 3 | 2 | 3 | 0 | 0 |
| 3 | 2 | 3 | 2 | 2 | 3 | 2 | 3 | 2 | 2 | 2 | 0 | 0 | 3 | 3 | 0 | 3 | 3 | 0 | 0 |

## （二）属性约简

在选取的 19 个指标中，有些指标可能是冗余的，属性的约简相当于消除多重共线性的操作，目的在于提高指标体系的抗干扰能力。Rosetta 系统采用组合计算的思想，将样本数据系统随机的划分为多个子系统，然后对每个子系统分别进行约简，统计出现频率最高的属性组，将这些属性组组合作为最终的约简结果。

对离散化后的决策表用遗传算法（Reduce→genetic algorithm）进行属性约简，选择 Full 作为约简参数，最终得到 119 条约简集，部分如表 4-6 所示。

表 4-6                        成长期属性约简

| | 约简（Reduct） | 支集（Support） | 属性（Length） |
|---|---|---|---|
| 99 | $\{C_1, C_{12}, C_{18}, C_{19}\}$ | 100 | 4 |
| 100 | $\{C_{12}, C_{14}, C_{16}, C_{18}\}$ | 100 | 4 |
| 101 | $\{C_3, C_8, C_{18}, C_{19}\}$ | 100 | 4 |
| 102 | $\{C_2, C_9, C_{13}, C_{17}\}$ | 100 | 4 |
| 103 | $\{C_1, C_2, C_{18}, C_{19}\}$ | 100 | 4 |
| 104 | $\{C_3, C_4, C_9, C_{17}\}$ | 100 | 4 |
| 105 | $\{C_6, C_{10}, C_{17}, C_{18}\}$ | 100 | 4 |
| 106 | $\{C_2, C_{13}, C_{14}, C_{16}\}$ | 100 | 4 |
| 107 | $\{C_2, C_{10}, C_{17}, C_{20}\}$ | 100 | 4 |
| 108 | $\{C_3, C_{11}, C_{13}, C_{14}\}$ | 100 | 4 |
| 109 | $\{C_{12}, C_{13}, C_{14}, C_{16}\}$ | 100 | 4 |
| 110 | $\{C_3, C_{12}, C_{13}, C_{17}\}$ | 100 | 4 |
| 111 | $\{C_2, C_{10}, C_{14}, C_{18}\}$ | 100 | 4 |
| 112 | $\{C_{12}, C_{13}, C_{16}, C_{17}\}$ | 100 | 4 |
| 113 | $\{C_1, C_{12}, C_{13}, C_{17}\}$ | 100 | 4 |
| 114 | $\{C_1, C_{11}, C_{14}, C_{18}\}$ | 100 | 4 |
| 115 | $\{C_2, C_{11}, C_{13}, C_{14}\}$ | 100 | 4 |
| 116 | $\{C_1, C_{12}, C_{14}, C_{16}\}$ | 100 | 4 |
| 117 | $\{C_6, C_8, C_{13}, C_{20}\}$ | 100 | 4 |
| 118 | $\{C_2, C_{12}, C_{13}, C_{17}\}$ | 100 | 4 |
| 119 | $\{C_4, C_5, C_9, C_{12}\}$ | 100 | 4 |

对这 119 条约简进行统计发现，这些约简后的属性集交集为空，说明该指标体系并不存在核（即根本属性）。可见导致企业财务危机发生的原因并非唯一，多种不同的因素组合相互作用都有可能导致企业产生财务危机。

根据约简的定义，最终属性的选取以条件属性最少而样本匹配最多为宜。因此，要选取该决策表的最终条件属性集，就要对约简属性集中各属性的出现概率进行统计，其统计结果如表4－7所示。本书以出现概率超过15%为条件对属性进行过滤，并按照概率值的大小从高到低排列依次为 $C_5$、$C_6$、$C_2$、$C_{12}$、$C_{14}$、$C_{16}$、$C_{11}$ 和 $C_{13}$。因此，最终选取 $\{C_2，C_5，C_6，C_{11}，C_{12}，C_{13}，C_{14}，C_{16}\}$ 为约简后的条件属性集。

表4－7　　　　　　成长期属性约简中各指标出现概率统计

| 属性 | $C_1$ | $C_2$ | $C_3$ | $C_4$ | $C_5$ | $C_6$ | $C_8$ | $C_9$ | $C_{10}$ | $C_{11}$ |
|---|---|---|---|---|---|---|---|---|---|---|
| 频次 | 15 | 28 | 7 | 17 | 54 | 46 | 8 | 16 | 8 | 20 |
| 频率（%） | 12.6 | 23.5 | 5.9 | 14.3 | 45.4 | 38.7 | 6.7 | 13.4 | 6.7 | 16.8 |
| 属性 | $C_{12}$ | $C_{13}$ | $C_{14}$ | $C_{15}$ | $C_{16}$ | $C_{17}$ | $C_{18}$ | $C_{19}$ | $C_{20}$ | |
| 频次 | 25 | 19 | 21 | 9 | 21 | 14 | 16 | 17 | 15 | |
| 频率（%） | 21.0 | 16.0 | 17.6 | 7.6 | 17.6 | 11.8 | 13.4 | 14.3 | 12.6 | |

### （三）规则生成

属性约简后，以最终选取的条件属性作为变量生成最终决策表。该决策表相对于原决策表而言，虽然条件属性的数量变少，但是对数据的分类能力基本上保持不变。

将研究样本以3∶2的比例在训练子集和测试子集之间进行随机划分，决策表也随之被分为两部分，其中训练子集决策表是真正意义上的决策表，用于生成决策规则；而测试子集决策表用于检验决策规则，验证模型的预测精度。

以约简后的属性集为条件属性，以是否被 ST（$C_{20}$）为决策属性，以训练子集决策表为对象执行"generate rules"命令，并以 RHS Coverage >10% 为条件进行过滤，最终得到12条决策规则，如表4－8所示。

表4－8　　　　　　　　　成长期经过过滤后的决策规则

| | 规则（Rule） | LHS Support | RHS Accuracy | RHS Coverage | RHS Stability | LHS Length |
|---|---|---|---|---|---|---|
| 1 | $C_5$（[ * ,−0.24993)）= > D(1) | 7 | 1 | 0.636364 | 1 | 1 |
| 2 | $C_5$（[ −0.24993,0.03706)）= > D(1) | 4 | 1 | 0.363636 | 1 | 1 |
| 3 | $C_5$（[0.17784, * )）= > D(0) | 6 | 1 | 0.545455 | 1 | 1 |
| 4 | $C_5$（[0.03706,0.17784)）= > D(0) | 5 | 1 | 0.454545 | 1 | 1 |
| 5 | $C_6$（[ −0.06314,0.04629)）= > D(1) | 5 | 1 | 0.454545 | 1 | 1 |
| 6 | $C_6$（[ * ,−0.06314)）= > D(1) | 6 | 1 | 0.545455 | 1 | 1 |
| 7 | $C_6$（[0.11356, * )）= > D(0) | 4 | 1 | 0.363636 | 1 | 1 |
| 8 | $C_6$（[0.04629,0.11356)）= > D(0) | 7 | 1 | 0.636364 | 1 | 1 |
| 9 | $C_2$（[ * , 0.02218)）AND $C_{13}$（[ * , 0.49755)）AND $C_{14}$（[0.05067, * )）AND $C_{16}$（[ * ,1.02456)）= > D(1) | 2 | 1 | 0.181818 | 1 | 4 |
| 10 | $C_{12}$（[ * , 0.02661)）AND $C_{13}$（[ * , 0.49755)）AND $C_{14}$（[0.05067, * )）AND $C_{16}$（[ * , 1.02456)）= > D(1) | 2 | 1 | 0.181818 | 1 | 4 |
| 11 | $C_2$（[ * , 0.02218)）AND $C_{12}$（[ * , 0.02661)）AND $C_{13}$（[ * , 0.49755)）AND $C_{14}$（[0.05067, * )）= > D(1) | 2 | 1 | 0.181818 | 1 | 4 |
| 12 | $C_2$（[0.08217,0.16989)）AND $C_{12}$（[0.09310,0.15965)）AND $C_{13}$（[0.66960,0.84076)）AND $C_{14}$（[0.01124,0.05067)）= > D(0) | 2 | 1 | 0.181818 | 1 | 4 |

　　图中每一行代表一条决策规则，决策规则中未出现的属性则无须考虑。其中以第 9 条规则 "$C_2$（[ * , 0.02218)）AND $C_{13}$（[ * , 0.49755)）AND $C_{14}$（[0.05067, * )）AND $C_{16}$（[ * , 1.02456)）= > D (1)" 为例，其含义是当 $C_2$（现金流动负债比） < 0.02218 且 $C_{13}$（经营活动现金流入／总流入量） < 0.49755 且 $C_{14}$（投资活动现金流入量／总流入量） > 0.05067 且 $C_{16}$ < 1.02456 时，企业将产生财务危机，以此类推。12 条决策规则的集合构成成长期民营企业财务危机判定规则。

### (四) 规则检验

决策规则产生之后，通常需要对规则的有效性和预测精度进行检验，以确定模型是否具有应用价值。以系统随机选出的测试样本对生成的规则进行检验，其结果如表4－9所示：

表4－9 成长期规则检验结果

| | | Predicted | | |
|---|---|---|---|---|
| | | 0 | 1 | |
| Actual | 0 | 6 | 1 | 0.857143 |
| | 1 | 1 | 6 | 0.857143 |
| | | 0.857143 | 0.857143 | 0.857143 |
| ROC | Class | 1 | | |
| | Area | 0.857143 | | |
| | Std. error | 0.10627 | | |
| | Thr. (0, 1) | 0.316 | | |
| | Thr. acc. | 0.628 | | |

检验结果表明，14 个测试对象中，7 个健康公司有 6 个预测准确，1 个被误判为存在财务危机，准确率达到 85.71%；7 个 ST 公司有 6 个预测准确，1 个被误判为健康公司，预测准确率也是 85.71%。预测子集中所有样本均可判别，综合预测准确率为 85.71%，表明模型具有良好的预测精度。

## 三、成熟期预警模型构建与实证

成熟期财务危机预警模型的构建方法和程序与成长期一样，只是构建模型所采用的样本有所不同。由于成熟期与成长期产生财务危机的原因存在差异，因此属性约简后的条件属性集与成长期相比会有所不同，决策规则和模型的预测精度也存在差异。

### （一）指标数据的离散化

数据的离散化采用与成长期相同的方法，对决策表执行 Equal Frequency Binning 指令（Intervals = 4），将每一指标数据在四个不同的区间内进行等量分布。其离散化区间及赋值如表 4 – 10 所示：

表 4 – 10　　　　　　　　　　成熟期离散区间及赋值

| 财务指标 | 离散区间及赋值 | | | |
|---|---|---|---|---|
| | 0 | 1 | 2 | 3 |
| $C_1$ | [ ＊, 0. 4144) | [0. 4144, 0. 7727) | [0. 7727, 1. 0533) | [1. 0533, ＊) |
| $C_2$ | [ ＊, 0. 03640) | [0. 03640, 0. 12755) | [0. 12755, 0. 28184) | [0. 28184, ＊) |
| $C_3$ | [ ＊, 0. 03053) | [0. 03053, 0. 12003) | [0. 17373, 0. 40303) | [0. 40303, ＊) |
| $C_4$ | [ ＊, 0. 10960) | [0. 10960, 0. 17373) | [0. 17373, 0. 40303) | [0. 40303, ＊) |
| $C_5$ | [ ＊, － 0. 57933) | [ － 0. 57933, 0. 00266) | [0. 00266, 0. 05011) | [0. 05011, ＊) |
| $C_6$ | [ ＊, － 0. 10244) | [ － 0. 10244, 0. 01774) | [0. 01774, 0. 05603) | [0. 05603, ＊) |
| $C_8$ | [ ＊, 0. 04240) | [0. 04240, 0. 12046) | [0. 12046, 0. 26378) | [0. 26378, ＊) |
| $C_9$ | [ ＊, 0. 02233) | [0. 02233, 0. 04828) | [0. 04828, 0. 08659) | [0. 08659, ＊) |
| $C_{10}$ | [ ＊, 0. 01602) | [0. 01602, 0. 11779) | [0. 11779, 0. 26368) | [0. 26368, ＊) |
| $C_{11}$ | [ ＊, 0. 66228) | [0. 66228, 2. 36760) | [2. 36760, 7. 86194) | [7. 86194, ＊) |
| $C_{12}$ | [ ＊, 0. 05015) | [0. 05015, 0. 09636) | [0. 09636, 0. 22493) | [0. 22493, ＊) |
| $C_{13}$ | [ ＊, 0. 59782) | [0. 59782, 0. 72994) | [0. 72994, 0. 83884) | [0. 83884, ＊) |
| $C_{14}$ | [ ＊, 0. 00311) | [0. 00311, 0. 03099) | [0. 03099, 0. 06859) | [0. 06859, ＊) |
| $C_{15}$ | [ ＊, 0. 07458) | [0. 07458, 0. 17710) | [0. 17710, 0. 31179) | [0. 31179, ＊) |
| $C_{16}$ | [ ＊, 1. 05182) | [1. 05182, 1. 11828) | [1. 11828, 1. 22092) | [1. 22092, ＊) |
| $C_{17}$ | [ ＊, 0. 05515) | [0. 05515, 0. 22647) | [0. 22647, 1. 29413) | [1. 29413, ＊) |
| $C_{18}$ | [ ＊, 0. 51343) | [0. 51343, 0. 77611) | [0. 77611, 1. 04120) | [1. 04120, ＊) |
| $C_{19}$ | [ ＊, 8. 78558) | [8. 78558, 9. 04153) | [9. 04153, 9. 17965) | [9. 17965, ＊) |
| $C_{20}$ | [ ＊, 2) | [2, 3) | [3, 4) | [4, ＊) |

### （二）属性约简

运用 Reduce 中的遗传算法（Genetic algorithm）进行属性约简，选择 FULL 作为参数，最终得到 215 条约简（详见附表 1）。与成长期属性约简的结果一样，这些约简集之间并不存在共同的交集，因此需要对各属性在约简集中出现的频率进行统计（见表 4-11）。

表 4-11　　　　成熟期属性约简中各指标出现概率统计

| 属性 | $C_1$ | $C_2$ | $C_3$ | $C_4$ | $C_5$ | $C_6$ | $C_8$ | $C_9$ | $C_{10}$ | $C_{11}$ |
|---|---|---|---|---|---|---|---|---|---|---|
| 频次 | 27 | 33 | 39 | 35 | 68 | 87 | 32 | 29 | 28 | 30 |
| 频率（%） | 12.6 | 15.3 | 18.1 | 16.3 | 31.6 | 40.5 | 14.9 | 13.5 | 13 | 14 |
| 属性 | $C_{12}$ | $C_{13}$ | $C_{14}$ | $C_{15}$ | $C_{16}$ | $C_{17}$ | $C_{18}$ | $C_{19}$ | $C_{20}$ | |
| 频次 | 13 | 27 | 40 | 31 | 29 | 25 | 25 | 36 | 25 | |
| 频率（%） | 6 | 12.6 | 18.6 | 14.4 | 13.5 | 11.6 | 11.6 | 16.7 | 11.6 | |

对出现概率超过15%的属性从高到低排列依次为：$C_6$、$C_5$、$C_{14}$、$C_3$、$C_{19}$、$C_4$ 和 $C_2$。因此以 $\{C_2, C_3, C_4, C_5, C_6, C_{14}, C_{19}\}$ 作为约简后的条件属性集。

离散化后的决策表见表 4-12。

表 4-12　　　　　　　成熟期离散化后的决策

| $c_1$ | $c_2$ | $c_3$ | $c_4$ | $c_5$ | $c_6$ | $c_8$ | $c_9$ | $c_{10}$ | $c_{11}$ | $c_{12}$ | $c_{13}$ | $c_{14}$ | $c_{15}$ | $c_{16}$ | $c_{17}$ | $c_{18}$ | $c_{19}$ | $c_{20}$ | D |
|---|---|---|---|---|---|---|---|---|---|---|---|---|---|---|---|---|---|---|---|
| 1 | 3 | 3 | 1 | 1 | 1 | 3 | 3 | 3 | 2 | 3 | 2 | 0 | 1 | 3 | 0 | 1 | 2 | 2 | 1 |
| 1 | 0 | 0 | 1 | 1 | 1 | 0 | 0 | 0 | 0 | 0 | 0 | 1 | 3 | 0 | 2 | 3 | 2 | 0 | 1 |
| 2 | 2 | 2 | 0 | 0 | 0 | 3 | 3 | 3 | 3 | 3 | 1 | 3 | 1 | 2 | 3 | 0 | 0 | 0 | 1 |
| 0 | 1 | 1 | 1 | 1 | 1 | 2 | 0 | 1 | 3 | 0 | 0 | 2 | 3 | 2 | 3 | 2 | 2 | 3 | 1 |
| 2 | 1 | 1 | 1 | 0 | 0 | 0 | 0 | 0 | 1 | 1 | 1 | 3 | 0 | 0 | 0 | 0 | 1 | 0 | 1 |
| 1 | 2 | 2 | 0 | 1 | 0 | 3 | | | | 2 | | 3 | | | 1 | | 3 | 1 | 1 |
| 1 | 0 | 0 | 1 | 1 | 1 | 0 | 0 | 0 | 0 | 0 | 0 | 0 | 1 | 0 | 0 | 0 | 0 | 0 | 1 |
| 2 | 2 | 2 | 0 | 1 | 0 | 0 | 0 | 0 | 0 | 3 | 0 | 1 | 0 | 0 | 1 | 0 | 0 | 1 | 1 |
| 1 | 1 | 1 | 3 | 0 | 0 | 2 | | | 3 | 0 | | 2 | 3 | 1 | | 1 | 2 | 3 | 1 |
| 0 | 0 | 0 | 3 | 0 | 0 | 2 | 1 | 3 | 1 | 2 | 3 | 3 | 0 | 1 | 2 | 0 | 1 | 3 | 1 |
| 0 | 0 | 0 | 1 | 0 | 0 | 1 | 0 | 2 | 2 | 2 | 2 | 2 | 1 | 1 | 3 | 1 | 1 | 3 | 1 |
| 0 | 0 | 0 | 3 | 0 | 1 | 1 | 1 | 3 | 0 | 1 | 0 | 1 | 0 | 3 | 2 | 1 | 3 | 1 | 1 |
| 3 | 0 | 0 | 0 | 1 | 0 | 0 | 0 | 0 | 0 | 0 | 0 | 2 | 2 | 1 | 0 | 2 | 3 | 0 | 1 |
| 2 | 0 | 0 | 3 | 2 | 2 | 0 | 0 | 0 | 0 | 0 | 0 | 3 | 0 | 1 | 3 | 1 | 2 | 1 | 1 |

续表

| $c_1$ | $c_2$ | $c_3$ | $c_4$ | $c_5$ | $c_6$ | $c_8$ | $c_9$ | $c_{10}$ | $c_{11}$ | $c_{12}$ | $c_{13}$ | $c_{14}$ | $c_{15}$ | $c_{16}$ | $c_{17}$ | $c_{18}$ | $c_{19}$ | $c_{20}$ | D |
|---|---|---|---|---|---|---|---|---|---|---|---|---|---|---|---|---|---|---|---|
| 0 | 1 | 0 | 3 | 0 | 0 | 2 | 1 | 0 | 3 | 3 | 3 | 2 | 0 | 2 | 1 | 3 | 0 | 1 | 1 |
| 1 | 0 | 0 | 2 | 0 | 1 | 0 | 0 | 1 | 0 | 0 | 2 | 0 | 2 | 0 | 1 | 3 | 2 | 2 | 1 |
| 2 | 1 | 1 | 1 | 3 | 2 | 0 | 1 | 1 | 2 | 1 | 2 | 3 | 1 | 0 | 3 | 1 | 3 | 1 | 0 |
| 1 | 3 | 3 | 2 | 3 | 2 | 3 | 3 | 1 | 3 | 1 | 1 | 2 | 3 | 1 | 3 | 2 | 1 | 0 | 0 |
| 3 | 3 | 3 | 3 | 3 | 3 | 2 | 3 | 2 | 2 | 2 | 0 | 3 | 2 | 2 | 2 | 2 | 3 | 0 | 0 |
| 3 | 2 | 3 | 2 | 3 | 3 | 2 | 3 | 2 | 3 | 2 | 1 | 0 | 3 | 3 | 0 | 2 | 0 | 1 | 0 |
| 3 | 2 | 2 | 3 | 3 | 1 | 2 | 1 | 1 | 1 | 1 | 1 | 2 | 2 | 1 | 2 | 2 | 0 | 0 | 0 |
| 2 | 1 | 1 | 2 | 2 | 1 | 2 | 2 | 3 | 1 | 2 | 3 | 1 | 1 | 3 | 1 | 3 | 2 | 0 | 0 |
| 2 | 1 | 1 | 2 | 2 | 1 | 2 | 1 | 3 | 1 | 2 | 3 | 0 | 0 | 3 | 1 | 2 | 0 | 0 | 0 |
| 3 | 3 | 3 | 0 | 1 | 1 | 3 | 1 | 1 | 0 | 0 | 0 | 3 | 0 | 2 | 2 | 0 | 1 | 2 | 0 |
| 0 | 1 | 1 | 1 | 2 | 1 | 2 | 1 | 1 | 2 | 1 | 2 | 0 | 2 | 3 | 1 | 2 | 3 | 2 | 0 |
| 1 | 2 | 2 | 0 | 2 | 2 | 3 | 2 | 2 | 0 | 1 | 0 | 2 | 3 | 3 | 1 | 3 | 3 | 0 | 0 |
| 3 | 3 | 3 | 3 | 2 | 3 | 3 | 3 | 2 | 3 | 1 | 3 | 3 | 3 | 3 | 1 | 1 | 2 | 0 | 0 |
| 3 | 2 | 2 | 1 | 3 | 3 | 1 | 2 | 2 | 1 | 2 | 3 | 2 | 1 | 1 | 2 | 2 | 3 | 0 | 0 |
| 0 | 2 | 2 | 0 | 3 | 3 | 1 | 3 | 2 | 3 | 2 | 0 | 2 | 0 | 1 | 2 | 3 | 0 | 0 | 0 |
| 2 | 3 | 2 | 2 | 2 | 2 | 2 | 2 | 1 | 2 | 1 | 1 | 2 | 2 | 0 | 1 | 1 | 0 | 0 | 0 |
| 3 | 3 | 3 | 3 | 3 | 3 | 3 | 2 | 1 | 1 | 1 | 3 | 1 | 0 | 3 | 0 | 0 | 0 | 0 | 0 |
| 0 | 3 | 3 | 2 | 3 | 2 | 3 | 3 | 3 | 3 | 3 | 1 | 2 | 3 | 3 | 0 | 2 | 3 | 0 | 0 |

## （三）规则生成及检验

将研究样本以 3∶2 的比例在训练子集和测试子集之间随机进行分配，数量分别为 19 个和 13 个。对训练子集执行 generate rules 命令，并以 RHS Coverage > 10% 为条件进行过滤，最终得到 121 条决策规则（见附表 2）。

生成决策规则之后，用测试样本对生成的决策规则进行检验，其验证结果如表 4－13 所示。检验结果表明，13 个预测对象中，6 个健康公司有 5 个预测准确，有 1 个无法判定，判别准确率为 83.33%；7 个 ST 公司全部预测正确，准确率达到 100%。综合全部测试样本预测准确率达到 92.31%，同样表明模型具有良好的预测精度。

表 4 - 13　　　　　　　　　　　　成熟期规则检验结果

| | | Predicted | | | |
|---|---|---|---|---|---|
| | | 0 | 1 | Undefined | |
| Actual | 0 | 5 | 0 | 1 | 0.833333 |
| | 1 | 0 | 7 | 0 | 1 |
| | Undefined | 0 | 0 | 0 | Undefined |
| | | 1 | 1 | 0 | 0.923077 |
| ROC | Class | 1 | | | |
| | Area | 1 | | | |
| | Std. error | 0 | | | |
| | Thr. (0, 1) | 0.628 | | | |
| | Thr. acc. | 0.628 | | | |

# 第四节　研究结论及相关建议

通过对沪深两市民营企业上市公司实证分析可以看出，基于粗糙集理论的预警模型在民营企业财务危机预警中是有效的。这个模型在变量的选取上全面考虑了传统财务指标、现金流量指标和非财务指标，在预测效果上具有一定的综合性。而以企业生命周期理论为依据构建分阶段预警模型，更是将预测效果细化，增强了模型的针对性。在样本数量整体不足的情况下，该模型仍然能提供比较高的预测精度。

## 一、研究结论

以 68 家民营企业上市公司为基础，通过基于粗糙集理论的模型构建、模型预测和模型分析，可以得出以下结论：

（1）传统财务指标，特别是盈利能力指标，在民营企业财务危机预警中仍然发挥着极为重要的作用。从属性约简集中各指标出现的频率（见表 4 - 7 和表 4 - 12）可以看出，成长期 $C_5$（净资产收益率）的出现频率为 45.4%，$C_6$（总资产报酬率）的出现频率为 38.7%，居于所有指标的前两位；成熟期 $C_5$ 的出现频率为 31.6%，$C_6$ 的出现频率为 40.5%，同样居于所有指标的前两位。

（2）在偿债能力指标中，现金流量指标比传统财务指标具有更强的预测能力。仍然从属性约简集中各指标出现的频率看，成长期 $C_1$（速冻比率）的出现频率只有 12.6%，$C_2$（现金流动负债比率）的出现频率为 23.5%，远高于 $C_1$；成熟期 $C_1$ 的出现频率仍为 12.6%，$C_2$ 的出现频率为 15.3%，虽然与成长期相比有所下降，但仍高于 $C_1$。

（3）两个阶段相比较而言，短期偿债能力对成长期的企业更加重要，而长期偿债能力对成熟期的企业更为重要。从最终选取的决策属性可以看出，对成长期企业来说，短期偿债能力指标（$C_2$）仅次于盈利能力指标，在危机预警中居于重要地位；而对成熟期的企业来说，仅次于盈利能力指标的是投资活动现金流入比（$C_{14}$）和长期偿债能力指标（$C_3$）。

（4）对成长期的企业来说，财务弹性的强弱显著影响企业财务健康状况。$C_{12}$（再投资现金比率）和 $C_{11}$（资本支出保障率）都是成长期模型最终决策属性集的重要组成部分，影响着企业的财务状况。说明企业要避免财务危机的发生，保持适当的财务弹性是必不可少的。

（5）经营活动现金流入比例决定着企业的获现能力的大小和盈利质量的高低，对成长期企业的财务状况具有显著的影响。$C_{16}$（经营活动现金流入流出比）和 $C_{13}$（经营活动现金流入量和现金总流入的比）是构成成长期预测模型的重要因素，也是企业财务管理的重要内容，企业在成长过程中要注重对经营活动现金流的管理。

（6）投资活动现金流入与现金总流入的比（$C_{14}$）显著影响成熟期民营企业的财务状况，对成长期的企业也有一定的影响。说明投资活动对成熟期的企业来说占有重要的地位，企业应当注重对投资活动的管理，将投资风险控制在适当的水平上。

（7）企业规模对成熟期民营企业的财务状况也有一定的影响。从成熟期决策规则可以看出，在其他条件不变的情况下，企业规模越大，财务状况越稳定；反之亦然。说明民营企业要想实现可持续发展，有必要保持一定的规模。

## 二、相关建议

企业发展状况不同，其产生财务危机的原因和外在表现也有所不同。从对民营企业成长阶段和成熟阶段财务危机预警模型的分析可以看出，成长期的民营企业财务危机的决定因素主要表现在盈利能力、短期偿债能力、财务弹性大小和经营活动现金流入比例等几个方面，与企业成长的快慢息息相关；而成熟期民营企业财务危机的决定因素主要表现在盈利能力、投资活动、长期偿债能力和企业规模等几个方面，与企业的稳定相联系。因此，在预防和预测企业财务危机产生的过程中，要联系企业的实际有所侧重，才能达到事半功倍的效果。

### （一）注重企业盈利能力的培育

盈利能力对企业的生存至关重要，是企业持续发展的首要条件，失去盈利能力，企业将不复存在，更不用谈危机防范。而企业盈利能力又主要体现在主营业务的盈利能力上，主营业务是否具有竞争力和发展空间，能否不断培植新的利润增长点是保持企业盈利能力的关键。很多民营企业因一时贪图眼前利益而投资与主业不相关的领域，放松对主业的管理和控制，甚至因资金关系而限制对主业的再投资，致使主业发展缺乏必要的管控和资金支持，使竞争对手有机可乘，导致企业竞争力的丧失。因此在盈利能力的选择上，企业首先要保障立足于主业这个根本，只有主业足够强大，才能保证企业有源源不断的利润流入。

## （二）重视对现金流量的管理

企业利润是受经营者控制的，这种盈利操纵行为使财务信息失真，难以反映企业经营中存在的危机。而以收付实现制为基础的现金流量能克服人为操纵盈利的弊端，真实反映企业的财务状况。"企业是否存在财务危机警情，能否持续经营下去，并不取决于盈利，而是取决于有没有足够的现金和与其经营规模相适应的现金支付能力。"①因此企业要避免财务危机的发生，就要重视对现金流量的监测和控制，避免虚假的财务业绩掩盖问题的根源。

## （三）对成长期的民营企业来说，发展是主题，但是不能一味地追求发展速度，要适度协调市场需求与企业发展能力之间的关系

（1）控制财务结构，保持适度的偿债能力。成长期的企业对资金的需求量很大，但企业内部经营活动提供的资金又有限，不能满足企业扩大规模的需要，因此负债经营在所难免。企业在负债规模的选择上要坚持"量出为入"的原则，要考虑到企业的偿债能力，把债务总量限制合理的范围内。首先是要保持合理的资产负债率。成长期的资产负债率可以在行业平均水平上有所提高，但是不能过度偏离；其次要合理分配长期负债和短期负债的比例，特别是要控制好短期负债的总量，在经营期间内均匀分布偿债压力，使企业不会因为短期偿债压力过大而导致破产。

（2）合理控制发展速度，保持适度的财务弹性。企业的成长过程面临着竞争者的挑战和市场风险的考验，为提高竞争力和抵御风险的能力，扩大规模成为民营企业的必然选择。而盲目扩张会导致财务资源的过度占用，反而降低了企业的抗风险能力。而保持合理的发展

---

① 张友棠. 财务预警系统管理研究 [M]. 北京：中国人民大学出版社. 2004：5.

速度，不仅有利于企业保持适度的财务弹性，还可以实现财务资源的良性循环，使企业在成长的过程中有能力应对各种突发事件的发生，降低财务危机发生的概率。

（3）提高财务管理能力，重视经营活动现金流的管理。很多成长期的民营企业有一共同的特点就是"重经营，轻管理"，认为市场做好了，产品有了销路，利润自然就会滚滚而来，殊不知利润如果不能转化为现实的现金流，就等同于损失。很多民营企业不是因为产品没有市场而倒闭，而是因为陷入"三角债"泥潭不能自拔而破产。因此企业在搞好经营的同时，也要注重企业财务管理能力的提高。而在财务管理上，加强应收账款的管理是核心，将销售收入及时转化为经营活动现金流，不仅可以减少对资金的占有，降低负债规模，还能提高企业的财务弹性，降低企业经营风险。

**（四）对成熟期的企业来说，经营管理的重心已经从"量的发展"转变为"质的提高"，企业整体上处于相对稳定的时期，如何处理好稳定与发展之间的关系是关键**

（1）增强战略管理，谨慎选择投资项目。为保持市场地位，"多元化"经营和"集团化"经营是很多企业进入成熟期之后的发展战略，投资活动开始在企业经营活动中占据重要地位。企业不仅要选择投资前景好的项目，还要将投资活动纳入到企业的战略管理中，新的投资项目是否符合企业的战略目标，多行业经营和集团化经营是否具有协同效应，都是成熟期民营企业所要考虑的问题。在战略目标的指导下进行投资，可以避免盲目投资带来的风险。

（2）保持合理的负债规模。成熟期的企业收益比较稳定，市场风险小，融资相对比较容易，在缺乏战略指导的情况下，很容易大量负债进行投资，但是这并非明智之选。成熟期是企业回报股东的时候，财务政策应当以稳定为主，不宜进行大规模长期负债。过高的财务杠杆会增大企业经营风险，使投资回报得不到保障，股东进一步投资的积极性将会受到影响，不利于企业的进一步发展。因此，成熟期企业投资应当尽量在自有资金的范围内进行，控制长期债务的规模。

（3）保持一定的企业规模。规模增大可以带来经济效益的提高，但是规模过大，可能产生信息失真、管理官僚化等弊端，这是规模经济和规模不经济效应，在一定条件下两者之间有一个临界点。但是实证结果表明，目前我国民营企业的规模尚未达到这个"临界点"，企业规模越大，财务状况越稳定。因此，要提高企业的抗危机能力，有必要保持合理的规模。

（4）注重创新，寻找新的利润增长点。企业进入成熟期，通常意味着市场需求达到或将要达到饱和，其主营业务的利润空间必将缩小，市场竞争也会日益加剧。市场环境的变化需要企业在经营理念和管理理念上有所改变，为避免企业提早进入衰退期，寻找新的利润增长点是其面临的最重要的问题。无论是在产品和技术突破上，还是在管理模式和制度上创新，都需要企业培育创新文化，用创新文化来凝聚企业，推动企业的长远发展。企业生命周期的长短通常也取决于此。

# 第五章

# 从指标走向指数

## 第一节　指数的生命力及其学科视角

### 一、从指标到指数的思维辨析

经过了30多年的渐进式经济改革，中国已经成为全球第二大经济体，并且仍将以相对稳健而有力的前进速度向第一经济体的方向迈进。不可否认，改革与创新始终被看作是揭秘中国发展奇迹的一把钥匙。着眼未来，中国经济发展"新常态"已经显现，其突出表现就是我国目前正在经历经济增速换挡期、经济结构调整期、前期刺激政策消化期的三期叠加阶段。经济增长同时面临着多种约束条件，如去杠杆化、产能过剩、房地产泡沫、地方政府债务、金融市场风险等。正是基于这种"新常态"，党中央总揽全局，十八大报告中明确提出，"确保到2020年实现全面建成小康社会宏伟目标"，"实现国内生产总值和城乡居民人均收入比2010年翻一番"。从全面建成小康社会目标对GDP的要求看，因为2011～2013年的GDP实际增速分别为9.3%、7.8%和7.7%，我们假设2014～2015年的GDP增速分别为

7.5%和7.2%。那么，为了实现在2020年实际GDP翻一番的目标，2016～2020年的GDP平均增速为6.5%即可。GDP增速的新常态从目前的7.5%左右降至2020年的6.0%左右即可。因此，毫不夸张地说，面对举国关注的2020年小康目标，"改革"依然被看作是通向这个目标的必由之路。上下一致认为，改革是中国当下的最大红利，是当前中国人的最新共识，全面深化改革，是新时期中国国家发展战略的主旋律。

在这样的基本框架下，进一步细化分析，经济总量始终恒定地与经济细胞血肉相连着，宏观经济必定与微观经济紧密拥抱着。新一轮改革开启，无数困扰中国多年的问题有待解决，社会的继续变好有赖于所有人的合力而为；就经济领域而言，当任何一个企业都充满激情地"前行"时，就可能会出现相互之间如何互动体验并协同进取时，是此起彼伏？还是气脉相通？是抱团取暖？抑或井水不犯河水？不论是基层经济系统的个体细胞分析，或者是高层经济系统的全局肌体分析，基于产业链的上下游效应，众多经济主体之间必然需要一个既有联系、又有区别的差异化分析过程，微观、中观、宏观之间必然存在着彼此之间的相互传导与通融关系。"知己知彼，百战不殆"是《孙子兵法》的精髓，古往今来，历代军事学家都在运用这一具有普遍意义的基本规律，经过时间的证明它不管是对战争、商业活动，甚至政治活动都有深刻的指导意义。作为对企业运行态势的考察与分析，群体不仅需要分析个体的态势，也同样需要分析群体的态势。

只要对企业自身或相近伙伴的踪迹进入深入分析，你自然会发现其中暗藏玄机。技术能帮助我们认清企业运行或动作的优势所在，进而更透彻地了解动态化的竞争。尤其是日益方便化大数据与分析、可拓展商业数据，必将持续诱惑我们走向数据改变企业的日子。在经济领域和社会生活当中，微观视角的分析自始至终是重要的，这不仅是因为微观分析是宏观理论的基础，缺乏微观分析作为根基，宏观理论必将成为无源之水、无本之木，而且是因为微观主体常常是多数分析主体的直接利益相关者，他们对自身利益"冷暖"的关注从来就是本能的，是不需要强加任何外在条件的。但是，微观分析的重要丝毫不能否认综合分析具有不可或缺性。微观主体对事物的分析，同样也绝对不可能无视"他人"的动态，知己知彼，方可百战不殆。正是在这种思维下，我们需要在当今财务指标进一步细化的基础上，实现相应的转型升级，力争跨越到一个更加具有综合性、更加富有直观性、更加具有集成化的财务指数时代。

## 二、指数的特征和作用

指数是经济统计分析的一项重要内容，正如美国统计学家查多克所说"指数法是统计学的创作"。统计指数确实是社会经济统计中历史最为悠久、应用最为广泛，也是同社会经济生活关系最为密切的一个组成部分。最早的统计指数可以追溯到 1675 年，由英国学者赖斯沃汉编制的反映物价变动的指数。随着指数理论和方法的不断发展，指数的应用领域逐渐扩展，从宏观经济的工业生产、进出口贸易、股票证券到社会生活中的生活质量、吃穿住行等各方面状况的综合评估等。其中，有些指数，如消费者物价指数、房价指数、股票价格指数等不仅与人们的日常生活息息相关，更成为社会经济发展的"晴雨表"。甚至，英国经济学家吉布林认为指数可以测度一个国家的文明程度。

指数一般具有以下特性：

1. 相对性

指数是反映现象在不同时间和空间上的相对指标，具有相对数的特点，一般以百分比表示。比如，2013 年 10 月，中国消费者物价指数达到 4.4%，这就意味着以 2013 年 9 月为基准点，9 月花费 95.6 元买到的商品，在 10 月需要 100 元才可买到，人们的生活成本平均上升了 4.4%。

## 2. 综合性

指数是反映一组变量或事物在特定场合下综合对比形成的相对数，并不能反映具体变量或事物某部分具体变动的情况。例如，消费价格指数就是由若干商品或服务组成的一组消费项目，通过一定的计算方法，计算所有项目综合后的价格指数，以反映消费价格的综合变动水平。

## 3. 平均性

与综合性结合在一起，指数可以理解成总体水平的一个代表性数值，反映了所有变量的平均变动水平。同样以消费者价格指数为例，它正是反映了一篮子消费品在某一时期内的平均价格水平。

综合来讲，指数的作用主要体现在以下两个方面：

一是综合分析事物的变动方向和变动程度，研究事物在长时间内的变动趋势；指数是一种相对数，选定事物对的基准点，便可以迅速分析出现象变动的方向和程度。通过对指数数列的分析还可以反映事物发展变化的一种趋势。

二是能够对复杂的社会经济现象进行因素分析。复杂现象的变动往往受到多种因素的影响，指数虽然不能反映综合现象中单一变量的具体变动，却可以通过指数体系分析各个构成因素对总指数变动的影响。

鉴于指数的性质，它方便了人们对研究事物的横向或纵向的比较，并已渐渐成为一种重要的统计分析方法。

# 三、指数的学科视角

由于与指数相关的研究不断增多且指数的应用领域不断扩展，指数的含义也就不可能从某一方面简单概括，为此，本书试图从统计学、经济学、管理学以及日常生活等角度归纳指数的定义。

在统计学中，统计指数，简称指数，是一种特殊的相对指标，用来测定某一现象或多种现象在不同时间或空间中发展变化的相对程度。指数又有广义与狭义之分，广义指数是指一切说明社会经济现象数量对比关系的相对数，一般反映了范围、口径相同的同类现象在不同时间空间下的对比，如动态相对数、比较相对数、计划完成相对数等，泛指各种相对数。而狭义上的指数是指不能直接相加和对比的复杂现象综合变动的相对数，一般指总指数，即以相对数形式综合反映总体各变量在不同场合下的相对变动，如股票价格指数。

从经济学的角度看，经济指数是一种为测定或评价特定经济现象，对多种数据取样进行综合、叠加、统计运作获得的数字上的统计指数，如商品指数、股市指数等。从本质上看，经济指数就是狭义概念的统计指数在经济学领域的应用。

社会现象也同样可以通过指数进行形象的刻画。比如，通过搜集人们衣食住行等相关数据，运用一定的科学方法反映出研究对象的相对水平或状态。例如，穿衣指数、洗车指数、体质指数、幸福指数、自信指数……林林总总的指数让人眼花缭乱。严格来说，生活中的指数已经泛化了，很多指数只是"形式"上的指数，而失去了统计指数的原本含义。也许在现实生活中，人们对指数的应用并不那么严格，而是习惯于将对事物的评价用"指数"命名；不管怎样，指数的概念已经深入人心，成了人人都乐于接受的事物，成了方便人们交流的概念。所以，很多机构或企业也都试图发布各种指数，来描述或影响人们的生活，"指数化生活"正成为人们一种新的生活样态。

在管理学上，指数主要应用于系统的综合评价，指数的设计多数是通过选取合适的被评价对象的指标值，并用一定的量化方法将量纲不同、特征各异的指标值转换成量纲相同、变化规律和趋势相同或相近的标准化形式的数值，进而对特定对象进行综合评价，如顾客满意度指数和公司治理指数。本书拟要建立的企业财务预警指数也是在该类指数的概念范畴之中。运用财务指数对财务风险进行监测和预警，在国内外研究中仍处于一种前沿性和探索性的阶段。本书旨在建立能够同时发挥客观反映、危机预警、决策支持作用的财务指数体系。

毫无疑问，所有的指数问题，都遵循着统计学所固有的指数理论，并向着管理领域、经济领域等多个相关领域不断地渗透和融合。

## 四、财务指数内含的学科三观

关于财务指数所要传递的信息，由于角度不同，财务指数所要反映内容的重点也有所不同。从微观的角度看，财务指数反映的是不同时期、不同时点企业效能变动情况的相对指标，宏观方面，财务指数应能有效传递一个国家或地区经济运行状况。财务指数体系应具备代表性、决策有用性和服务性三项功能。

专家们普遍认为，会计报表数据是对单个企业在特定时点或时期的财务状况与经营成果的客观反映，基于报表数据编制的企业效能财务指数不仅能对企业本身的经营效率及各项财务能力做出客观评价，而且还能对相应期间内一个国家或一个地区的宏观经济运行状况做出合理判断，进而为政府制定宏观经济政策提供支持。

如何对纷繁复杂的个体化财务指标，按照一定的规则进行专业化数据处理，从而变成能够反映群体化企业财务运行态势的统一指数，这取决于各个环节的逻辑顺序与数据处理是不是科学、合理。因此，数据自身的转换必然遵循其学科规律，即统计学的规律、经济学的解释、管理学的内涵与社会学的解释。

经济与管理是现代社会的重要元素，经济学、管理学、社会学是近现代才产生并不断发展的。经济学主要解释社会资源利用和配置方式对社会经济发展的影响，研究在不同社会发展阶段为什么社会经济资源不能进行优化配置，并提出相应的对策。经济学主要从经济利益的角度来分析社会资源的利用和配置问题，以一般社会资源的使用为主要研究内容，经济学是一门关于对社会资源使用方法进行选择的科学。经济学最早以 16 ~ 17 世纪英国经济学家威廉·配第的《赋税论》为标志开始形成，而亚当·斯密的《国富论》正式表明经济学作为一门独立的学科而产生。随后经历了不断地发展，从以亚当·斯密为代表的古典经济学到新古典经济学，再到凯恩斯的现代宏观经济学，发展到当代的新自由主义经济学派。管理学主要提供实现组织目标的组织资源最后使用原理和方法，根据组织资源的使用效率情况，提出实现组织目标的组织资源最优配置方案。管理学主要从经济利益的角度来分析社会资源的利用和配置问题，以特定组织资源的使用为主要研究内容，管理学是关于组织的科学。经过了泰罗的科学管理理论，建立在"人本主义"之上的行为科学理论，再到现代管理理论，随着社会、经济、文化的发展，管理学理论出现了更多的方向和内容。

进一步分析，经济学是关于政府如何管理经济的学问，企业管理学是关于企业如何管理企业的学问。其间的区别是相对明显的。经济学家只能告诉企业面临什么样的经济环境，而管理学家则会告诉企业在这样的环境下谁是你的竞争对手，谁是你的目标顾客；怎样跟你的竞争对手进行竞争；怎样在这个市场上赢得你的目标顾客。像这些都是企业管理要回答的问题。总之，经济学家寻求最佳游戏规则提升竞争以使社会利益最大化；管理学家在给定的游戏规则下寻求策略提升垄断以使企业利益最大化；经济学家强调抽象、一般和科学，管理学家强调具体、特殊和艺术。

可见，经济学和管理学在研究目的上是相互对立的，手段上是非常不同的。不少企业把经济学当成管理学，把经济学家当成管理学家，把经济学家请到企业去，用管理国家经济的方法诊治企业，结果是，不少经济学家的良方常常使他们大失所望。其实，一般来说，企业要咨询的是管理学家而不是经济学家。这种现象说明经济学家与管理学家在市场定位上发生了错位。

经济学主要是从社会经济效益的角度维护经济体的持续较快发展，主要是数量分析模型和比较效益的方法；管理学是从组织的角度促进组织的效率，其方法比较综合，既有数量分析，也有管理伦理，但主要是从心理学的视角来维持秩序和激励人潜能的发挥。

那么社会学呢？社会学主要是从婚姻、家庭、社会、民族、国家、人类的角度维护和谐和发展，主要是从伦理、道德等价值观作为出发点的，结合中国社会转型的现实分析，20世纪80年代以来中国社会发生的一系列深刻变化："从传统社会向现代社会转型、从同质社会向异质社会转型、从封闭半封闭社会向开放社会转型、从伦理社会向法力社会转型。"在今天，全球化、社会分化和分层，以及网络化加速了我们国家的社会转型，使我国企业面临更加复杂的社会环境，成为影响我国企业社会责任建设的主要因素。企业社会学运用社会学的理论、观点、方法研究企业内部各种因素、各个方面相互关系和互动作用，以及本企业与他企业乃至整个社会的关系的一门学科。比如，一个企业对外利益是一致的，但是企业内部各个部门之间利害往往并不完全一致，因此，它们之间的工作的配合和工作关系是否协调至关重要，把各个部门及各种因素的相互关系调整到最合理的程度，防止"内部损耗"，一致对外，以求企业取得最好的经济效益与社会效益，这是企业社会学的首要任务。

运用社会学理论和方法对企业进行综合研究的学科，必须体现以下研究特点：一是整体性。企业是社会大系统中的一个组成部分，而企业子系统又由许多小系统所组成。社会网络体系中的一个节点，一个组成部分。社会整体与部分之间、社会生活的各方面或各部分之间内在的、必然的联系，是社会学研究的一个重要特点，企业社会学也应体现出这样的研究特色；二是层次性。不仅有宏观上的总体把握，而且有探幽入微的多层次、多角度的分析。多层次、多角度的探幽入微，那么它就不可能显示出旺盛的生命力；三是现实性。企业社会学是从企业运行的实践中产生的，是对企业运行实践的总结和提高，同时它又必须密切地为企业运行的实践服务。

如何在中国特有的环境下从经济学、管理学或社会学来说明和解决问题，这也是财务指数需要探索和研究的问题。

# 第二节　指数的应用动态

指数的社会功能被人们发现和利用，也是长期的社会生活与管理实践所总结出来的人类智慧与科学成果。如今，指数已经成为妇孺皆知、耳熟能详的公用化技术工具。以下从理论学科、政府实践到商业管理三个层面的应用进行浏览式概括。

## 一、基于经济学观点的指数应用

指数在经济领域的应用十分广泛，主要包括反映宏观经济发展和走势水平的各种统计指数、物价指数和股市指数。

1. 反映宏观经济发展态势的指数

经济发展是企业主体、政府管制甚至于社会公众等普遍关注的问题，这一领域的指数必然会引起深切关注与极力应用。

（1）国内生产总值指数（Gross National Product，简称GNP）。这是最受关注的统计指数，反映了一定时期内，一个国家或地区经济中生产出的全部产品和提供劳务的总值。GDP是衡量国家或地区经济发展规模的通用指标，常被公认为衡量一个国家经济规模的最佳指标。

（2）宏观经济景气指数。这是利用一系列相互关联的经济变量指标来描述整个经济景气的状态和程度、反映经济整体发展水平和趋势的指标体系，它是宏观经济的"晴雨表"，指示着经济的繁荣与萧条，为各国政府制定经济政策提供了重要依据。

（3）企业景气指数和企业家信心指数。企业景气和企业家信心指数是通过对企业家展开问卷调查，根据他们对于当前宏观经济状况和微观经营状况的判断与预期结果进行量化加工整理得到的指数，用以综合反映企业的生产经营景气状况以及未来经济。此类指数采取重点调查和抽样调查相结合的方法，选取不同行业、不同规模、不同注册类型的样本企业。调查范围覆盖了八大行业，包括工业、建筑业、交通运输仓储和邮政业、批发和零售业、房地产业、社会服务业、信息传输计算机服务和软件业、住宿和餐饮业。

（4）采购经理人指数（Purchase Management Index，PMI）。这是先行指标，通过调查的方法获得经理人对生产经营与财务情况的分析判断；其中影响最大的是美国采购经理人指数，它通过调查的方法获得经理人对生产经营与财务情况的分析判断，综合了生产、新订单、商品价格、存货、雇员、订单交货、新出口订单和进口八个方面状况的数据，经过汇总加工后得出指数。其中，制造业 PMI 由五个扩散指数即新订单指数（简称订单）、生产指数（简称生产）、从业人员指数（简称雇员）、供应商配送时间指数（简称配送）、主要原材料库存指数（简称存货）加权而成。PMI 一般是月度数据，数据范围在 0～100%。通常以 50% 为分界点，高于 50% 反映经济总体扩张，低于 50% 反映经济衰退。PMI 是快速及时反映市场动态的第一手数据指数，目前已成为国际通行的宏观经济监测指标体系，对国家经济活动的监测和预测具有重要作用。作为反映行业景气的重要综合经济指标，PMI 已成为世界经济运行活动的重要评价指标和世界经济变化的"晴雨表"。

2. 反映物价变动态势的指数

市场交易除了与企业生产经营的高潮与低谷之外，同样也与老百姓的日常生活息息相关。

（1）消费者物价指数（Consumer Price Index，缩写 CPI）。也称居民消费价格指数，是反映一定时期内城乡居民所购买的生活消费品价格和服务项目价格（即固定一篮子消费品的价格）变动趋势和程度的相对数，是对城市居民消费价格指数和农村居民消费价格指数进行综合汇总计算的结果。目前，CPI 是世界各国普遍编制的一种指数，是衡量通货膨胀水平的重要指标。CPI 涵盖食品、衣着、医疗保健和个人用品、交通及通信、娱乐教育文化用品及服务、居住、杂项商品与服务八大类，通常以上一个对比期为基准期，以百分比的形式表达。一般来说，CPI < 3%，表示轻微的通货膨胀，而 CPI > 5%，表示通货膨胀严重。

（2）生产者价格指数（PPI）。也称工业品出厂价格指数，是反映全部工业产品出厂价格变动趋势和变动程度的指数，其市场敏感度非常高。生产者物价指数主要的目的是衡量在不同的生产阶段下各种商品价格变化的情形，是反映某一时期生产领域价格变动情况的重要经济指标。PPI 是衡量工业企业产品卖方市场条件下，工业企业可以通过调高终端消费品价格来承担上游产品上涨的成本；买方市场条件下，中下游产品价格基本稳定，若 PPI 同比上涨，企业难以将上游产品上涨的成本转移到终端消费品价格上，结果影响企业盈利水平。若 PPI 持续走高，企业无力消化上涨的成本，最终造成企业利润降低，可能陷入破产的局面。PPI 也是通货膨胀的一个先行指数。生产原料价格均上升，会反映到消费产品的价格上，进而引起整体物价水平的上升，加剧通货膨胀的压力。

（3）股票价格指数。这是由证券交易所或金融服务机构编制的用以表明股票市场上各种股票市场价格的总体水平及其变动情况的一种参考的指示数字。由于股票价格变动频繁，上市股票种类繁多、良莠不齐，投资者必然面临各种市场风险。面对多种股票的价格变化，逐一了解和分析股票价格波动将会增加个人投资者的交易成本。为了适应这种情况和投资需要，一些金融机构利用自身熟练的业务知识和信息优势，编制出了股票价格指数，作为市场价格变动的指标，以供投资者参考并预测股票的价格走势。

股票综合指数是国内外普遍采用的反映股市总体走势的统计指标。投资者据此就可以检验自己投资的效果，并用以预测股票市场的动向。巴罗（Barro，1990）① 认为，当前股价会对投资产生滞后影响：现阶段股价上升，将增加居民财富，进而也刺激下一阶段消费和投资的增长。周子元、邓雁（2010）② 研究发现，在股价指数急剧上涨的牛市中，投机和正反馈交易主导了股价变动，使得股价波动性与公司基本面风险相关性减弱；在股价指数缓慢下跌的熊市中，投机和正反馈交易对股价变动的影响小，从而股价波动性与公司基本面风险相关性强。李学峰、王兆宇（2011）③ 研究表明，在熊市中投资者整体表现出了显著的处置效应行为，而在较强的牛市中投资者却表现出不存在处置效应的行为；总体来看，处置效应程度在市场行情变好的情况下会下降，而在市场行情变坏的情况下会上升。研究成果表明当期股市走势影响投资者下期的投资选择，股价若下降会对上市公司以后的融资造成影响。因此，采用工业类指数可以反映工业行业股票的走势。

## 二、基于管理学观点的指数应用

随着经济管理尤其是企业管理的科学化与精细化推进，专家们一直在琢磨着如何更加重要科学地描述与反映出某种经济运行的态势。

### 1. 公司治理指数

公司治理的研究也成为全球性的热点问题，从 20 世纪八九十年代开始，西方国家便开始关注公司治理的研究，研究内容也逐渐从理论研究转到实务研究。如今，公司治理质量和治理环境更是备受关注，很多机构和学者也都尝试着构建公司治理评价体系和构筑公司治

---

① Robert J. Barro. The stock market and investment. The review of Financial stedies，1990（3）：115 – 131.

② 周子元，邓雁. 我国上市公司股价波动率与公司基本面风险关系研究［J］. 经济问题探索，2010（6）：94 – 99.

③ 李学峰，王兆宇. 什么导致了处置效应：基于不同市场环境的模拟研究与经验检验［J］. 世界经济. 2011（12）：140 – 155.

理指数。我国企业的公司治理指数主要有两个：一个是由学者李维安教授研究设计并发布的指数，该指数也是我国第一个公司治理评价体系；另外一个是由机构发布的治理指数。其中，由原南开大学公司治理研究中心李维安教授领衔的公司治理指标体系，引领公司治理指数研究开发之先河。

## 2. 中国市场化指数

中国市场化指数，是对我国各省、自治区和直辖市建设市场化体制机制进程的成熟度测量指数。该指数由中国经济改革研究基金会国民经济研究所樊纲主持研究编制。该指数从政府与市场的关系、非国有经济发展、产品市场发育程度、要素市场发育程度以及市场中介组织发育和法律制度环境五个方面评价各省区市市场化相对程度。

## 3. 企业内部控制指数

内部控制研究热潮的兴起，也衍生出多个专门研究内部控制指数的学派。内部控制指数的设计主要从以下三个方面入手：一是以会计师事务所发表的重大缺陷作为评价依据设计的指数；二是以企业自愿披露的关于内部控制的信息为基础设计的指数；三是以内部控制目标的实现程度为基础设计的指数。

## 4. 财务指数

随着我国资本市场快速发展以及应用统计学的广泛研究，财务指数的应用无疑是会计信息研究领域的重大突破，具有重要的研究价值。目前财务指数两大应用领域是财务指数评价和财务指数预警。为了克服传统财务评价的不足，学者们将财务指数研究引入财务分析评价领域，并取得丰硕的研究成果。财务指数预警的研究在我国则处于起步阶段。本章第四节将对现有财务指数评价和财务指数预警研究的理论与方法进行剖析，并对财务指数预警研究的发展趋势进行展望。

# 三、基于社会学观点的指数应用

国内关于幸福指数的研究始于 20 世纪 80 年代中期，这一时期主要是由心理学家进行描述性研究和探索影响幸福的主客观因素。20世纪末至今，幸福指数逐渐成为国内幸福度研究的热门话题，构建怎样的幸福指数，如何推广这一指数并指导解决我国民生问题成为国内学者的研究重点。

学术界有关"幸福指数"的概念及测量方法众说纷纭，一直以来都没有定论，总体看来主要分为三种观点：一种以客观指标来衡量的"幸福指数"，这一客观指标包括人均 GDP、失业率、恩格尔系数、基尼系数、通货膨胀率等；一种是将主观和客观指标结合来衡量的"幸福指数"，除了上述的客观指标外还加入了人们的生活满意度调查；一种是纯粹的主观问卷调查数据得出的"幸福指数"。如邢占军提出了主观幸福感测量的方法，奚恺元采取随机抽样电话访问和网上问卷形式，调查内容包括总体幸福感、人情关系、交通设施、个人发展机会、生活环境等几大因素的调查。中国科学院院士程国栋向会议提交了一份题为《落实"以人为本"，核算"国民幸福指数"》的提案。建议要从国家层面上构造由政治自由、经济机会、社会机会、安全保障、文化价值观、环境保护六类构成要素组成我国的国民幸福核算指标体系。他认为："测定人民的幸福程度不仅是为了追踪幸福程度的变化，也是为了帮助开发促进提高人民幸福程度的政策。""希望在不远的将来，国民幸福指数（GNH）与 GDP 一样重要，监控国家经济社会运行态势，了解人民的生活满意度，同时成为科学的政绩考核标准的组成部分"。此外，2005 年 4 月，深圳市将"关爱指数、幸福指数、人文指数、安全指数、诚信指数、环境指数、廉洁指数"等指标列入到该市的"城市文明指数"中，并于 2006 年、2008年开展深圳市民幸福感调查。2006 年北京市开展幸福指数研究，推出了一套幸福指标体系，并将其纳入和谐社会指标评价体系中，将"幸福感"作为衡量北京社会和谐与否的一个重要指标。2006 年国家统计局提出要构建幸福指数指标体系这一构思；2006 年西安市在《政府工作报告》中明确提出，要"大力提高全市人民的幸福指数"；

杭州市在"十一五"规划中提出力争成为幸福程度高、生活品质优的"和谐杭州";江苏省江阴市、河南省平顶山市等一些地方政府,已经把"幸福指数"纳入到了对当地官员的政绩考核中。与传统的GDP 核算体系相比,"幸福指数"从国民健康水准、社会福利状况、经济产出水平和生态环境状况等多个维度,对社会运行状况进行综合考核,为政府体察民情提供新的视角。2008 年,唐山在全国率先推出了幸福指数评价体系,当年底,唐山高票荣膺"改革开放 30 年中国最具幸福感城市"称号,在颁奖词中这样诠释着新唐山:"从地震废墟到天蓝、地绿、水清、城美,这里的人们有着太多的幸福理由。"广东省委十次全会提出要把加快转型升级,建设"幸福广东"作为落实中央"十二五"发展主题主线的核心任务。建设幸福广东,就是要坚持以人为本,维护社会公平正义,保护生态环境,建设宜居城乡,改善社会治安,保障人民权益,畅通诉求表达渠道,满足人民群众文化需求,从而强化转型升级的目的依归和价值导向,使转型升级成果更好地转化成人民群众福祉。

以上经济学、管理学、社会学的分析主要是基于理论体系的应用来解剖指数的。

## 四、基于监管学观点的指数应用

监管,可能更多地与政府宏观层面联系在一起。就字面理解,监管学无疑是一门关于监督与管理的综合性学科。在人类社会的历史长河中,从其实质而言,不论是监督,或者是管理,始终是源远流长的。只不过将其用"监管"的字样来表达,则并不多见。但是,在中国市场经济建设的进程中,"监管"已经成为常见词语了。从安全生产、食品药品,到股票市场、国有资产等,无一不属于必须进行强制性、专业性监管的范畴。

就政府监管而言,学术界一般称之为政府规制或管制,是市场经济条件下政府为实现某些公共政策目标，对微观经济主体进行的必要的规范与制约。通常是指通过对特定产业和微观经济活动主体的进入、退出、资质、价格及涉及国民健康、生命安全、可持续发展等行为进行监督、管理来实现。金融监管是一种特定的政府监管，是指政府通过特定的机构（如中央银行）对金融交易行为主体进行的某种限制或规定。金融监管本质上是一种具有特定内涵和特征的政府规制行为。金融监管是金融监督和金融管理的总称。在中国，包括中国证券业监督管理委员会履职行权的证券监管、中国银行业监督管理委员会履职行权的银行监管、中国保险业监督管理委员会履职行权的保险监管等。还有国有资产监管，就是以国有资产（包含国有资源、国有资本）的保值增值为目标责任制而开展的各种监督、监察、督导、控制、评价、考核等活动。新兴的网络监管也是一个相当热门的社会话题。主要是指政府对互联网网络的监督、监管和检查，主要是监管外部的网络状况，类似于网监、网络警察的性质。当然，在市场经济条件下，市场监管不是对某一行业、某一具体市场、某一区域的管理，而是具有普遍性的监督管理，过去大多数工商行政管理部门只涉及一些人身安全、假冒伪劣、市场等一些有形市场的管理而忽视一些市场本身行为和范围（即无形市场）的管理，更不用说电子商务、网上购物、邮购等交易行为的管理，一句话说，只局限于具体交易行的管理，没有充分认识市场交易关系，从抽象行为进行监管，因此，市场监管要把监管眼光放到随经济的发展而发展。

## 五、基于市场学观点的指数应用

数据被称作信息化时代的石油，其重要性不言而喻。对于大数据的概念，尽管存在不同的表述，但一个普遍的观点是，大数据虽与"海量数据"和"大规模数据"的概念一脉相承，但其在数据量、数据复杂性和产生速度三个方面均大大超出了传统的数据形态，也超出了现有技术手段的处理能力。在应用层面上，大数据是指通过先进的信息技术对海量数据进行捕捉、存储、分析和挖掘，这些数据具有快速、复杂和多变的特点。从产业角度，常常把这些数据与采集它们的工具、平台、分析系统一起称为"大数据"。

从企业主体对外的市场开发来讲，产品经营市场条件下的"产、供、销，人、财、物"等所需的决策信息，资本经营条件下的企业兼并、重组，这是相对而言成熟条件下商业发展的"二轮驱动"。面对企业内外部日常经营所产生的"爆炸式"增长的海量数据，企业传统的信息系统甚至已经无法对其进行有效的分析。大数据技术为企业有效利用数据提供了新的途径和机遇：通过深入挖掘自身数据的商业价值，推动企业决策机制从"业务驱动"向"数据驱动"转变，从而提升集团决策能力、市场竞争力。大数据将促使数据业务成为各行各业的主营业务，从而改变其管理模式。整合市场资源、推进业务协同创效，大数据将为现代企业的运营管理模式带来深刻变革，使得企业可以整合产业生态链资源，进行产业模式创新；可以重塑企业与员工、供应商、客户、合作伙伴之间的关系，进行企业管理创新；可以整合资源，创新协同价值链，提供新的产品与服务，打造新的商业和管理模式。

对企业主体的内部管理来讲，大数据通信平台下讲求相关关系而非因果关系、注重全数据模式而不是抽样样本，都必然决定了对内管理与控制领域，可以更加有效地利用数据。即数据挖掘是一种新的商业信息处理技术，因为大数据和经营之间的关系，肯定是创造价值，创造过程中有个特点，第一是它的准确性，通过这些数据分析能够准确地识别目标，包括谁是你的客户，客户的属性，是男的还是女的，今天买什么，明天可能买什么，过去消费习惯等，对你很快、很准确地掌握客户十分重要。大数据不是大，是"有意义"的意思，当你获得更多有意义的数据，就成为了判断基础。第二个基础，当这些数据来自于跨越了某一个行业的界限的时候，这个数据的价值就更加大，一个人天天到酒吧的信息和到医院彩超做了肝的扫描的信息结合在一起，是可以判定出他肝的问题是喝酒造成的还是别的问题造成的。这个关联性，现在很多数据都是孤岛，当这些数据关联起来的时候，这个问题就使得我们的判断更加准确。如果一家公司对数据敏感，对为其创造价值的大数据机会掌握了，就应该把大数据当作销售的手段。低成本，就是节省钱的手段，是你能够用最短的时间，快速地收取客户群体的手段，这些如果能掌握清楚，对企业有极大的好处。忽略了数据，就忽略了成本，忽略了速度，忽略了精准，当然你也就没戏了。未来，大数据可以让企业从战略角度更准确地预见未来，或者从市场营销阶段，更精准地进行营销，这就是大数据对我们整个企业之间息息相关的很重要的数据。考察现在这些大数据可以发现，无形当中自己的行为习惯是真实流露的，这些数据常常是准确的，最重要的就是企业如何把它精准使用。如果真的要十分准确，应该把行业数据或者把政府的数据纳入进来，一起去思考。比如有家公司做个人征信系统，只有把政府各个部门关于所有的公民信息集合起来，那么做成的征信系统，才能从根本上改变中国以后诚信社会的问题，因为只要公民以后不诚信，这个数据马上就能从征信系统中体现出来。有些中小企业可能用不上，但是把公共数据赶紧对接进去，这是必须要做的。打个比方，上海已经开始做征信系统，在上海的企业，把上海的消费者用于征信系统，这是必须对接的。远东有志于成为一家全球能效管理专家的企业，也有志于成为全球投资管理专家的企业，这两个定位毫无疑问，需要有数据的支撑。投什么样的企业，要了解这个行业、这个企业相关的经营成果、未来空间、客户群体等。远东要跟电子商务融合，现在的平台有大量的交易数据：有材料交易的，也有产品交易的。宜兴是全国经济最发达的城市之一，每年在数据方面的投资有好几个亿，这是政府要投的，还不包括企业。尽管宜兴在这方面已经很超前但感觉后面要做的事情还有很多。但是有一点，卫生部门做卫生部门的事情，公安做公安的事情，教育做教育的事情，所有的数据并没有做到一卡通。为什么不能有一个部门来扎口呢？为什么还有这么多壁垒呢？真正要让每一个企业、每一个地方能够打通，要精准用它的时候，还是要做一些研究的，这样使得我们的成本更省，无论是交流成本、机会成本还是其他方面。像远东这样的企业，毫无疑问，必须面对这样的时刻，而且要领先，至少在从事的这个行业领先，要用好大数据。另外，关键还是要有这方面的优秀人才。远东原本将近一万人的公司，通过制度优化、流程优化，再通过信息化的战略，省了差不多1/3，造氧效率还要比原来提高20%，数据提供了太多的支持，相信如果把它用好的话，未来会更加领先，而且效益会更好。

总之，不论是经济交易、组织管理、社会生活，或者是监督管理、市场开发，抛开其光怪陆离的个性化特征，总能揭示其内在的规律性。通过科学的指数方法对各种社会经济现象加以衡量，综合反映出现象的相对变化程度，简单直观，方便了大家对某种具体现象的理解和认识，这已经成为一道独特的风景线。作为本项目致力于研究的企业财务指数，则可以如上述示例中的GDP、CPI、PPI、股票价格指数和公司治理指数等一样，直观地反映出企业财务管理水平，能够帮助管控机构、企业管理层、投资者以及其他社会公众了解企业运行的"冷暖"。

# 第三节　财务指数研究的基本出发点

在一个通过与经济交易、技术支撑为载体而与国际社会实现完全对接的一体化时代，不论是亚洲的金融危机、还是美国的次贷危机甚至于欧洲国家的主权债务危机，都一次次给我们示范了经济领域甚至引发社会领域的"蝴蝶效应"①。有学者曾经这样阐释"蝴蝶效应"的传导原理：一个坏的微小的机制，如果不加以及时地引导、调节，会给社会带来非常大的危害，戏称为"龙卷风"或"风暴"；一个好的微小的机制，只要正确指引，经过一段时间的努力，将会产生轰动效应，或称为"革命"。因此，对于市场大潮中前行的中国企业而言，如何进行事前的风险预警与专业监测就成为摆在我们面前的重要使命了。

## 一、财务信息与经济活动的传导与联动

我们知道，世界本身就是矛盾，矛盾就是对立统一，对立属性即斗争性，统一属性即同一性。在生物界中对立统一性的例子随处可见，就像猫和老鼠是一对"老冤家"，它们能在竞争中生存是因为在同对方的竞争中不断完善自己；庄稼吸收水分和蒸发水分，是一对矛盾，它们贯穿于庄稼生长过程的始终。企业的生产和消费也是一对矛盾，只要工厂存在生产与消费的矛盾运动就不会停止。人类生活与繁

---

① 20世纪70年代，美国气象学家洛伦兹提出蝴蝶效应理论，其直接源起这样一个比方，南美洲亚马逊河流域热带雨林中一只蝴蝶，偶尔扇动几下翅膀所引起的微弱气流，经过对地球大气环流系统的复杂作用和影响，可能两周后会在美国得克萨斯州引起一场龙卷风。蝴蝶效应形象地说明了无论是自然现象还是政治、经济等社会现象，都存在着彼此相互联系的直接或间接的因果关系，很多看似风马牛不相及的事情，恰恰是问题的初始根源，这就是机缘巧合吧！太平洋上一个弹丸之地的小国家发生了军事政变，这可能与你没有丝毫的关系，但是，假如这个国家是生产计算机芯片某稀有金属原料的80%的供应地，而你的企业又是计算机产业链条上的一环，你难道不应该高度关注吗？如果真是如此，恐怕全世界的人都会警觉起来，因为这个国家的命运与全球化的互联网经济密切相关，它就是那只美丽而又可怕的"蝴蝶"。这样说来，为什么中东战争总是吸引全世界人的眼球也就不足为奇了，因为中东的地下流淌着世界经济的血液——石油，关注中东局势并不是什么冠冕堂皇的人权或者人道主义，只是在关心自己的利益罢了。推而广之，在经济竞争、产业竞争和企业竞争领域中，同样有很多我们不易觉察甚至无法觉察的"小蝴蝶"也在悄悄地扇动着翅膀，而且，我们似乎还没有反应过来，它们却改变了世界经济，改变了产业格局，改变了我们企业的命运。看看你我身边，十几年前的互联网，不也是一只只改变世界经济、改变商业模式的"蝴蝶"吗？

衍也属此理，生活中有许许多多的矛盾，旧的矛盾解决了，新的矛盾又开始了，人的生命就是在这些矛盾中产生、发展直至死亡。

具体问题具体分析是马克思主义的活的灵魂，是我们争取认识财务信息与经济传导的基础，也是我们正确解决经济活动中矛盾的关键。在当今社会，包括财务信息在内的信息无疑是统筹谋划经济活动的灵魂。这一问题，可以分成以下三个层面来理解。

### （一）基于企业可持续发展与转型升级的管理要求

转型升级，已经成为中国经济高速增长 30 年后的必然选择。企业转型升级的决定要素，主要是基于宏观经济环境与企业未来发展趋势，其中，国际金融危机、中国经济结构的调整和经济周期的驱动致使我国企业进入全面转型时期；后工业时代的经济运行规律和政策导向是企业转型升级必须考虑的因素；而顺应绿色企业的发展趋势，将环保纳入企业转型升级过程中也是企业发展的必然选择。另外，资源、创新、管理、文化、能力等企业内部原因以及政府因素也是转型升级的动因和推动因素。所谓转型，在莱维（Levey）和梅里（Merry）看来，是对组织的一种彻底地、全面地变革，需要解决组织的核心流程、精神、意识、创新能力和进化等方面的问题；所谓升级，在格里菲（Gereffi）看来，是一个企业或经济体迈向更具获利能力的资本和技术密集型经济领域的过程。吴家曦（2009）[①] 将企业转型描述为企业在不同产业之间的转换和不同发展模式之间的转变，表现为转行与转轨。毛蕴诗（2010）[②] 认为企业升级包括产品升级，功能升级，过程升级，产品、服务的附加值提升，竞争能力提高。

企业转型升级要求企业顺应不断变化的市场环境对其发展战略进行调整，从而更新各方面的能力以便抓住发展机遇和迎接未来挑战，一些学者从价值链的角度出发、明确了企业升级的实施模式。比如，

---

① 吴家曦，李华焱. 浙江省中小企业转型升级调查报告. 管理世界，2009.

② 毛蕴诗. 促进企业转型升级推动经济发展方式转变. 中国产业，2010（4）：4-5.

资源型企业产业转型可能通过深化产业链模式、实施产业更新模式、复合转型模式。加工贸易企业转型升级，则基于全球价值链的视角，从国际国内两个角度，采用延伸产业链、培育新产业、尝试多元化等不同的转型升级路径。中小企业转型升级则依托构建创新体系和建立资金支撑体系，需要从产品结构、外部环境的影响、市场风险、金融支持力度、人才制约等方面推进。

从目前学者们的研究视角来看，对企业转型升级的研究主要集中于运用产业集群、价值链、能力、可持续发展和创新理论分析企业转型升级过程中的一些问题并提出对策，但尚未形成统一的体系，而对于企业转型升级能力的构成与评价的研究尚未得到充分的发掘，对于企业转型升级效果的评价至今还未确定统一的评价标准，尚未形成一套完整的评价体系。

### （二）基于市场决定性框架与宏观微观的联动要求

随着我国市场经济的发展，特别是市场在资源配置领域的决定性位置的确立，以及经济改革的进一步推进，企业产业链之间的上下联动、实体经济与虚拟经济之间的互动、微观经济与宏观经济之间的逻辑，使得彼此两个紧密相连的矛盾越来越尖锐，这一矛盾集中体现在信息的传导与相互作用的确定中。

主体之间传导机制指一个主体的冷热受多种因素影响发生变动并通过一定的途径或渠道与相关要素相互作用的过程，主要研究的是单一企业、企业群体、相关产业、整体经济之间的传导过程和传导关系。

经济体制改革的实践使人们把理论研究的重点转向社会经济生活的现实运行过程。经济运行问题研究的主要内容就是从宏观经济和微观经济两个侧面以及它们之间相互协调的角度，来揭示经济运行的内在机制，既要从国民经济整体的角度来把握的总量运动，即宏观经济生活，又要从微观角度来把握各个具体经济单位的个量运动，即微观经济生活。前者的核心问题是国民经济形成和分配当中的总供给与总需求的总量和结构两个方面的平衡，即在实物和价值两种形式上，协调总供给与总需求的总量和结构相平衡的内在力量和关联结构。在宏观经济机制中，政府行为的经济机制具有突出的重要意义。因为在社会化商品经济的条件下，政府越来越承担着协调和组织宏观经济运行的繁重任务，政府行为的合理化是保证宏观经济运行的基本前提。政府行为的经济机制主要包括：政府行为的偏好机制、政府行为的约束机制、政府行为的组织机制、政府行为的传导机制。但是必须指出，宏观经济中政府行为的作用不应干扰和破坏微观经济组织的经济机制的运转，不应妨碍市场机制作用的正常发挥。总之，宏观经济机制作为启动和维持整个国民经济总量运动的内在力量和耦合关系，具体地体现为市场机制、财政机制、信贷机制、计划机制和政府行为的经济机制。这些机制互相作用和影响，构成了完整统一的宏观经济运行机制。

微观经济运行机制的主体就是企业和个人，实际上就是企业与个人两个方面活力勃发与维持的过程。就企业的经济运行来说，微观经济机制主要有刺激机制、约束机制、调节机制，刺激机制是企业行为的启动机制，它激发企业的主动性和创造性，刺激企业对其自身经济利益的追求，一方面表现为企业作为商品生产者追求利润最大化；另一方面体现为企业追求劳动者整体的个人收入的最大化，正是这两个方面的目标偏好，使企业具有经济运行的内在动力。约束机制是企业行为受到的各个方面的限制，包括市场约束、预算约束和社会约束。

就个人的经济行为来说，个人在社会经济生活中是作为消费者、劳动者和投资者的三重身份进行活动的。在这三重身份中，个人行为的经济机制的共同方面首先是动力机制基本一致。无论以什么身份从事哪个方面的活动，个人总是追求自身不同层次需要的满足，诸如生理的需要、心理的需要、社会需要等。这种共同性还体现在它的联系上，一方面人的各个方面的行为是相互关联的，它们之间存在着内在的制约关系；另一方面各个个体之间的经济行为也是互相有联系、有影响的。在个人行为的经济机制中，重要的和更有意义的是他作为消费者、劳动者、投资者进行活动的不同机制。

社会经济生活中的宏观方面和微观方面是相互影响的，微观经济是宏观经济的基础，宏观经济又制约着微观经济。它们之间虽然具有内在的统一性，但现实运行中的差别也是不可避免的。比如，在目标上，存在着追求自身利益与偏重社会整体利益的差异；在动力上，主要源于经济方面的与更多来自社会方面的差异；在机制上，市场机制作用更强与宏观经济中计划机制作用更强的差异。

从一定意义上来看，宏观经济与微观经济的协调机制主要有：计划机制、财政机制、信贷机制等。宏观经济与微观经济的协调必须在上述各个方面经济机制的综合作用下才能实现。这些经济机制在现实的经济生活中相关地、有序地结成动态的有机整体，内在地保证了宏观经济与微观经济在运行目标、运行方向、运行结构、运行频率、运行层次上的协调统一。

众所周知，现有的关于企业财务的分析、评价甚至包括预警在内的技术方法大多都是针对单个企业而言的，是企业内部经营者或外部管理者基于某种需要而对一个企业主体在一定会计期间的经营成果或特定会计期末财务状况进行的。由于这些分析、评价、预警方法常常局限于一个企业或者一部分企业的整体情况，不涉及一定范围内企业整体的财务状况、经营成果和现金流量的总体态势。另外，目前绝大部分企业可能会拘泥于自身在过去形成的经验数据而认为自身的管理与运营水平是先进、有效的，与实际情况和各界认知存在较大的差异。因此，无论是政府部门与管控机构、投资者与公众都对通过第三方定量化地评价企业财务状况和经营成果有所期待。

本书项目旨在构建出能够直接反映所有企业财务状况和经营成果的企业财务指数，既将企业运营进行了分析评价，又决定了宏观经济发展规模的大小和国民经济实力的大小。微观经济发展得快，宏观与数理方法相结合，以指数的方式反映企业财务状况和经营成果及风险管控能力，定量化地反映出不同行业、不同地区企业之间的财务状况和经营成果，从而揭示我国企业财务状况和经营成果的全貌与个体差异。

在现实经济生活中，并没有一条鸿沟把宏观经济和微观经济截然分开，它们之间也不是各行其是、互不相干，而是相辅相成互相制约。宏观经济的决策和方针政策，为微观经济的发展指出方向，并领导或指导微观经济实现国民经济的发展战略。

宏观战略决策的正确，促进微观经济顺利地发展；宏观战略决策失误，导致微观经济的发展受到束缚。同时，微观经济状况好经济总量的增长就相应多，国民经济建设的速度就相应地快，微观经济发展得慢，宏观经济总量的增长就必然显现之尴尬、困惑甚至郁闷之"囧途"。

只有宏观与微观协调发展，以宏观指导微观，以微观促进宏观，使宏观与微观在健全完善的市场中有机协调，稳定高效地向前发展，小康和和谐社会建设的目标才可能达到。宏观经济与微观经济相互关系的基本理论在国民经济体系中，宏观经济与微观经济是国民经济运行的两个不同的层次，表现为国民经济两个相互依存的经济范畴。其同一性表现在宏观经济是由微观经济组成的，微观经济运行正常就可为宏观经济的持续、稳定、协调发展奠定基础，反之，如果微观经济运行受阻，则宏观经济的运行状况就不可能是好的。微观经济的正常运行离不开宏观调控的指导，宏观经济运行正常，可以为微观经济正常运行创造良好发展环境，二者的矛盾性表现在，所追求的目标不同，宏观经济追求整个国民经济的长期稳定协调发展，微观经济则以追求自身发展为目标。"利益取向不同"，宏观经济活动在于追求国家整体的利益，微观经济个体则往往只考虑自身获取较好的经济利益，在处理国家、社会、个人效益的矛盾中，倾向于个人利益而很少兼顾国家、社会整体利益。"收入分配趋向的不同"，宏观经济活动以公平为社会分配的目标，微观经济主体则以追求个人和个体致富为目标，微观经济发展还会同自然资源的合理利用、生态环境的保护及治理等发生矛盾。由此可见，宏观经济与微观经济是辩证统一关系，它们既相互依存，又相互制约，既相互矛盾，又相互统一，两者达到协调发展的理想状态，才能实现国民经济的健康发展。宏观经济与微观经济协调统一的基础是社会化大生产，资本主义发展初期，崇信古典经济学家（自由即放任市场经济）的理论认为单纯靠价值规律这只看不见的手，通过各个市场主体就可以使资本主义协调有序发展，资本主义社会不断爆发的周期性经济危机，特别是曾经经历的经济大震荡，证明了只有市场这只看不见的手是无法实现宏观经济与微观经济的协同进取。

当然，宏观经济与微观经济协调发展的微观动作市场经济活动是由无数个分散的具有各自经济利益的微观经济组织的活动构成的。政府各种调节措施最终产生效果，要由这些微观经济的组织行为和活动变化来体现。因此，为使宏观调控真正有效，保证经济的健康发展，必须构建宏观调控的微观基础，必须使企业主动依托宏观调控，利用宏观调控，对宏观调控作出灵敏反应，按照宏观调控的目标进行经济活动。为此，企业必须达到以下要求：确定合理的企业目标，企业的成长必须有目标，有目标才有希望，才有奋斗的动力，这是企业有效动作的前提。目标过低不利于激发企业的活力，不利于长远发展；目标过高则容易使企业经营者头脑发热，脱离企业实际，给企业带来巨大损害。合理的目标应该是富有激情和想象力的，是结合企业的实际。经过全体员工的艰苦奋斗，确实可以达到的，建立市场经济体制下的企业决策新思路。随着改革开放的不断深入以及市场经济体制的建立和完善，政府由对企业的直接的行政管理向间接宏观调控转变，为企业发展创造了良好的宏观环境。但从微观的角度来看，一些企业由于受长期计划经济思维方式影响较深，许多企业经营者仍然以计划经济体制下的企业经营，为此，企业必须改变传统的决策思维，增强市场意识，建立适应市场需求的企业动作决策机制，培养和造就一支优秀的企业家和科研队伍，在宏观环境相同情况下，企业的经营状况关键取决于经营者和科研队伍的素质与策略，进入市场经济后，企业家及企业科研人员虽有所增加，但远不能满足现实要求。

总之，国家是宏观调控的主体，企业是宏观调控的基础，国家只有根据客观经济规律和经济形势，采取适度的调控措施，企业只有在发挥其自觉性和主动性的基础上，自觉地接受国家的宏观调控，才能实现宏观经济与微观经济互为补充，互相促进的理想发展状态，促进我国社会主义市场经济的快速健康发展。

**（三）基于大数据时代决策与网络系统的基础配置**

以微电子技术为中心的信息技术在社会经济生活各个领域的渗透，使人类进入了信息化时代（或称网络经济时代）。在这个崭新的时代，社会经济运行、企业组织状态以及国家对经济的调控和管理都将被赋予新特征、新内容。

**1. 信息化时代经济运行的特点**

在以信息为主导的网络经济时代，整个社会经济的运行，与传统的工业经济相比，将呈现出新的特点：

一是均衡性。在传统的工业经济阶段，作为宏观经济主要变量的总供给和总需求总是处于不平衡状态，经济运行无法摆脱周期波动和兴衰交替。其内在原因在于生产的迂回路径长，供求之间距离远，生产和消费受时空制约难以达到高度契合。而在数字化网络时代，信息的充分性和信息传递的快捷化，可以克服生产、消费、供求等经济活动中不必要的迂回，弥合产销间在时空上的距离，供给将成为直接针对最终消费需求的有效供给，从而使经济运行总是处于一种相对均衡状态。同时，网络经济时代的信息市场，可以把商品市场和货币市场统一起来，形成三个市场的联合均衡，即商品市场总量与价格之乘积＝货币市场货币量与流通速度之乘积＝市场信息量与信息处理水平之乘积。从而化解商品市场与货币市场的矛盾，避免经济危机的爆发。

二是高效性。信息化时代的经济与传统的工业经济相比，效率更高。这是因为：资源配置趋于更优。在工业经济阶段，虽然经济主体也追求资源配置的效率，但受信息不充分的影响，往往只能达到次优。而到了信息化时代之后，充分的信息可以为经济主体提供更广泛的选择空间和建立更科学的经济模型，使资源配置趋于最优成为可能；可以降低流通成本和交易费用。比如，在线购物，可免去商场建设；网上银行，既节约了存取时间，又省去了若干环节；通过互联网达成交易，就不必面对面地磋商、谈判。

三是可持续增长性。传统的工业经济的增长依靠的是土地、资本等要素的投入。所以，经济的过度发展必然导致资源枯竭，环境恶化。到了网络经济时代以后，信息的传输速度和处理技术将成为经济增长的决定因素和衡量竞争力的关键。当代西方经济学者认为，信息社会中的信息流量是国民经济发展的倍乘因子，用公式表示即为：社会净产值＝各部门物质生产投入总和×信息流量。因此，要求得经济发展和财富增长，关键是要利用好信息高速公路来加大信息流量，加快信息流通。信息是一种可再生资源追求可以得到满足。

## 2. 信息化时代企业的协同自序

信息社会的哲学原则是使每个社会单元通过信息的协调作用，找到相对优化的生存空间。并且，科学研究也发现，当一个开放系统的外界变化（信息）达到一定阈值时，就会自发形成一种有序结构。因此，在一个充分信息化的环境中，企业的经营管理活动也将成为一种运行于信息网络之中的自发有序活动。那时，不仅企业内的各项经济活动具有严密的组织性，而且企业与企业、企业与市场、企业与其他社会组织间的关系也自然协调起来。因为一切经济活动，以及与活动有关的要素都处于透明之中，行为主体会互相监督制约，并自觉做出明智决策。事实上，随着信息流动的加快，技术、市场的快速变化和创新，传统的层级式的组织模式将会被一种民主、平等、网络化的组织模式所取代。现在很多企业已组建起各自的内部网并与国际互联网相连。借此，企业可以协调整个生产经营过程，在网络上进行产品的设计、加工、制造、营销、售后服务等活动。同时，网络的建立和运行，实现了企业高层主管与员工的直接联系，减少了中间环节，突破了管理幅度的制约，使组织结构趋于扁平化、简单化。在企业外部，网络把本企业与其他企业，本企业与消费者联结在一起。使企业间的协作，如供货、送货等更加准时，甚至可以不要仓库。消费者也可随时与企业就产品、服务进行交互式沟通，可直接定制产品或获取服务。总之，信息化使企业由工业经济下的强制有序变成了网络经济下的协同自序，这是组织结构上的一个质的飞跃。

### 3. 信息化时代宏观经济调控的变革趋势

宏观经济的管理方式是由经济运行特点，特别是企业的组织状态决定的。工业社会由于生产与消费分离，加之市场透明度不高，是一种迂回经济，其管理哲学只能建立在牛顿力学和机械决定论的基础上，实行强组织化原则，强调共性和集中，抹杀个性和自由。人们总希望有一个控制中心，通过高度集中的组织体系实现社会整体效益的最大化。由此建立了"宝塔式"的垂直控制系统，甚至出现了社会主义国家那种极端典型的高度集权的计划体制。实践结果发现，这种管理模式总使经济运行在过度组织或欠组织状态下摇摆，难以稳定于最佳控制点上。不是一控就死，就是一放就乱。原因在于，强组织化只适应于单一目标的符合机构决定论的层级式系统，不适应多样化的平面式网络。因为对这种网络型经济，起决定作用的主要不是能量而是信息。在一定的信息环境中，各社会单元不断地进行自组织，才能达到纵横交错的平面网络结构的最佳状态。信息社会不是按照线性规律强制有序的社会，而是通过信息作用使每个社会单元在环境中经过不断地自组织来实现整体优化的社会。因此，它的管理原则应是建立在非线性理论基础上的自组织化原则。由此原则出发，信息化时代宏观经济的管理和调控也将发生以下变革：

从看得见的手到挽在一起的手。早期的资本主义经济运行笃信自由主义，主要靠竞争机制实现均衡发展。认为整个经济由一只看不见的手操纵，国家只是守夜人。19世纪末，铁路和电报的发展对经济产生了巨大影响，美国经济学家桑德拉首次提出了看得见的手的思想，主张由国家干预经济生活，以解决分配不公和外部环境的差异问题。之后又产生了凯恩斯主义，推行了宏观调控政策。20世纪70年代，西方经济的停滞和苏联东欧高度集中计划经济的恶果，又使一些人产生了回到斯密时代的幻想，并在80年代初开始了企业私营化运行，进入90年代，各国相继开始了以企业间联合、兼并、合作为主要特征的新阶段。这预示了一个手挽手新时代的到来，也预示着一种以协同合作为理论基础的管理哲学的开始。

从集中化到网络化。早期的市场经济，自由主义是管理的基本准则。大工业时代，生产的集中化必然导致政府干预，进而形成许多国家高度集权的经济体制。然而，千万个企业对着一个政府，而政府掌握的信息又永远小于企业掌握信息的总和。结果，大量信息被沉淀，长期粗放式资源配置，造成了结构失衡和效率低下。信息时代，综合集成的信息网络，为分散生产提供了可靠保障，企业在相对透明的信息环境中可以及时调整产品结构和产业方向，共同利益促使整个社会资源在优化配置的状态下高效运行。这便要求政府的宏观调控必须从集中化管理向网络化管理转变，从垂直"宝塔型"向平面协调型转变，从刚性指令化向弹性参数化转变。从国家计划到社会契约。计划经济配置资源的弊端及其严重后果已为人所共识。利用市场配置资源的方法已在物质产品领域大见成效。但是随着工农业生产比重缩小和信息服务比重的迅速增长，分散化与集中化的矛盾将越来越突出。换言之，信息服务领域的资源配置问题尚待探索一种新的调控方式，需要对计划方式和市场方式实行双重超越。而实现超越的契机和出路，正孕育于各国方兴未艾的电子商务、电子货币、远程购货、虚拟企业等新生事物之中。在没有传统市场、商店、企业、货币的经济中，一切都将通过网络和契约来完成。那时，国家传统的产销计划和供求调节手段自然成为多余，取代它的将是一种人人自觉遵守的社会契约。

4. 信息化时代宏观经济的弹性调控及其与微观经济的对接

在确定了宏观经济的变革趋势之后，我们就可以探讨在信息化时代宏观调控的基本架构，以及宏观经济运行与微观经济活动的协调与对接等问题。根据前文的论述，我们认为，在网络经济时代：

一是宏观调控的目标要在效率、公平、稳定的前提下，着力促进社会单元的协同合作，促进生产流通的社会化、信息化、网络化、契约化，为形成一种协同自序的经济运行秩序创造良好的条件和环境；二是宏观调控的模式要从质量和能量主导型向信息主导型转化。即由主要抓产品、产量、产值、人财物分配转向主要抓信息资源的开发利用，通过充分而高效的信息流通指导企业和居民的生产消费，调节社会总供求平衡，保证宏观经济的健康发展和运行；三是以信息为主导调控宏观经济，要求有一定的调控载体，有其宏观信息和指令发布渠道。这就是宏观经济信息网络。由于这个网络承载的信息主要是企业生产信息、居民消费信息、世界市场的供求信息以及政府自身的法规政策信息等，所以该网络的架构主要应考虑如何汇集、综合、分析、加工提炼信息和如何把各微观、中观信息网络连接起来。换言之，就是要加强宏观经济数据库建设和决策支持信息系统建设，以及搞好网络接口的技术处理；四是宏观经济调控与微观经济活动的连接问题，并非是如何解决两者的信息网络接口的技术问题，而是如何认识和协调宏观、微观经济内在联系问题。由于宏观经济信息很大程度上是微观经济信息的综合（世界经济又是各国宏观经济信息的综合），宏观经济决策主要依据微观经济信息，微观经济决策既依重于微观经济信息（包括市场信息），更离不开宏观经济信息（包括政策法规信息）。因此，在网络经济时代，宏观、微观经济的衔接将采取网络平面模式，即以企业信息网和宏观信息网为桥梁和纽带，将宏观、微观信息充分沟通，并以利益共享为机制，促使企业自觉自律，以形成协同自序的状态。此种组织状态造成的微观经济环境既能充分发挥个性自由，又能顾及全社会利益。在此模式下，政府的宏观调控部门只要将宏观经济信息通过网络发布出去就足以引起微观活动主体重视（当然，还要配以必要的法律约束和监督机制）。可以说，在一个以信息服务网络为基本运行轨道的经济社会中，微观经济的运行必然是网络运行，宏观经济的管理只能是网络管理；微观经济的联系必然是契约协调，宏观经济的调控只能是信息引导、弹性调控。这与工业经济时代的直线垂直调控模式（通过政府传达宏观信息，反馈微观信息，上下只有一条通道）有质的不同。

当然，上述思路只是就信息化时代宏、微观经济的本质要求而言，既撇开了诸多复杂的现实经济条件，也撇开了经济政治制度和特殊国情的差异。如果结合实际，则还应考虑非市场化或半市场化领域的特殊性。如对公共产品，一定程度的强制性管理应是必不可少的。

## 二、财务指数研究的理论价值

面向经济管理与社会生活的理论研究一定是兼收并蓄、博采众长、虚怀若谷、思想敏锐、善于独立思考和大胆创新。这种理论研究一定是经过尽可能广泛地涉猎、经过尽可能深入的独立研究思考、形成自己独到的见解，必须是摆事实、讲道理，同时必须尽可能全面、尽可能寻根究底、以理服人。数学和自然科学研究无疑是造福于人类、功德无量的事业，而真正有意义、高水平的哲学社会科学理论研究及创新更是从最深的思想层面上全面造福于人类、功德无量的事业，需要我们打破任何成见的束缚，彻底虚下心来，全力以赴认真对待。

### （一）提供企业财务指数研究的新思路

目前，国内关于企业财务指数的研究主要集中于以某一会计年度相关会计运行质量指标为基础设计企业财务指数，也有少量以连续若干会计期间的质量指标变化程度为基础设计的企业财务指数。以个别企业内部预算目标实现程度为基础，如果仅仅选取内部控制评价指标或实证研究不足，就无法构建科学完整的企业财务指数。

本书项目中的企业财务指数同样基于若干连续会计期间相关质量控制目标的实现程度而设计，但已充分评估并尽力避免了其他研究的不足，并将研究对象经济运行体系存在的重大缺陷作为重要的指标与变量。在实证研究方面，本书选取长三角地区在市交所挂牌交易的上市公司群体中江苏、浙江、上海等长三角地区同属于制造业的机械设备仪表行业为例，以江浙沪地区机械设备仪表行业共有 80 家上市公司（其中江苏 28 家、浙江 26 家、上海 26 家，约占全国同行业上市公司数量的 20%）进行样本实证与检验。基于这一设计框架，本书结合理论研究与实证研究设计出一套符合我国国情的科学合理的企业财务指数，填补了这一领域研究的空白，为企业财务指数的研究开创了新的思路。

**（二）推动宏观视角的财务态势观察与研究的发展**

国内关于财务分析态势的实证研究不计其数，关于财务分析体系的研究也更加多如牛毛，能够从敏感性特征与普遍性财务相结合而体现企业群体运行"冷暖"的指数则不多见，究其原因是国内缺乏一套宏观地、定量地综合评价企业财务运行体系的标准体系。本书在全面追踪分析现有单体企业财务分析不同观点、不同视角、不同流派之间的相同点、相近处与区别点之后，以微观企业、中观部门、宏观政府的三层范畴，以内部管理者、外部投资者、其他相关者的三种角色为诉求，以全部企业为对象进行企业财务指数研究，定量地反映企业的企业财务状况和经营成果及相关能力，其实证研究的广度与深度，以及研究成果，将为国内学者和相关机构在该领域进行进一步的深入探索和研究提供很好的借鉴意义，进而推动国内关于不同层面的实证研究的发展。

### （三）归纳与总结国内外有关企业财务指数的文献

本书整理与归纳了国内外有关企业财务指数的重要研究文献，阐述了这些文献中指数设计的思路、具体的指标体系及相关的研究结论。这为以后企业财务指数的研究奠定了坚实的文献基础。

## 三、财务指数研究的现实作用

从现实意义来看，本书所构建的企业财务指数能为企业、投资者、管控部门以及金融机构等提供有效的决策和参考依据。具体来说：

### （一）为针对企业进行财务分析提供依据

时至今日，人们对物价指数（CPI）的认知相对已经比较成熟了。与此类似，财务指数同样可以提供一些经济运行"红绿灯"效应。公司管理层对财务分析的体系建设负有直接的责任，当一个公司企业财务指数不高时，表明该公司财务管理状况存在某些方面的问题和不足，其责任风险将加大。公司管理层可以通过对照企业财务指数，寻找内部控制体系中存在的缺陷与风险，发现问题，分析原因，完善本公司的财务管理与控制并强化执行，保证企业战略、经营、合规、报告、资产安全等各项财务绩效控制目标的买现。通过财务指数的相关经验值的大数据聚集，在漫长的企业财务运行历史岁月中，人类对企业未来的探索从来就没有间断过，虽然我们永远无法完全正确地预测未来，但我们也永远不会放弃建立在科学态度和正确方法基础上的预测。事实上，不同行业所构建的危机预警模型和预警指标可能不同，不同行业预警度的划分区间没有绝对的标准，可能会有一定的差异，也就是说并没有放之四海而皆准的预警模型和预警指标；预警的真正目的是有助于应变，扼住有警的苗头，预警向经营管理者预示了未来可能出现的风险，促使之全面考虑，唤起其常备不懈的警惕和积极有效的预防，并制订出相应的应急计划，适时调控，使得财务危机没有发生的条件或可能。预警是一种事前预测行为，其结论不可能百分之百的正确，当预警模型发出正确的警告时，预警结果有助于企业防范风险，防止重大损失；当预警模型失误时，可能会加大企业的管理成本但并不会使企业遭受过大损失。所以总的来说，使用财务预警模型对企业利大于弊。

### （二）为投资者进行投资决策提供依据

投资者在决定是否对某一企业进行投资时，除了以传统方法分析研究该企业的财务状况、经营成果、获利能力与持续发展能力等基本情况外，可以借鉴参考该企业的企业财务指数，分析目标公司有无重大或重要缺陷、是否具有良好的风险管控能力及较高的企业财务状况和经营成果，进而辨识投资风险与制定风险应对策略。决策是投资运作的根本，要想获得并保持竞争优势，绝对需要正确稳妥的决策。建立于财务指数甚大之上的投资评价法对各类投资或者拟建项目的实施规划方案进行了综合评价。使得评价问题实现了定性与定量分析相结合。利用该模型反映了客观事物因素间的不同层次，避免了因素过多难于分配权重的弊端，可以为决策提供科学、合理的方法和结果。

### （三）为管控机构评价企业财务状况和经营成果提供依据

不论中外，企业与政府或多或少总是存在着一定的内在关系。从纯政府行为而言，当今市场经济体制国家政府管理经济的职能，主要体现在 GDP 增长、控制失业率，抑制通货膨胀和保持国际收支平衡四个方面，也通过某些相应的指数化指标来体现经济领域的特定态势，比如，美的痛苦指数，是反映国民经济运行的重要指标，也是了解民意最直接的变量，其通货膨胀与失业指标也是社会保障制度建设中最需要关注的现实问题。我国是社会主义国家，关注弱势群体的精神与物质基本需求，大力实施再就业工程，增加弱势群体的可支配收入，提高生活质量，应成为我国社会政策目标最重要的目标之一。而如果从与企业运行关系极为密切的政府管控角度看，也同样重要。政府管控机构应对企业财务管理的建立健全进行监督，促进企业良性发展，保护投资者的利益。除了采用已有的管控措施和办法，管控机构可以利用本研究成果，了解和掌握我国企业财务管理的总体运行质量，发现企业财务管理建设中存在的问题，及时提出指导性意见。还可以根据企业财务指数排名情况，发现、锁定重点管控对象，及时采取管控措施。比如，结合我国地方政府职能转变的实践，我们将地方政府依据一定的资源禀赋，通过组织、协调、规制、创新以及政府间的协同合作等手段，围绕公共行政及在地方社会领域所取得的相对优势，称之为地方政府管理竞争力等多元性指数构成。

### （四）为其他金融机构的服务决策提供依据

企业是金融机构重要的客户群体，因此企业财务管理的好坏直接关系到该客户信用的可靠程度，是金融机构控制风险不可忽略的重要因素。近年来，在中国人民银行及银监会等部门的推动和各商业银行的自觉行动下，我国商业银行在加强信贷风险的内部控制方面有了长足的进展。尽管如此，数据统计仍显不足，信贷风险在银行的各种风险中依然占据相当大的比重。如何有效地防范信贷风险仍然是银行运营过程中的一个难题。在信托公司设计产品、保险公司选择客户和确定保险费率等方面，也面临类似的风险。财务指数将为金融机构风险控制提供一个新的手段。金融机构可以利用本书中的相关成果计算、分析客户在全体企业中的综合排名以及分行业排名的情况，进行深入细致和有针对性的调查分析，从而作出更合理、有效的判断和正确的信贷或其他服务的决策。

# 第四节 财务指数的研究动态

## 一、财务指数研究概述

会计的决策有用观要求企业所提供会计信息能够如实、完整的揭示企业的现金流量状况以及财务经营成果。然而，会计信息的有用性得以充分发挥，其根本在于提升会计的决策支持作用。随着我国资本市场快速发展以及应用统计学的广泛研究，财务指数的应用无疑是会计信息研究领域的重大突破，深层次发挥会计微观信息为财务危机预警、企业投资决策、市场持续优化、宏观经济发展的积极作用。

### （一）财务指数的内涵

依据统计学对指数概念的解释，广义的指数概念指的是由任何两个指标值相比所形成的相对数；而狭义的指数是一种在不同状况下多指标综合变动形成的特殊相对数。相应地，在财务领域的指数研究中，广义的财务指数应包含任何两个财务数据对比形成的财务指标；狭义的财务指数指的是基于各种数理统计方法对多种财务指标在不同场合下综合处理后形成的一种特殊相对数，以达到财务评价或财务危机预警等特殊目的。黎春（2010）[①] 认为财务指数旨在科学地反映上市公司的财务运行状态，是对源自上市公司财务系统的财务指标在综合提炼的基础上，进行的动态整理。赵德武（2012）[②] 进一步明确了财务指数概念，他认为上市公司财务指数编制的关键在于合理选取财

---

① 黎春. 中国上市公司财务指数研究 [D]. 成都：西南财经大学，2010.
② 赵德武. 我国宏观财务经济监测与预警问题研究 [J]. 财务与会计，2012（3）：16 - 18.

务指标，并综合运用统计方法对财务指标进行科学赋权，最终以动态指数的形式予以呈现。由此可见，基于财务指数研究的需要，当前学术界大多采用了狭义的财务指数概念。

### （二）财务指数应用研究领域及其内在机理

目前，理论界已经充分认识到财务指数研究在发挥会计信息重大决策预警作用方面具有重大学术价值，同时也涌现出一大批学者对财务指数应用进行研究。王化成、陆凌等（2012）[①] 以宏观经济理论和微观会计理论为依据，试图构建一套自下而上综合微观企业投资、中观行业评价以及宏观经济贡献的三层指数体系构架，旨在为相关决策者提供经验证据。赵德武、马永强等（2012）在批判现有财务分析理论缺乏系统、宏观、动态研究的基础之上，特别强调上市公司财务数据的可重复性特征，基于此公开的财务信息构建一套涵盖特定财务指数和综合财务指数在内的"中国上市公司财务指数体系"。具体而言，财务指数的应用研究主要分为财务指数评价与财务指数预警两大类。之所以做出这样的区分，在于对财务指数应用程度和范围的考量。企业正常经营过程中，投资者或管理层的职能侧重于运用财务指数对企业的营运状况作出优劣评价，以满足自身投资或管理的需要。然而，当企业面临生存的危机时，投资者或管理层就需要预先运用财务指数对企业的生存状况作出一个预判，以达到及时准确的应对企业可能面临的挑战。可见，财务指数评价监测是基础，而指数预警是指数评价的最终目的。

因此认为，财务指数研究应该侧重对危机企业的预警研究。但这并不代表财务指数在财务分析领域的应用就变得无足轻重，陈国阶（1996）[②] 认为财务预警研究只有在财务评价、预测的基础之上，才

---

① 王化成，陆凌，张昕，张伟华. 加强会计指数研究全面提升会计在经济社会发展中的影响力 [J]. 会计研究，2012（11）：7–11.

② 陈国阶. 对环境预警的探讨 [J]. 重庆环境科学，1996，18（5）：1–4.

有达到预警的可能。一般而言，预警需要事前利用财务先行指标来实时监测企业发展趋势、预测未来发展状况，在此基础之上尽可能预先做出预防决策、及时规避风险，将损失程度降低至最少（佘丛国，2003）①。由此可见，财务指数应用研究需要兼顾指数评价与指数预警两大领域。

## 二、财务指数分析与综合评价研究

长期以来，国内外学者一直在努力探索对公司财务状况的分析和评价。在财务评价领域，西方学术界有着丰硕的研究成果，至今都有深远的影响。布朗（Brown，1919）提出了以净资产收益率为核心能够综合反映企业的偿债、获利和营运水平的杜邦财务分析体系。随后，沃尔（Wall，1928）在财务分析的基础上提出了沃尔评分体系评价企业的财务状况，主要通过对其所选定的产权比率、流动比率等7个财务比率进行综合评分来实现。国内在这一领域的研究相对较晚，但也于1999年在国内企业广泛实施了企业绩效评价体系。相对于财务指数综合评价而言，以上传统财务评价研究更多是基于财务指标层面而言的财务评价，存在较多的缺陷与不足。第一，传统的财务评价体系局限于企业自身的微观财务领域，难以应对企业外界复杂多变的外部环境。第二，传统的财务指标评价所选取的指标不尽完善缺乏代表性，甚至各财务指标之间存在较大的相关性，因此所反映的信息有所重叠（Sofie and Hubert，2006②；刘锐、赵梦晶，2008③）。第三，传统财务指标体系在确定权重方面主观性强，难以客观而科学的

① 佘丛国，席酉民. 我国企业预警研究理论综述［J］. 预测，2003，2：23-29.

② Sofie Balcaen，Hubert Ooghe. 35 years of studies on business failure：an overview of the classic statistical methodologies and their related problems［J］. The British Accounting Review，2006，38：63-93.

③ 刘锐，赵梦晶. 基于综合财务指数的上市公司总体财务评价研究［J］. 会计之友，2008（32）：93-95.

赋值。

为了克服传统财务评价的不足，学者们将财务指数研究引入财务分析评价领域。从上市公司整体的财务评价到我国证券市场财务行为的具体分析，研究成果颇为丰硕。刘锐、赵梦晶（2008）以 2006 年上市公司公开的财务信息为基础，运用经典的主成分分析构建了总体财务评价指数，并在此基础之上通过综合指数排名，客观评价并预测了上市公司总体财务状况及可能存在的财务风险。马春爱（2010）①总结并旨在解决已有财务弹性指标研究在反映企业生存能力方面的不足之处，基于对现金指标、破产指标和杠杆指标等多维度财务弹性考虑，构建了财务弹性指数，对上市公司财务状况进行综合评价发现，我国上市公司财务弹性指数整体偏低。此外，财务评价研究在微观财务领域也有所涉足。翟淑萍、耿静、韩雨珊（2010）②认为中国证券市场普遍存在股权融资约束现象，为有效评价我国上市公司融资约束状况，选取每股股利变化、财务松弛、现金流量占总资产的比重等多个用于识别融资约束状态的财务指标，在这基础之上构建了融资约束指数。由此可见，财务指数的应用不仅可以用于综合评价企业的财务状况，而且对具体的财务行为更有独特的判别作用，在实时监测、有效防范风险方面具有重大的研究意义。

## 三、财务指数预警理论与实证研究

在财务预警研究的早期，主要借鉴企业破产理论或生命周期理论，综合运用数理统计技术对企业财务危机进行预警，即传统的统计预警方法，停留在"指数判别"预警上。例如，国外学者比弗（1966）

---

① 马春爱. 企业财务弹性指数的构建及实证分析 [J]. 系统工程，2010，28（10）：61-66.

② 翟淑萍，耿静，韩雨珊. 融资约束指数设计与有效性评价——基于中国 A 股上市公司平行面板数据的实证分析 [J]. 现代财经，2012（7）：46-58.

开发的单变量判别预警模型，奥特曼（1968）运用多变量判别法提出著名的 Z 值判别模型，以及国内学者周首华（1996）[①] 等在 Z 值判别模型基础上创立了 F 分数模型。近年来，随着财务预警研究的不断深入以及边缘统计学科的不断渗入，财务指数预警研究成为一个新的研究热点。

至 20 世纪末为止，国内财务指数预警研究领域尚处一片空白，亟待学者们认真地加以研究。陈静宇（1993）[②] 探索性的将主要应用于宏观经济领域的经济景气分析与预测方法引入企业微观经济领域，运用移动平均比率法剔除时间序列的季节变动和部分随机变动因素，获得反映经济周期性波动的财务指标。显然，初期的企业经营周期波动及其预警主要停留在具体财务指标波动的预警上。而进入 21 世纪以来，财务指数预警研究有了较快的发展。赵德武（2000）[③] 初创性地提出基于指数平均加权法编制财务经济指数对企业财务经济进行监测与预警。其基本原理是通过监测财务经济运行过程，识别其所处的景气状态，并预测财务经济运行过程可能的发展动向。具体而言，需要分别制定能够综合反映宏观经济状况的宏观综合财务指数和反映行业发展水平的分类财务指数两大指数。

此后，国内关于上市公司财务指数预警的研究逐渐丰富起来。借鉴宏观景气监测理论，综合运用统计方法并以指数的形式反映，财务景气预警方法应运而生。陈磊（2004）[④] 在实证分析企业景气问卷调查结果的基础之上，分别建立了各景气调查指标的扩散指数（DI）和综合衡量企业景气状况变动的合成指数（CI）。然而，由于企业景

---

① 周首华，杨济华，王平. 论财务危机的预警分析——F 分数模式 [J]. 会计研究，1996（8）：8-11.

② 陈静宇. 企业经营的周期波动及其预警 [J]. 重庆大学学报，1993，16（4）：115-119.

③ 赵德武. 我国宏观财务经济监测与预警问题研究 [J]. 财务与会计，2000（3）：16-18.

④ 陈磊. 企业景气状况与宏观经济运行 [J]. 管理世界，2004（3）：14-24.

气调查是基于企业家对企业运营情况和宏观经济发展态势做出的经验判断，虽然能够较为全面提供反映企业景气状况的丰富信息，但人为的判断主观性较大，降低了预警的效果。王恩德、高铁梅等（2006）① 运用数据仓库技术对数据进行了处理，参照陈磊（2004）的景气指数法特别针对中小工业企业研制了反映其经营状况的经济指数，传递预警信号。在此基础之上，张友棠、张勇（2006）② 进一步细分了财务景气预警系统，分别从行业环境及内部控制风险评估系统、财务景气监测系统和财务景气预警系统三个层面作预警分析。此外，张友棠、冯自钦、杨轶（2008）③ 借鉴波士顿咨询集团业务组合矩阵的思想，采用指数预警矩阵的方法进行预警指数分析，对定量化预警指数数据进行处理和分析，达到预警风险和危机的目的。类似地，闵剑（2013）④ 将战略地位与行动评价矩阵引入跨国投资风险监测预警，通过对风险指数多维度的探讨分析，矩阵思想在风险预警领域也作了非常有益的尝试。

综上所述，财务景气预警方法的运用主要依赖于扩散指数或合成指数的建立。但由于扩散指数在监测预警程度方面的不足，逐渐被合成指数所取代。当然合成指数预警也并不是万能的，也有自身的缺陷，这种缺陷表现为难以识别预警转折点上各因素之间的相互关联程度（黎春，2010）⑤，并且其编制过程烦琐难以广泛运用。此外，财务景气指数能够较好地监测企业财务状况波动情况，但预警的关键仍

---

① 王恩德，梁云芳，孔宪丽，高铁梅. 中国中小工业企业景气监测预警系统开发与应用 [J]. 吉林大学社会科学学报，2006，46（5）：122-130.

② 张友棠，张勇. 企业财务景气监测预警系统初探 [J]. 财会通讯，2006（8）：8-11.

③ 张友棠，冯自钦，杨轶. 三维财务风险预警理论模式及其指数预警矩阵新论——基于现金流量的财务风险三维分析模型及其预警指数体系研究 [J]. 财会通讯，2008（2）：25-29.

④ 闵剑. 企业跨国投资风险预警指数及定位监控模型 [J]. 财会通讯，2013（1）：110-111.

⑤ 黎春. 中国上市公司财务指数研究 [D]. 成都：西南财经大学，2010.

然在于预警临界值的准确选择,其预警效果有待进一步的探究。同时,可以发现矩阵思想在指数预警中的运用也即将把财务指数预警研究推向一个新的高度。

## 四、财务指数预警研究展望

通过对以往财务指数相关文献的回顾,可以发现财务指数研究在财务评价领域有了较为成熟的发展。然而,财务指数预警的研究尚处在指数预警理论探讨和方法的尝试阶段,但不论采用何种方法编制指数进行监测预警,建立在宏观景气监测理论的基础之上探讨宏观经济波动与微观企业危机的相互关系存在可取之处。本书认为未来研究至少可以从以下几个角度进行拓展:

### (一) 宏微观视角并重,开拓财务指数预警

尽管会计严格假设企业的持续经营性质,但现实中不可避免地存在企业因不善经营或处于企业发展的衰退期而导致破产清算。传统的财务预警主要基于企业生命周期理论与实务中的破产理论考虑,对企业财务困境危机进行预警,其理论依据主要源于微观层面的经济预警。然而,立足于宏观经济预警视角,拓展传统财务预警领域,充分实现宏微观经济预警理论的结合,对深化财务指数预警研究颇具学术前景。

### (二) 突破财务危机研究样本的局限性,建立全样本指数研究体系

国内危机预警相关实证研究,大多基于上市公司是否被 ST 作为企业有无发生危机的判别标准,而企业的"财务危机"指的是企业缺乏足够的现金流偿付到期债务与利息的一种经济现象(谷祺、刘淑莲,1999[①];彭莉、朱镇,2009[②]),这意味着陷入财务危机的企业

---

① 彭莉,朱镇. 上市公司财务危机预警研究综述 [J]. 财会月刊,2009 (29):81–83.
② 谷祺,刘淑莲. 危机企业投资行为分析与对策 [J]. 会计研究,1999 (10):28–31.

完全可以是账面有盈利的企业。对此，吴星泽（2011）[①] 也指出公司被 ST 只能理解为公司陷入财务困境所传递出的一个可能信号，财务危机与否与 ST 与否难以等同。因此，现行"两阶段划分法"研究样本存在较大的局限性，其依据的财务危机概念的内涵与外延并不统一，亟待建立全样本指数研究体系。

### （三）分门别类，合理构建行业或区域专有的财务指数体系

同一财务指数预警体系对不同行业预警的判别效果差异明显，需要构建行业、区域各自的财务预警指数体系。原因有二：第一，由于各区域、各行业影响财务危机的因素大有不同，不同行业之间的财务指数自然存在巨大差异，这必然导致财务指数预警判别标准的紊乱，预测效果降低。第二，基于宏观经济理论建立的财务危机预警体系，由于各行业、地区间发展的不平衡以及行业间关联性较大——例如，房地产行业的兴起，或多或少带动了钢铁、水泥等行业的发展——导致行业发展存在"先导"行业或"滞后"行业之分，且各行业受到宏观经济政策不同程度的影响，若混为一谈，指数预警体系难以合理构建。

### （四）结合非财务因素研究，充分把握财务危机产生的根源

吴星泽（2010）[②] 指出用财务指标构建模型是目前学术界关于财务危机预警研究的主流方法。但有学者认为财务指标充其量为企业财务营运水平的征兆，而作为预测财务危机的深层次原因则难以立据（王艳宁，2012）[③]。企业是一个开放性的经营实体，与外界不断地交换信息，同时需要不断的对外投资与融资实现拥有配置资源的权利，

---

① 吴星泽. 财务危机预警研究：存在问题与框架重构 [J]. 会计研究，2011（2）：59 – 65.
② 吴星泽. 财务预警的非财务观 [J]. 当代财经，2010，4：122 – 128.
③ 王艳宁. 基于非财务视角的财务危机预警研究 [J]. 财会研究，2012（14）：26 – 28.

保持企业的持续经营。因此，包含宏观经济波动等在内的非财务因素是导致财务危机密不可分的原因之一。截至目前，国内外学者开始关注宏观经济波动等一系列非财务因素对财务危机的影响。门萨（Mensah，1984）[①] 基于总体经济景气因素（通货膨胀率、利率水平、商业周期）的影响程度，区分预警模型在不同经济景气时期的预警效果，发现加入总体经济景气因素能提高其预测能力。吴星泽（2010）[②] 突破使用财务指标进行预警的框架，明确提出了用非财务指标进行财务预警的非财务观理论。由此可见，未来的财务指数研究需要结合非财务因素对财务危机预警进行深入的探讨，以把握财务危机产生的根源。

### （五）合理确定预警临界值

预警临界值的选择是构建财务指数预警的关键环节与难点。国内现有实证研究成果大多基于公司 ST 与否来判定财务预警的临界值。但在全样本指数预警体系中，预警临界值确定变得更加复杂化，需要综合分析目标行业的影响因素后加以确定。因此，有学者就提出不同阶段可以应用不同的预警方法进行处理。首先，采用指标体系法对基础预警指标进行筛选。其次，运用财务预警模型确定警度，划分警限。最后，采用综合评分法对各指标进行科学赋值，综合评价与准确预警（邱丕群，1998）[③]。在财务指数预警的大框架下，充分利用传统的统计预警、模型预警优势，同时借鉴矩阵预警现有成果，以确定最佳的预警临界值。

总而言之，按照现有文献研究的思路，财务指数预警体系的建

——————————

[①]　Mensah, Y. M. An Examination of The Stationary of Multivariate Bankruptcy Prediction Models: A Methodological Study [J]. Journal of Accounting Research, 1984, 22 (1): 380 – 395.

[②]　吴星泽. 财务预警的非财务观 [J]. 当代财经, 2010, 4: 122 – 128.

[③]　邱丕群. 高校投入产出分析与预警系统 [J]. 研究统计与信息论坛, 1998, 3: 15 – 19.

立，不仅开拓了传统财务分析研究和传统财务危机预警研究视角，更是会计信息研究领域的重大突破。通过建立囊括个体指数、综合指数在内的多层次指数体系进行财务预警分析是未来财务指数研究的方向。

第六章

# 财务指数预警体系及其实证检验

## 第一节　财务指数预警理论分析与体系构建

### 一、财务指数预警的理论探源

财务预警，隶属于微观经济预警的范畴，主要以企业预警理论和现代财务管理理论为基石。研究财务指数预警，则需要在此基础上，将周期波动理论与景气理论充分结合。

#### （一）周期波动理论

1. 宏观经济周期波动理论

在自然科学领域中，对周期现象的理解包括两个特征，即等间隔性和重复性。在数学上表示为，$f(x) = f(x + t)$，其中，t 为周期。而经济周期则不是机械的、完全规则的形态。回顾经济周期波动的历史，每个周期都经历大致相同的过程，复苏、扩大、衰退与收缩，这就是经济周期的规律性；同时每一个周期又有其各自的特点，周期的持续期间、周期过程以及周期的波动程度都不完全相同，这就是经济周期的特殊性。

美国经济学家米切尔曾经对经济周期下了这样一个定义："经济周期是以商业经济为主的国家总体经济活动的一种波动，一个周期是由很多经济活动的差不多同时扩张、继之以普遍的衰退、收缩与复苏所组成的；这种变动重复出现。"在西方，关于宏观经济周期波动的含义有两种理解：一种是从经济总体水平的绝对值变动方面加以衡量，这在第二次世界大战以前出现过，称之为"古典周期"。在实际运用中，西方经济学家往往把包含经济总体水平的波动出现负增长的经济周期叫做"古典周期"：另一种是从经济总体水平的相对值变动方面加以衡量，这在第二次世界大战后运用得较为普遍，称之为"增长周期"，它主要是用来衡量经济总体增长水平变动快慢。由于这种类型的经济周期已经被不少经济学家运用统计资料加以验证，所以，现在越来越多的经济学家趋向于用增长周期的概念取代传统周期的概念。

西方经济学家把宏观经济周期波动按周期长度分为四类：①长周期（长波）。一般长度约为 50～60 年。一般认为技术进步和革新是长周期产生的原因。②中长周期（中长波）。一般长度约为 20 年。一般认为中长周期是由建筑活动的循环变动而引起的。③中周期（中波）。一般长度约为 10 年。西方经济学家的研究表明中周期是由于失业及物价随设备投资的波动而产生的。④短周期（短波）。一般长度约为 3～4 年。一般认为短周期是由于企业库存投资的循环而产生的。宏观经济出现周期性波动是一种不以人的意志为转移的客观经济现象，这种波动必将影响各种经济组织的正常运行，进而导致各种经济组织出现周期性的财务风险。就企业而言，财务风险主要包括经营风险、投资风险与筹资风险。这三种风险产生的原因与经济周期产生的原因是一致的。解释企业外部的经济环境出现周期波动从而引起企业财务风险的理论，主要有消费不足理论、投资周期理论和货币因素理论。

消费不足理论认为，经济波动的原因为：由于消费不足，企业生产的产品积压，导致企业采取降低价格的策略，从而生产数量减少，经营活动出现波动，企业面临经营风险。

投资周期理论认为，经济波动的原因为：由于经济扩张（收缩），投资增加（减少），导致价格上涨（下跌），投资活动出现波动，企业面临投资风险。

货币因素理论认为，经济波动的原因为：由于银行降低（提高）利率，借款增加（减少），使得生产扩张（收缩），筹资活动出现波动，企业面临筹资风险。

因此，经济周期波动理论是财务预警理论产生的基础和前提条件。

## 2. 企业增长周期波动理论

（1）企业逆境的周期波动

在企业的整体活动的"扩张——滑落——复苏"周期过程中（见图6-1），企业逆境的周期运行是自滑落阶段开始点至复苏阶段结束点这个时期内的波动过程。它包括三个阶段的运行：收缩——衰退——复兴。在企业未摆脱逆境状态之前，这三个阶段将周而复始地运动（见图6-2）。

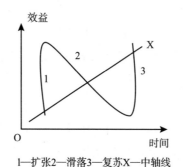

1—扩张2—滑落3—复苏X—中轴线

**图6-1　企业整体活动的波动周期**

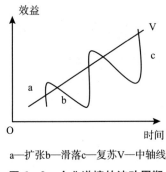

a—扩张b—滑落c—复苏V—中轴线

**图6-2　企业逆境的波动周期**

　　企业逆境周期性现象的根本原因是由于企业生产方式的内部矛盾运动。生产力和生产关系这一矛盾的激化、冲突和环节的变化过程，使企业的经营管理从有序走向无序，再在新的经营管理水平上达到有序，从而显现周期性变化规律。具体来说，形成企业逆境周期性波动现象的原因主要有：

　　第一，市场竞争。市场经济的发展使经济竞争日益加剧，企业风险逐渐占据了企业内部经营机制的独特地位，比市场上的高风险经营可能获得较高收益，但同时也可能带来较大损失。这种市场机制决定了企业的经营水平处于相对起伏和波动的状态，正是这种波动状态使企业逆境产生并形成周期性的运动过程。

　　第二，内部控制。企业内部的组织控制机制是指企业部门、人员、职能之间确定目标、纠正偏差和协调关系的原则和方法。在现实管理活动中，由于受到市场现象不确定性和管理系统自身特性的交互影响，人们运用控制机制的能力有很大差异，因此，管理绩效就会出现波动。这种波动意味着控制机制的作用出现失准、失效。它可以使企业陷入逆境状态，面对企业组织机体的整合性功能又能恢复这种控制技能。因此，控制机制的失效与恢复便交替地发生于企业逆境活动中，这也是形成企业逆境周期波动的重要原因。

　　第三，科技创新。企业经营外部环境中的科技进步要素对企业逆境的周期性运动而言起到一种直接诱导作用。每当出现重大的科技发明或技术改进时，都会通过市场机制引发企业的资源重组，这样也可能导致企业步入逆境周期。

（2）管理周期波动

管理周期是指企业管理系统按照确定的生产经营周期，采用现代管理方法实现企业目标的循序性的组织活动过程。这种生产经营周期表现为若干活动阶段的综合，它是在企业管理系统的功能结构和秩序规范条件下，按照确定的生产经营轨迹逐步实施的模式化活动过程。企业作为一个有机生命系统，是由多个具有不同功能内涵的子系统所构成。企业目标的实现不但需要这些子系统有组织、有目的地发挥功能，而且需要这些具有不同运转周期的子系统能够有机地合为一种相互耦合的运转周期，从而形成企业的整体系统功能。

管理周期的运动机理表现在管理目标与管理者目标的矛盾关系上。管理目标是管理周期各个阶段的特定工作目标。由企业组织的职责所规定。由于企业管理子系统的目标与管理者目标之间存在着矛盾，使得企业不可能按其初始目标去一帆风顺地生存和发展。企业本身是一个矛盾统一体，各方面矛盾不断协调或斗争而最终达到和谐统一。一方面企业的管理者目标不是一成不变的，随着主客观条件的变化而不断发展变化；另一方面管理组织具有整合性的自组织机制，它不断调节和纠正管理周期活动中的矛盾冲突，并不断修正管理目标和训练管理人员的主动认同行为，正是由于矛盾的存在和矛盾的解决过程，才形成了管理的周期性波动，才会引起企业财务风险。

企业管理的周期波动是指企业组织管理系统所出现的一种功能失常、秩序混乱的组织运行状态，是企业管理周期活动的一种不良或错误的运行状态。管理的周期波动是企业内部的管理失误行为和组织结构内在缺陷两者相互作用的产物。管理波动的后果，使管理周期活动中某个阶段或所有阶段偏离目标轨迹。

管理周期活动与企业组织环境的不吻合所产生的管理波动，将伴随着管理周期的必然活动而出现两种波动发展趋势：良性趋势和劣性趋势。良性趋势是指管理波动向波峰方向的运动趋势，即管理波动被企业组织的整合机能所矫正、克服而恢复正常状态的运动趋势，良性趋势持续发展的方向，使企业组织功能越发完善和管理秩序更加科学。劣性趋势是指管理波动向波谷方向的运动趋势，即管理波动无法抑制而破坏企业管理功能的趋势，管理波动的劣性趋势持续发展的方向，使企业组织功能不明确和管理秩序混乱。

### （二）景气理论

景气是对经济发展状况的一种综合性的描述，用以说明经济活跃程度的概念。所谓经济景气，是指总体经济呈上升发展趋势，呈现出市场繁荣、购销两旺的景气状态。经济不景气是指总体经济呈下滑的发展趋势，绝大部分经济活动处于收缩或半收缩状态，表现出市场疲软、经济效益下降，许多企业破产倒闭，失业人数增加等现象。

景气分析的英文单词为 Business Cycle Analysis，直译为"商业循环分析"，也有人称景气循环，经济波动和经济周期。作为一个抽象的宏观经济概念，景气是指国家总体经济运行状态。景气有四个特征：（1）反复性。繁荣与萧条交替出现，但不是简单地重复。（2）多样性。由生产、收益、就业、物价、金融、贸易等多方面的周期性变化汇总。（3）涉及性。经济总体发展的不平衡，导致景气在商品、资本、劳动力三个市场先、后波动。（4）累积性。景气峰、谷的到来可由繁荣衰退的累积效果产生。

景气循环，实际上就是某些经济总量随着时间的推移而上下运动的过程。一个标准的景气循环，通常包括扩张和收缩两个时期，它们又可以各自分解为两个阶段，因此，景气循环通常可以分为四个阶段：复苏、高涨、衰退和萧条。每个阶段都存在一个转折点，一个完整的景气循环可以从一个高峰到另一个高峰，也可以从一个谷底到另一个谷底，但一般习惯于将一个谷底到另一个谷底称之为一个完整的周期。

19 世纪末期，人们以不同颜色对国家宏观经济状态进行评价，尤其以黑、灰、淡红和大红这几种颜色测定经济波动，通过编制国家宏观经济波动图阐明了宏观经济波动的现实存在，形成了最早的景气理论（又称经济预警理论）。但是这种早期的景气理论缺乏定量测度且随意性大，因此，20 世纪初便出现了系统的、有组织的关于宏观经济预警理论的研究。1909 年，美国经济学家巴布森发表了关于美国宏观经济状态的第一个指示器——巴布森经济活动指数，该指数在 20 世纪初被公认为是反映美国经济宏观动向的晴雨表。1917 年，由巴布森教授主持的哈佛大学经济调查委员会编制出了美国一般商情指数，即哈佛指数。从历史拟合角度分析，该指数对 20 世纪初期至 1929 年美国历次经济危机都做了较好的反映，显示出较好的经济效果，不仅能指示景气状况，而且具有超前向导的作用。但是哈佛指数由于未能有效预测 1929 年爆发的世界经济危机而遭遇失败。哈佛指数失效后，由著名经济学家米歇尔主持的美国全国经济研究所（National Bureau of Economic Research，NBER）继续对经济周期波动进行定量分析，推出了经济波动的扩散理论。这一理论认为经济波动是一个在宏观经济系统各部门逐步扩散的过程，因此，各部门经济波动在时间上存在一定的差异性。在此基础上，NBER 的经济学家穆尔于 1950 年从近千个统计指标的时间数列中选择了 21 个指标，构成了一个新的多指标信息综合方法——扩散指数，以宏观经济综合状态为测度对象，相应地编制先行、同步、滞后三种指数，这些指数能够对经济景气进行有效预警，一直沿用至今。20 世纪 60 年代美国商务部经济分析局的首席经济统计学家希斯金又提出了综合指数（Composite Index，又称合成指数）理论。该指数由多个指标加权平均求出，用于综合多指标信息，能够在一定程度上反映经济变动的幅度。[①] 1978 年，经济合作与发展组织（OECD）建立了先行指数系统（就业先行

---

① 阎达五主编，张友棠著．财务预警系统管理研究．中国人民大学出版社，2004.

指数、通货膨胀先行指数等）用以预测成员国的经济动向，也收到较好成效。

景气预测是通过景气指数进行的。因此，景气指数是一个十分重要的概念，它是在景气指标的基础上，经过一定的数学处理后，用于预测经济发展状态和发展趋势转折点的一种数量指标，我们称这种指标为景气动向指数。为了体现景气变化的特征，景气分析方法采用若干指标编制出的指数即景气指数作为描述周期波动的主要形式，通过对宏观指标的分析，综合判断经济运行的状态（峰点还是谷点，处于收缩期还是扩张阶段）；通过编制指数预测未来经济趋势；设定状态界限，预报经济形式，为从深层次分析经济问题，提供可以比较的参考依据。景气循环形成的原因错综复杂、多种多样、说法不一。我国经济学家刘树成在其论著《中国经济周期波动的新阶段》中就对形成经济周期波动的各种影响因素列举了八大类，即经济因素、政策因素、政治因素、心理因素、技术因素、自然因素、人口因素、国际因素等。其中经济因素又可以细分为基本经济因素、资源供给因素、参数因素（包含一整套价格体系）、发展因素、体制因素与组织制度因素等。国际因素是指来自国外的种种外在冲击或突发事件的影响，例如，国际性战争；国际性的供给影响，如能源危机；国际性金融冲击，如亚洲金融危机的影响等。这八大类因素代表了当前对经济波动形成原因进行解释的主流观点。

一般认为，在经济发展过程中，平衡是相对的，不平衡是绝对的。这种不平衡性表现为经济发展过程中的波动性。如果社会总供给与总需求基本平衡，产业结构比较合理，生产要素的配置得当，国民收入分配合理，总体经济就会出现稳定持续的发展，社会经济就呈现出景气上升的繁荣时期。在这个时期内，就业人数增加，居民人均收入、企业利润都出现增长趋势。如果总供给与总需求出现较大的失衡，不论是总供给大于总需求，还是总需求大于总供给，都会导致经济发展的停滞不前，进入萎缩阶段，投资与经济发展就会交替下降，失业下岗人数增多，居民收入减少，社会需求下降，企业亏损面扩大，因而出现萧条阶段。经过调整，企业的兼并与收购，实现资产重组，结构重新趋于合理，总供给与总需求在新的基础上实现新的平衡，总体经济又进入了新一轮的稳定发展时期，这就是景气循环形成原因的内在机理。

综上所述，景气理论自问世以来，经过市场的不断检验和修正已日趋成熟，并形成了独立的理论框架和理论体系；现行景气理论更是通过一系列宏观经济景气指标按照一定的方法对国家、社会的整体经济形势做出了准确的分析、评价和预测，形成了成熟的宏观经济监测预警系统，能够有效预警国家宏观经济状态。

## 二、宏观经济环境与企业财务危机预警

消费需求不足理论很好地阐释了经济周期中危机阶段的出现以及生产过剩的原因。英国经济学家马尔萨斯 1820 年在其代表作《政治经济学原理》中明确指出，由于社会有效需求的不足，资本主义才存在产生经济危机的可能。1936 年，凯恩斯在《就业、利息和货币通论》中进一步讨论了人的心理对有效需求的影响（也即行为金融学）。凯恩斯认为，有效需求不足是资本主义发生危机的一个重要原因，有效需求由消费需求和投资需求组成。边际消费倾向递减、资本的边际效率递减和流动性偏好"三大社会心理因素"造成消费需求和投资需求不足。由此，有效需求不足进而生产过剩，最终导致爆发危机。

该理论认为，经济中出现萧条与危机是因为社会对消费品的需求赶不上消费品的增长。而消费品需求不足又引起对资本品需求不足，导致企业库存积压，生产缩减，进而经济发展停滞不前，进入萎缩阶段，投资与经济发展就会交替下降。此阶段企业直接表现为经营活动和投资活动出现波动，面临经营风险及投资风险，又间接影响企业的

偿债能力，由此产生了筹资风险。

　　企业运营不可能脱离大的经济环境，外部环境的不确定性及内部环境的失调定会影响企业的正常运营。按影响范围大小划分，企业的生存环境可分为三个层次：宏观环境、行业环境、企业内部环境，企业最基础的外部环境就是行业环境，一般来说，宏观环境通过作用于行业环境进而影响具体企业，企业也是按行业环境的要求调整内部环境的①。因而作为经济周期波动的必然表现形式的宏观经济环境波动可以说是企业财务风险的外生变量，定会影响各种经济组织的正常运营，进而导致各种经济组织出现周期性的财务风险。传统的财务预警主要基于企业生命周期理论与实务中的破产理论，由此对企业财务困境或危机的预警，也主要源于微观层面的经济预警。在考虑宏观经济波动的基础上，建立财务指数预警体系，充分实现宏观微观经济预警理论的结合，才能深化财务指数预警研究，财务预警研究才能有更高的理论价值和应用前景。

　　经济周期理论认为，宏观经济的运行存在繁荣、衰退、萧条、复苏的周期波动，这就意味着处在宏观经济环境中的微观企业主体将不可避免地遭受来自外部经济波动的影响。事实上，企业可以通过分析关键宏观经济指标的波动，从而在一定程度上把握当前以及未来宏观经济形势，乃至及时调整销售政策、控制投资规模、完善资本结构甚至转变市场战略，以此应对宏观经济的波动。然而，需要指出的是企业针对宏观经济波动采取的措施往往带有一定的滞后性，加之宏观经济波动的程度对企业的影响存在显著差异，这使得企业在实际的应对中效果存在较大的偏差。具体而言，如果宏观经济的波动平缓且渐进，企业一般会有充足的时间调整经营活动、投资活动、筹资活动，往往可以避免危机发生；相反，如果宏观经济的波动是突发且跃进式的，企业无法及时采取措施应对突变的外部环境，可能很快陷入危机

　　① 张友棠，黄阳. 基于行业环境风险识别的企业财务预警控制系统研究 [J]. 会计研究，2011 (3)：41-48.

的境地。可见，宏观经济波动的不确定性决定了企业有必要时刻警惕其波动所可能导致的财务风险。

# 三、财务指数预警的研究价值

## （一）实现研究视角的转移

现有的财务评价理论和财务预警理论，大多基于财务比率分析评价而形成的，同宗而不同派，经历了从单变量分析到多变量分析、从静态研究到动态研究的发展历程，研究成果从深度和广度来看都已非常成熟，财务评价体系不但对企业财务状况进行了有效的分析评价，并且表明了用单一指标综合反映企业财务状况和财务信息的可行性；财务预警理论表明了财务指标对企业财务状况具有监测和预警功能。但是，这两大领域的研究视点仍然禁锢在传统的微观经济个体范围内，在时间和空间上存在缺陷：

（1）纵向分析，这两种分析系统都是基于"时点研究"[①] 进行，着眼于对某一年财务状况的综合评价和危机预警，经验数据和动态研究方法的逐步引入，虽然随着研究方法的不断深入、研究时间跨度从一年逐渐延伸到多年，但最终结果仍是将动态指标作为财务绩效评价和危机预警系统的一个考核方面，对公司某一时点财务状况进行分析和预测，未能将多个时点联系起来，建立长期、动态的观测和分析研究系统，缺乏从"时期研究"出发的整体财务分析，时间上具有片面性。这一缺陷同样发生在财务指数实证研究方面，其出发点往往是财务危机预警，但是在构建的过程中过多地注重预警的效果，而忽视

---

① 与长达十年、几十年时同的数据相比，某一年或者采用两三年的数据分析均属于很短的时间，因此，本研究改变了原有的对"时点"和"时期"的定义，将某一年或者两三年时间范围内的研究称为"时点研究"，将基于十年或十年以上的研究分析称为"时期研究"。

了财务指数的其他功能，具体表现为研究期限较短，且没有区分建模期和验证期。现有的实证研究建模期往往只有 1~3 年，模型验证的时候还是以建模期的数据为基础，这样构建的财务指数模型的实际准确性往往偏低。

（2）横向分析，主要体现在实证分析方面，同样是针对微观经济个体的"个体研究"，但其综合性和系统性较差，缺乏"系统研究"。一是样本企业的选择过于刻意，缺乏随机性。现有的实证研究都是将 ST 企业与非 ST 企业通过 1∶1 或 1∶2 的方式配对进行研究，而现实中财务危机型企业的所占的比例很低，这样的配对样本远远高估了财务危机发生的概率，会导致指数模型缺乏真实性。二是财务指标筛选时没有考虑指标的差异性，采用"一刀切"的方式。不同类型的财务指标其指标趋势存在差异，采用同样的方法筛选指标将会把一些关键的重要性指标排除在外，导致财务指数缺乏全面性。三是没有考虑地域区别、行业差异。不同区域、不同行业的企业由于其所处的宏观经济环境、行业特征的不同，财务指标会存在很大差异，不区分区域、行业构建的财务指数准确性较差。没有考虑地域区别、行业差异。不同区域、不同行业的企业由于其所处的宏观经济环境、行业特征的不同，财务指标会存在很大差异，不区分区域、行业构建的财务指数准确性较差。

财务指数预警借鉴宏观经济预警中指数的思想，运用一定的技术方法，构建符合微观经济主体的财务指数，并将其运用于财务预警中。财务指数预警能够较好地解决机械套用国外模式，不考虑行业差异等影响预警准确性和有效性的问题。财务指数预警能将财务危机预警研究视点进行两大转移：从"时点研究"转化为"时期研究"，从"个体研究"转化为"系统研究"，完成"点—线—面"的组合过程。本研究的一个重点和突破点就是结合宏观经济景气理论，监控上市公司整体的宏观财务经济态势，再将整体经济景气因素以虚拟变量的方式加入到财务危机预警模型中，以指数的形式，对企业可能或者将要面临的财务危机实施实时监控和预测警报。这是一项具有开拓性的研究工作，对于政府宏观经济管理、企业自我评价以及证券市场中投资者决策等方面具有重要的理论和现实意义。

**（二）引领未来财务指数应用研究的方向**

运用财务指数对财务风险进行监测和预警，在国内外研究中仍处于一种前沿性和探索性的阶段。

1. 本研究旨在建立能够同时发挥客观反映、危机预警、决策支持作用的财务指数体系。财务指数预警是从相对数角度来判断企业存在的财务风险，反映企业财务状况在所处行业中的地位，相对于运用指标进行财务预警工作，更有行业针对性和说服力。

（1）财务指数从趋势分析的角度反映企业财务状况，能很好地反映企业各个财务指标和总体财务状况的变化趋势，也消除了许多人为因素对财务状况的影响，是进行财务预警的有力保证。财务预警工作重在一个"预"字，只有把握好企业财务状况的发展趋势，对其发展动向做出科学判断，在财务状况恶化前期早做出应对措施和改进对策，就可能避免财务风险恶化带来的巨大损失。

（2）财务指数反映了企业的单个指标和总体财务状况在行业中的水平，揭示了企业与同行业其他企业相比的优势和差距，便于监测企业的财务风险。财务指数中个体指数若为正数，说明企业该指标超过行业某一标准水平，呈现发展良好的趋势，财务风险较小；若为负数，则为低于行业某一标准水平，存在进一步恶化的风险。运用一定的技术方法分析企业财务个体指数，对其赋予准确的权重来测度财务综合指数，反映企业财务状况的综合风险。

（3）财务指数是企业财务信息的重要表现形式和反馈渠道，它全面反映了财务状况的各个方面，对企业管理者提供了重要的、高质量的有指导价值的财务信息，对监测企业财务风险，进行财务预警和拟订排警措施有着重要作用。

2. 本研究期望建立的财务指数模型能更真实、全面、准确地反映企业运营的健康状况，并为财务危机预警和各项决策提供依据。

宏观经济预警中，从巴布森经济活动指数到哈佛指数，再到穆尔的先行、同步、滞后扩散指数（Diffusion Index）和希斯金的综合指数（Composite Index），都能较好地反映当时的宏观经济动向，预示经济的景气状况。本研究借鉴这些指数的思想，运用一定的技术方法，构建符合微观经济主体的财务指数，并将其运用于财务预警中，以期判断和监测企业的财务风险，揭示企业在所处行业中的地位。

将波动理论与景气理论密切结合，根据明确"财务预警的警义→寻找财务预警的警源→分析财务预警的警兆→监测并预报警度→建立预警模型→拟定排警对策"的程序进行财务预警分析，首先从时间层面上将财务风险监测及预警方法分为财务风险监测（无警期）及预警的"潜伏期"、"发作期"、"恶化期"，以定性分析为主，设计先导预警指标、同步预警指标和滞后预警指标，主要研究警兆识别系统；其次从空间层面上将财务风险预警的监测及预警与企业财务活动结合，将监测与预警范围分为经营风险测度与预警、投资风险测度与预警、筹资风险测度与预警。

自20世纪60年代以来，美国学者比弗（Beaver，1967）、阿特曼（Altman，1983）等将预警思想运用于企业财务管理领域，对财务危机预警的研究便从未间断，财务危机预警一直备受政府和企业的关注。进入21世纪，财务指数预警研究有了新的较快发展，但目前尚处在指数预警理论探讨和方法的尝试阶段，不论采用何种方法编制指数进行监测预警，建立在宏观景气监测理论基础之上探讨宏观经济波动与微观企业危机的相互关系存在可取之处，立足于宏观经济预警视角，拓展传统财务预警领域，充分实现宏观微观经济预警理论的结合，对深化财务指数预警研究颇具学术前景（赵德武等，2012）。财务景气指数能够较好地监测企业财务状况，但预警的关键仍然在于预警临界值的准确选择，其预警效果有待进一步地探究（吴星泽，2011）。同时，可以发现矩阵思想在指数预警中的运用也即将把财务指数预警研究推向一个新的高度。

## 四、财务指数预警体系的构建

### （一）财务指数体系的构建

企业是一个有机体，又是一个开放性的实体其内部系统的运行和外部因素对企业的影响，最终都将通过经营、投资、筹资三大系统的运行体现出来。一定时期内体现企业运行情况的会计信息很多很庞杂，需要将这些信息进行分类、并通过科学合理的方法转化为财务指数，才能反映企业各方面的运行状况。本研究将相关的会计信息按其所属的生命运行子系统分为经营信息、投资信息和筹资信息，分别构建指标指数和子系统指数，最终形成财务综合指数，以期从不同层面不同角度全方位地体现企业的运行状况。本文采用自下而上的方式逐级构建财务指数，具体框架如图6-3所示。

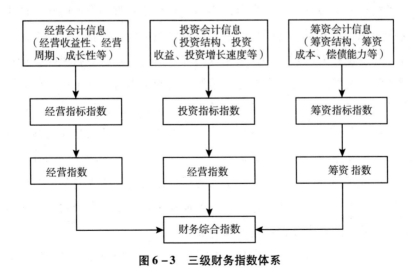

图6-3　三级财务指数体系

指标指数包括经营指标指数、投资指标指数和筹资指标指数三类，每一类指标指数均包含多个具体指数，数量可视实际情况而定。从财务危机预警的角度来看，指标指数能最早呈现企业潜在的某一方面的危机，能够为避免危机的发生或者扭转危机局面提供有效的决策依据，但是指标指数过于微观，不适合作为判断财务危机的关键指数，更适合作为分析决策时的辅助指数。同时，从图6-3可以看出，指标指数是最基本的指数，是构建子系统指数和财务综合指数的基础，故指标指数的构建对整个指标体系而言至关重要。

子系统指数是指经营指数、投资指数和筹资指数，其来源于指标指数，又是构建综合指数的基础。子系统指数全面反映了经营活动、投资活动、筹资活动三大系统各自的运行情况，与指标指数相比，子系统指数更为宏观、全面，但从财务危机预警的及时性上来看不及指标指数。子系统指数仅能体现各个子系统各自运行的健康状况，既不如指标指数微观，也不如财务综合指数宏观，因此，子系统必须与指标指数、财务综合指数相结合，才能真正发挥其在财务指数体系中的作用。以经营活动为例，当经营指数出现异常预示企业经营活动陷入财务危机时，借助综合指数可以预期其是否会对整个企业的运营产生影响，结合经营活动的指标指数分析可以找出产生经营风险的根源所在，在权衡各方因素的情况下采取有效的措施能降低经营风险，抵抗财务危机的发生。当经营指数显示经营活动正常时，并不一定代表经营活动的各方面都是正常的，也并不代表企业整体运行正常，同样需要关注经营指标指数和财务综合指数。因此，子系统指数在财务指数体系中的作用正如同其所处的位置一样，起着一个承上启下的作用。从财务危机预警的角度来看，子系统指数比较适合作为财务危机预警判断的关键指数，其构建过程中，确定各个具体指标指数的权重非常重要，关系到整个预警系统的预警效果。

财务综合指数是经营指数、投资指数、筹资指数按一定的权重构建而成的，该指数是企业整体运行状况的综合体现，是最宏观的指数。财务综合指数是企业健康状况最直接的体现，其出现异常，一般表示企业已经陷入了财务危机的困境。在预警的有效性和及时性方面，综合指数往往不如子系统指数预警有效，也不及指标指数预警及时，但是综合指数在财务指数体系中的地位是不可替代的。指标指数、子系统指数分别只能体现企业某个方面、某个子系统的健康状况，只有综合指数能从整体上判断企业健康状况。因此，财务综合指数是财务指数体系中必不可少的一部分。

指标指数、子系统指数和综合指数从不同层级、不同方面反映企业的运行状况及其面临的各种风险，在分析过程中只有彼此相互结合才能发挥与众不同的作用。同时，通过上述分析可以发现三级财务指数体系的建立也为构建财务危机预警系统奠定了坚实的基础。

### （二）财务指数预警矩阵的构建

企业财务危机的显现是一个渐进的过程，一般会经历无警期、潜伏期、发作期和恶化期。本书将财务指数与宏观经济波动相结合建立指数预警矩阵，在一定程度上体现了企业财务危机发生、发展的全过程。考虑到微观层面的指标指数数量多，且很难确定与之相关的宏观经济指标，故不建立指标指数的预警矩阵。子系统指数预警矩阵与财务综合指数预警矩阵的构建如图6－4、图6－5所示。

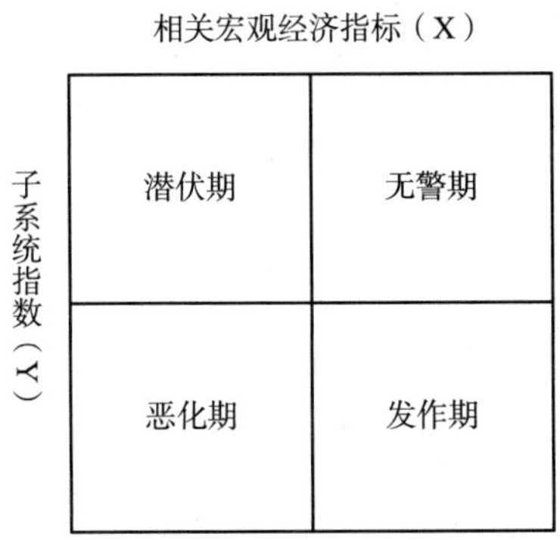

相关宏观经济指标（X）

| 子系统指数（Y） | | |
|---|---|---|
| | 潜伏期 | 无警期 |
| | 恶化期 | 发作期 |

**图6－4　子系统指数预警矩阵**

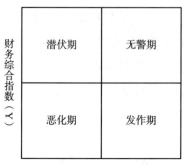

图 6-5　财务综合指数预警矩阵

　　子系统预警矩阵与财务综合指数预警矩阵的构建方法是一样的，都是以财务指数为纵轴，以宏观经济指标或指数为横轴建立预警矩阵，矩阵的第一、第二、第三、第四象限分别表示企业处于无警期、潜伏期、恶化期和发作期。矩阵中的财务指数代表着企业过去的运行结果，宏观经济指标或指数代表当前的宏观经济形势，宏观经济形势对企业的影响不会立即显现，其存在一定的滞后期，在以后的一定时期内会对企业的财务指数产生影响，具体的影响程度无法准确计量，本书的预警就是在过去运行成果的基础上，结合当前的宏观经济形势，判断企业当前及未来一段时间内的运行状况。不论是子系统指数预警矩阵，还是财务综合指数预警矩阵，要发挥有效的预警作用，相关宏观经济指标或指数的选择非常重要。

　　在警情分析方面，要综合考虑各预警矩阵的预警结果。很多情况下，综合指数预警显示企业处于无警期，但子系统指数预警中可能显示企业的某一个系统的运行正处于恶化期，其他系统的运行处于潜伏期。此时，必须结合指标指数进行分析，找出相应系统运行中存在的问题，同时参考综合指数的大小，采取应对措施。因此，财务危机预警体系也是一个有机整体，其有效运行离不开各个组成部分的协同作用。

# 第二节 我国财务指数预警模型构建与实证检验

本章第一节在分析企业整体运营过程的基础上采用自下而上的方式构建了三级财务指数体系，以指标指数、子系统指数和财务综合指数不同层级全面反映企业的运营状况，具体框架如图 6 - 1 所示。本节将以我国江浙沪地区机械设备仪表行业的所有样本企业作为研究对象，并通过实证研究构建三级财务指数模型。模型的检验结果显示，子系统指数与财务综合指数相结合才能更全面、更真实地反映企业的运营状况，而且财务指数一定程度上可以用于辨别财务危机型企业和正常型企业，三级财务指数预警体系的构建，不仅拓展了传统财务危机预警研究视角，也为深入进行指数预警研究奠定了基础。

## 一、财务危机型企业的界定与研究样本的选择

在构建指标指数时，需要将财务危机型企业与正常型企业的会计信息进行比较，从而筛选出存在显著差异的财务指标，因此，首先需要对财务危机进行界定，以区分出财务危机型企业与正常型企业。本书将经营活动产生的现金净流量小于零，且当期增加的现金及现金等价物净额小于零的企业定义为财务危机型企业。

不同区域间的发展程度、经济政策等存在显著差异，每个行业又都有各自的特征，不同区域、不同行业间企业的财务指标缺乏可比性，以财务指标为基础构建的财务指数的可比性也会受到影响。因此，财务指数体系应该分区域、分行业建立。本书将研究区域划定为我国长三角地区的江苏、浙江、上海，在此基础上采用以下三个标准确定行业：一是行业发展相对稳定；二是行业规模相对可观，且地区间分布均匀；三是行业对宏观经济具有一定的敏感性。基于上述标

准，最终选定机械设备仪表行业作为研究对象。根据中国证监会2001年发布的《上市公司行业分类指引》，机械设备仪表行业属于制造业，是国民经济中的重要环节，该行业发展较为稳定。截至2012年，江浙沪地区机械设备仪表行业共有80家上市公司（其中江苏28家、浙江26家、上海26家），约占全国同行业上市公司数量的20%。同时，机械设备仪表行业受宏观经济波动的影响较大，是国家宏观经济调控的重要领域。

选定的江浙沪地区机械设备仪表行业共80家上市公司，其中，2000年之前上市的企业38家，2000～2005年上市的企业17家，2006～2011年上市的企业25家。本书将研究期间分为两个阶段：一是建模期，将依据所有样本企业的半年度报告、年度报告的财务数据来构建三级财务指数模型，建模期间为2002～2010年。二是验证期，验证建模期构建的财务指数模型的准确性，验证期间为2011～2012年。研究样本选取过程详见附表3。

# 二、财务指标的选取

## （一）基础性财务指标的确定

企业的经营活动、投资活动、筹资活动构成了企业运行的三大系统，财务指数体系正是建立在这三大系统之上，这意味着选择的财务指标要能综合反映经营、投资、筹资这三大系统的运行状况。具体而言，企业的经营活动包括原材料的采购、产品的生产及销售，相关的财务指标要体现企业经营活动的盈利性、收现能力、成长性及营业周期；企业的投资活动往往包括对内投资和对外投资，相关的财务指标要反映企业投资的收益性、投资结构、投资增长速度及再投资能力；企业的筹资包括债务性筹资与权益性筹资，选择的财务指标要体现企业的偿债能力、筹资结构、资本回报及未来筹资能力。本研究对财务指标进行系统、类别分析后确定了 32 个基础性财务指标，如表 6-1 所示。

表 6-1　　　　　　　　　　　　基础性财务指标

| 系统 | 类别 | 财务指标名称 |
|---|---|---|
| 经营活动 | 盈利性 | 营业利润率、营业毛利率、销售净利率、营业收入现金比率 |
| | 收现能力 | 销售收到的现金比率 |
| | 成长性 | 营业收入增长率、营业利润增长率 |
| | 经营周期 | 存货周转天数、应收账款周转天数、营业周期 |
| 投资活动 | 收益性 | 对外投资收益率、总资产收益率、全部资产现金回收率 |
| | 结构比例 | 对外投资比例、固定资产比率 |
| | 增长速度 | 固定资产增长率、总资产增长率 |
| | 再投资能力 | 现金再投资比率、资本支出与折旧摊销比、现金适合比率 |
| 筹资活动 | 偿债能力 | 流动比率、速动比率、现金比率、现金流量利息保障倍数、现金到期债务比 |
| | 筹资结构 | 资产负债率、流动负债比率、长期资本负债率 |
| | 资本回报 | 投入资本回报率、净资产收益率 |
| | 未来筹资 | 资本保值增值率、市净率 |

## （二）关键财务指标的确定

### 1. 财务指标的初步筛选

关键财务指标初步筛选遵循的基本原则：将财务危机型企业与正常型企业的财务指标进行分组比较，从而筛选出存在显著性差异的财务指标。财务指标由于指标趋势的不同，一般有三种类型：越大越好型、越小越好型和区间适中型。在初步筛选中，由于基础性财务指标中同时存在这三种类型的指标，因此，针对不同类型的指标要采取不同的方法进行筛选。

基础性指标中，经营盈利性指标、投资收益性指标和再投资指标、筹资偿债能力指标及资本回报指标、资本保值增值率均属于越大越好型指标，经营周期指标、市净率属于越小越好型指标，对于这些指标的筛选采用均值比较法。本书采用 SPSS 软件的独立样本 t 检验来比较财务危机型企业与正常型企业样本均值的差异性，考虑到不同年度不同会计期间样本企业的财务指标存在差异，故本书的均值比较都是在同一个年度的样本间进行，最后将所有的检测结果进行汇总分析。进行独立样本 t 检验时，本书所设定的置信区间为 90%，即显著性水平为 0.10，当双尾概率 P 值小于 0.1 时，说明均值存在显著性差异。对于每个财务指标的检验，本书均取 2002～2010 年共 18 组样本数据进行均值比较，最后的检验结果统计如表 6−2 所示。通过对建模期财务指标的均值检验，初步选择显著性比例大于等于 50% 的财务指标共 10 个，其中经营指标 3 个，投资指标 3 个，筹资指标 4 个，具体如表 6−2 所示。

表 6−2  　　　　　　 独立样本 t 检验结果统计及指标选择

| 类别 | 财务指标 | 样本组数（个） | 显著性组数（个） | 所占比例（%） | 是否选择 |
|---|---|---|---|---|---|
| 经营盈利性 | 营业收入现金比率 | 18 | 16 | 89 | 是 |
| | 营业利润率 | 18 | 5 | 28 | |
| | 营业毛利率 | 18 | 4 | 22 | |
| | 销售净利率 | 18 | 11 | 61 | 是 |
| 经营周期 | 应收账款周天数 | 18 | 4 | 22 | |
| | 存货周转天数 | 18 | 1 | 6 | |
| | 营业周期 | 18 | 11 | 61 | 是 |
| 投资收益 | 全部资产现金回收率 | 18 | 18 | 100 | 是 |
| | 总资产收益率 | 18 | 9 | 50 | 是 |
| | 对外投资收益率 | 18 | 7 | 39 | |
| 再投资能力 | 现金再投资比率 | 18 | 15 | 83 | 是 |
| | 现金适合比率 | 18 | 3 | 17 | |
| | 资本支出与折旧摊销比 | 18 | 2 | 11 | |
| 偿债能力 | 流动比率 | 18 | 1 | 6 | |
| | 速动比率 | 18 | 1 | 6 | |
| | 现金比率 | 18 | 3 | 17 | |
| | 现金流量利息保障倍数 | 18 | 12 | 67 | 是 |
| | 现金到期债务比 | 18 | 11 | 61 | 是 |

| 类别 | 财务指标 | 样本组数（个） | 显著性组数（个） | 所占比例（%） | 是否选择 |
|------|---------|----------|----------|----------|------|
| 资本回报 | 净资产收益率 | 18 | 6 | 33 | |
| | 投入资本回报率 | 18 | 9 | 50 | 是 |
| 筹资能力 | 市净率 | 18 | 9 | 50 | 是 |
| | 资本保值增值率 | 18 | 5 | 28 | |

　　基础性指标中，经营收现能力和成长指标、投资结构和增长速度指标、筹资结构指标属于区间适中型指标，对于这些指标的筛选本书采用排序观察法。分析适中型财务指标时，对建模期每个会计期间的所有样本依据该财务指标数值大小进行排序，然后观察危机型企业处于前15%与后15%的数量是否占大多数（本书以≥50%作为判断标准），若是，则说明该财务指标对于危机型企业与正常企业来说具有显著差异。表6－3汇总了适中型指标的观察分析结果，财务指标的选择以表现出显著性的组数（≥50%组数）所占比例大于等于50%为选择标准，最终选择了5个财务指标，其中经营指标2个，投资指标2个，筹资指标1个。

表6－3　　　　　　　　　排序观察法分析结果统计及指标选择

| 类别 | 财务指标 | 样本组数（个） | ≥50%组数（个） | 所占比例（%） | 是否选择 |
|------|---------|----------|----------|----------|------|
| 收现能力 | 销售收到的现金比率 | 18 | 13 | 72 | 是 |
| 成长性 | 营业收入增长率 | 18 | 14 | 78 | 是 |
| | 营业利润增长率 | 18 | 8 | 44 | |
| 投资结构 | 对外投资比例 | 18 | 10 | 56 | 是 |
| | 固定资产比例 | 18 | 8 | 44 | |
| 投资增长 | 固定资产增长率 | 18 | 5 | 28 | |
| | 总资产增长率 | 18 | 13 | 72 | 是 |
| 资本结构 | 资产负债率 | 18 | 12 | 67 | 是 |
| | 流动负债比例 | 18 | 4 | 22 | |
| | 长期资本负债率 | 18 | 7 | 39 | |

## 2. 财务指标的相关性分析

财务指标是构建财务指数的基础,如果选择的财务指标间存在显著的相关性,将会影响所构建的财务指数的准确性,因此,需要对初步选定的财务指标进行相关性分析。考虑到本书构建的财务指数是按经营、投资、筹资三大系统分别建立的,故分析时只考虑各个系统内部各财务指标的相关性,而不考虑系统之间可能存在的相关性。

初步筛选后确定的经营财务指标有 5 个,分别为营业收入现金比率、销售净利率、营业周期、销售收到的现金比率、营业收入增长率,相关性检验时分别用 $J_1$、$J_2$、$J_3$、$J_4$、$J_5$ 代表。投资财务指标有 5 个,分别为全部资产现金回收率、总资产收益率、现金再投资比率、对外投资比例、总资产增长率,同时用 $T_1$、$T_2$、$T_3$、$T_4$、$T_5$ 表示上述投资指标。筹资财务指标有 5 个,分别为现金流量利息保障倍数、现金到期债务比、投入资本回报率、市净率、资产负债率,以 $C_1$、$C_2$、$C_3$、$C_4$、$C_5$ 代表。进一步,采用 SPSS 软件进行财务指标间的相关性分析,表 6-4 ~ 表 6-6 分别列示了经营、投资、筹资三大系统各自财务指标的相关系数及显著性水平。

表 6-4　　　　　　　　　　经营财务指标相关系数

| | $J_1$ | $J_2$ | $J_3$ | $J_4$ | $J_5$ |
|---|---|---|---|---|---|
| $J_1$ | 1 | 0.071 | -0.106 ** | 0.140 * | -0.014 |
| $J_2$ | | 1 | -0.183 ** | -0.038 | 0.067 |
| $J_3$ | | | 1 | 0.06 | 0.086 * |
| $J_4$ | | | | 1 | -0.015 |
| $J_5$ | | | | | 1 |

表 6-5　　　　　　　　　　投资财务指标相关系数

| | $T_1$ | $T_2$ | $T_3$ | $T_4$ | $T_5$ |
|---|---|---|---|---|---|
| $T_1$ | 1 | 0.202 ** | 0.056 | 0.064 * | 0.057 |
| $T_2$ | | 1 | 0.069 * | -0.035 | 0.236 ** |
| $T_3$ | | | 1 | 0.032 | 0.05 |
| $T_4$ | | | | 1 | -0.071 * |
| $T_5$ | | | | | 1 |

表 6 - 6 筹资财务指标的相关系数

| | $C_1$ | $C_2$ | $C_3$ | $C_4$ | $C_5$ |
|---|---|---|---|---|---|
| $C_1$ | 1 | 0.064 | 0.59 ** | - 0.008 | - 0.078 * |
| $C_2$ | | 1 | - 0.024 | 0.003 | 0.043 |
| $C_3$ | | | 1 | 0.057 | - 0.292 ** |
| $C_4$ | | | | 1 | - 0.035 |
| $C_5$ | | | | | 1 |

从表 6 - 4 可以看出，指标 $J_3$ 与 $J_1$、$J_2$、$J_5$ 存在显著相关性，相关系数分别为 - 0.106、- 0.183、0.086，因此剔除指标 $J_3$。指标 $J_1$ 与 $J_4$ 在 10% 水平上显著相关，但考虑到其相关系数为 0.14，彼此之间的影响并不大，而且与其他指标的相关系数均很小，同时为了保证经营指数的全面性，决定同时保留 $J_1$、$J_4$。因此，最后选定的经营指标有 4 个，分别为 $J_1$、$J_2$、$J_4$、$J_5$。

从表 6 - 5 可以发现，投资财务指标中，$T_2$ 与 $T_1$、$T_3$、$T_5$ 均存在显著相关性，相关系数分别为 0.202、0.069、0.236，故剔除指标 $T_2$。指标 $T_4$ 与 $T_1$、$T_5$ 虽然在 10% 的显著性水平上显著相关，但相关系数只有 0.064、- 0.071，对投资指数的影响很小，故同时保留这三个指标。因此，最后选定的投资指标为 4 个，分别是 $T_1$、$T_3$、$T_4$、$T_5$。

从表 6 - 6 可以看出，筹资财务指标中 $C_1$、$C_3$、$C_5$ 彼此之间存在显著相关性，相关系数分别为 0.59、0.078 和 0.292，依照相关系数大小，剔除指标 $C_3$，保留 $C_1$、$C_5$，故最后选定的筹资指标有 4 个，分别为 $C_1$、$C_2$、$C_4$、$C_5$。

# 三、三级财务预警指数的构建

## （一）指标指数

### 1. 财务指标预警上下限的确定

每个企业不同会计期间财务指标会不断地变动，任何一个财务指标都很难用一个确定不变的数值去判断其健康状况，因而本书确定的财务指标预警上下限并非某一个确定的数值，而是同一会计期间内在样本企业中所处的位置。全国工商联经济部和中华财务咨询有限公司发布中华工商上市公司财务指标指数时，认为每个财务指标在 70% 的数据范围内得到的值可以作为上市公司企业财务指标的正常范围，并将行业阈值上下限确定为 15% 位和 85% 位的指标值。本研究在确定预警临界值时借鉴了上述做法。2002～2010 年样本企业中财务危机型企业所占的比例平均为 20% 左右，这也就意味着每个财务指标起码有 20% 数据范围内的值处于财务危机状态。通过观察 2002～2010 年样本企业财务指标频数分别发现，每个财务指标基本上 70% 范围内的值处于正常状态，但是不同类型的财务指标，由于指标趋势的不同，其正常范围区间存在差异。因此，针对不同类型的指标，本书确定了不同的预警上下限：对于越大越好型指标，预警下限为 20% 位的指标值，预警上限为 90% 位的指标值；对于越小越好型指标，预警下限为 10% 位的指标值，预警上限为 80% 位的指标值；对于适中型指标，预警上限为 15% 位的指标值，预警下限为 85% 位的指标值。

## 2. 指标指数的构建

不同类型的财务指标构建财务指数的方法不同，具体如下：

越大越好型指标，$\text{Index} = \dfrac{x_{ij} - m_j}{M_j - m_j}$ （6.1）

越小越好型指标，$\text{Index} = \dfrac{M_j - x_{ij}}{M_j - m_j}$ （6.2）

适中型指标，$\text{Index} = \begin{cases} 1 - \dfrac{q - x_{ij}}{\max(q - m_j, \ M_j - q)}, & q > x_{ij} \\ 1 - \dfrac{x_{ij} - q}{\max(q - m_j, \ M_j - q)}, & q < x_{ij} \end{cases}$ （6.3）

其中，$x_{ij}$ 表示第 j 期每个样本企业财务指标的数值，$m_j$ 表示第 j 期该财务指标的预警下限值，$M_j$ 表示第 j 期该财务指标的预警上限值，q 表示正常范围内的样本均值。

表 6－7 列出了经营活动、投资活动、筹资活动三大系统下共 12个财务指标的类型，并根据指标类型确定了各个财务指标的预警上下限和所采用的指数构建模型。

表 6－7　　　　　　　　　指标指数的构建方法

| 系统 | 财务指标 | 指标类型 | 预警下限（%） | 预警上限（%） | 指数模型 |
|---|---|---|---|---|---|
| 经营活动 | 营业收入现金比率 | 越大越好 | 20 | 90 | （1） |
| | 销售净利率 | 越大越好 | 20 | 90 | （1） |
| | 销售收到的现金比率 | 适中 | 15 | 85 | （3） |
| | 主营业务收入增长率 | 适中 | 15 | 85 | （3） |
| 投资活动 | 全部资产现金回报率 | 越大越好 | 20 | 90 | （1） |
| | 现金再投资比率 | 越大越好 | 20 | 90 | （1） |
| | 对外投资比率 | 适中 | 15 | 85 | （3） |
| | 总资产增长率 | 适中 | 15 | 85 | （3） |
| 筹资活动 | 现金流量利息保障倍数 | 越大越好 | 20 | 90 | （1） |
| | 现金到期债务比 | 越大越好 | 20 | 90 | （1） |
| | 市净率 | 越小越好 | 10 | 80 | （2） |
| | 资产负债率 | 适中 | 15 | 85 | （3） |

## （一）子系统指数

## 1. 层次分析法确定权重

层次分析法（The Analytic Hierarchy Process，以下简称 AHP）是由美国运筹学家托马斯·塞蒂（T. L. Saaty）在 20 世纪 70 年代中期提出的，它将问题分解为不同的组成因素，按照因素间的相互关联及隶属关系建立有序的层次结构，采用相对标度的方式，对同一层次有关因素的相对重要性进行两两比较，从而确定各因素的相对权重。AHP 的基本步骤为：建立层次结构模型，构造成对比较阵，计算权向量并作一致性检验。

建立层次结构模型是层析分析法的基础，表6-7已清晰反映出12个指标指数彼此间的相互关联以及所属关系，这也相当于确定了层次结构模型上下层次间元素的隶属关系。对于影响上一层每个因素的同层诸因素，采用成对比较法构造成对比较阵。以经营指数为例，影响经营指数的下层指标指数有4个，分析4个指标指数对经营指数的影响，两两比较重要性程度，并根据表6-8的标度构建成对比较矩阵 $A = (a_{ij})_{4 \times 4}$。

表6-8 因素两两比较的标度方法

| 标度 | 含义 |
|---|---|
| 1 | 表示两个因素相比，具有同样重要性 |
| 3 | 表示两个因素相比，一个因素比另一个因素稍微重要 |
| 5 | 表示两个因素相比，一个因素比另一个因素明显重要 |
| 7 | 表示两个因素相比，一个因素比另一个因素强烈重要 |
| 9 | 表示两个因素相比，一个因素比另一个因素极端重要 |
| 2，4，6，8 | 上述两相邻判断的中值 |
| 倒数 | 因素 i 与 j 比较的判断 $a_{ij}$，则因素 j 与 i 比较的判断 $a_{ji} = 1/a_{ij}$ |

通过构建成对比较矩阵 A 获得的权重是否合适，还要检验成对比较矩阵 A 的一致性。首先计算衡量不一致程度的指标 $CI = \frac{\lambda max^{(A)-n}}{n-1}$；其次，根据 A 矩阵的阶数 n 确定随机一致性指标 RI；最后，计算随机一致性比率 CR = CI/RI。当 CR < 0.1 时，判定成对比较阵 A 具有满意的一致性，或其不一致程度是可以接受的；否则就调整成对比较矩阵 A，直到达到满意的一致性为止。如表6-9所示。

表6-9 随机一致性指标 RI

| n | 1 | 2 | 3 | 4 | 5 | 6 | 7 | 8 | 9 |
|---|---|---|---|---|---|---|---|---|---|
| RI | 0 | 0 | 0.58 | 0.9 | 1.12 | 1.24 | 1.32 | 1.41 | 1.45 |

2. 经营指数

营业收入现金比率指数和销售净利率指数都是从盈利性的角度评价企业的经营活动，主营业务收入增长率指数反映了企业经营活动的成长性，销售收到的现金比率指数一定程度上能体现企业的销售政策以及收现能力。评价企业的经营活动成果，盈利性指数要比成长性指数和收现能力指数更为重要，盈利性指数中现金流量指数更能体现企业获利的质量，根据这一原则，本书采用层次分析法时确定了经营指数成对比较矩阵。如表6-10所示。

表6-10 经营指标指数的成对比较矩阵

| | 营业收入现金比率指数 | 销售净利润指数 | 销售收到现金比率指数 | 主营业务收入增长指数 |
|---|---|---|---|---|
| 营业收入现金比率指数 | 1 | 3 | 5 | 5 |
| 销售净利润指数 | 1/3 | 1 | 3 | 3 |
| 销售收到现金比率指数 | 0.2 | 1/3 | 1 | 1 |
| 主营业务收入增长率指数 | 0.2 | 1/3 | 1 | 1 |

根据上述成对比较矩阵计算出这4个指标指数的权重依次为0.554945、0.251649、0.096703、0.096703。该矩阵的随机一致性比率CR为0.016，小于0.1，说明经营指数的成对比较矩阵具有满意的一致性。因此得到经营指数的构建模型：

经营指数 = 0.554945 × 营业收入现金比率指数 + 0.251649 × 销售净利率指数 + 0.096703 × 营业务收入增长指数 + 0.096703 × 销售收到的现金比率指数

3. 投资指数

全部资产现金回收指数、现金再投资指数、总资产增长率指数、对外投资比例指数分别从投资回报、自有资金满足再投资能力、投资增长速度、投资结构4个方面反映了企业的投资活动。这四个指标指数对投资指数的影响程度依次为：全部资产现金回收指数 > 现金再投资指数 > 总资产增长率指数 > 对外投资比例指数，采用层次分析法构建的成对比较矩阵如表 6 - 11 所示。

表 6 - 11                          投资指标指数的成对比较矩阵

| | 全部资产现金回收指数 | 现金再投资比例指数 | 总资产增长率指数 | 对外投资比例指数 |
|---|---|---|---|---|
| 全部资产现金回收指数 | 1 | 3 | 4 | 5 |
| 现金再投资比例指数 | 1/3 | 1 | 2 | 3 |
| 总资产增长率指数 | 0.25 | 0.5 | 1 | 2 |
| 对外投资比例指数 | 0.2 | 1/3 | 0.5 | 1 |

根据投资指数成对比较矩阵计算出上述 4 个指标指数的权重依次为 0.542328、0.233302、0.139697、0.084673。该矩阵的随机一致性比率 CR 为 0.019，小于 0.1，说明投资指数的成对比较矩阵具有满意的一致性。因此得到投资指数的构建模型：

投资指数 = 0.542328 × 全部资产现金回收指数 + 0.233302 × 现金再投资指数 + 0.139697 × 总资产增长率指数 + 0.084673 × 对外投资比例指数

### 4. 筹资指数

现金流量利息保障倍数指数表示企业财务费用的现金偿付能力，现金到期债务比指数则反映企业对于到期债务的现金偿付能力，资产负债率指数是企业筹资结构的体现，市净率指数可以体现出企业未来的筹资能力。对于筹资指数来说，这 4 个指标指数的影响程度依次是：现金流量利息保障倍数指数 > 现金到期债务比指数 > 资产负债率指数 > 市净率指数，它们所建立的成对比较矩阵如表 6 - 12 所示。

表 6 - 12                         筹资指标指数的成对比较矩阵

| | 现金流量利息保障倍数指数 | 现金到期债务比指数 | 资产负债率指数 | 市净率指数 |
|---|---|---|---|---|
| 现金流量利息保障倍数指数 | 1 | 2 | 4 | 6 |
| 现金到期债务比指数 | 0.5 | 1 | 3 | 5 |

|  | 现金流量利息<br>保障倍数指数 | 现金到期<br>债务比指数 | 资产负债<br>率指数 | 市净率指数 |
|---|---|---|---|---|
| 资产负债率指数 | 0.25 | 1/3 | 1 | 3 |
| 市净率指数 | 1/6 | 0.2 | 1/3 | 1 |

根据成对比较矩阵计算出上述 4 个指标指数的权重依次为 0.491944、0.309305、0.136194、0.062557。该矩阵的随机一致性比率 CR 为 0.03，小于 0.1，说明该成对比较矩阵具有满意的一致性。因此得到筹资指数的构建模型：

筹资指数 = 0.491944 × 现金流量利息保障倍数指数 + 0.309305 × 现金到期债务比指数 + 0.136194 × 资产负债率指数 + 0.062557 × 市净率指数

### (二) 财务综合指数

财务综合指数由三大子系统指数构成，包括经营指数、投资指数和筹资指数，各个指数的权重的确定本书也采用层次分析法。

表 6 - 13 是经营指数、投资指数、筹资指数的成对比较矩阵，本书认为经营活动对于一个企业来说是最重要的，相对的经营指数对财务综合指数的影响程度也应该是最大的。根据上述矩阵获得的经营指数、投资指数、筹资指数的权重分别为 0.5、0.25、0.25，此时随机一致性比率 CR 低于 0，说明该矩阵具有完全一致性。因此，最终获得的财务综合指数构建模型为：

财务综合指数 = 0.5 × 经营指数 + 0.25 × 投资指数 + 0.25 × 筹资指数

**表 6 - 13            三大子系统指数的成对比较矩阵**

|  | 经营指数 | 投资指数 | 筹资指数 |
|---|---|---|---|
| 经营指数 | 1 | 2 | 2 |
| 投资指数 | 0.5 | 1 | 1 |
| 筹资指数 | 0.5 | 1 | 1 |

## 四、财务指数预警模型的验证及评价

将建模期构建的财务指数模型应用于验证期，分别计算样本企业 2011 ~ 2012 年的指标指数、子系统指数和财务综合指数。本书构建 的财务指数模型计算出的各级财务指数数值越小，说明企业的运营成 果及财务状况越差，当财务指数小于零时，说明企业一定程度上陷入 了财务危机困境。由于指标指数过于微观，而且数量很多，很难通过 分析某个指标指数判断企业的经营状况，故在验证期检验模型有效性 时不单独分析指标指数，而是重点关注子系统指数和财务综合指数。 经计算和汇总统计，验证期子系统指数和财务综合指数数值小于零的 样本数量如表 6 - 14 所示，从总体上来看，子系统指数小于零的样本 数量普遍比财务综合指数多，这在一定程度上表明企业某个子系统运 行出现问题并不代表着企业整体的运行一定也会出现问题；个别子系 统指数小于零的样本数量比财务综合指数少，说明陷入财务危机的企 业某些子系统的运行可以是正常的。因此，三级财务指数体系较单一 的财务指数能更全面、更真实地体现企业的运营状况。

**表 6 - 14　　子系统指数、财务综合指数小于零的样本数量（个）**

| 会计期间 | 总样本量 | 经营指数 | 投资指数 | 筹资指数 | 财务综合指数 |
|---|---|---|---|---|---|
| 2011 - 06 - 30 | 78 | 14 | 10 | 21 | 15 |
| 2011 - 12 - 31 | 80 | 14 | 15 | 17 | 11 |
| 2012 - 06 - 30 | 80 | 12 | 15 | 21 | 14 |
| 2012 - 12 - 31 | 80 | 14 | 17 | 17 | 14 |

本书将建模期构建的财务指数模型用于计算样本企业 2012 年半 年度财务综合指数和年度财务综合指数，并对财务综合指数进行升序 排列，观察危机型企业在样本总体中所处的位置，以判断模型的准确 性。根据本书对财务危机型企业的定义，2012 年 6 月 30 日有 31 家危

机型企业，2012 年 12 月 31 日有 14 家危机型企业，分别对计算获得的半年度财务综合指数和年度财务综合指数升序排列观察，得到表 6 - 15所示的结果。

表 6 - 15　　　　　　　　验证期财务综合指数观察结果统计

| 会计年度 | 危机型企业数量 $n_i$ | 财务综合指数排名前 $n_i$ 位中危机型企业的数量 | 占所有危机型企业的比率（%） |
|---|---|---|---|
| 2011 - 06 - 30 | 35 | 28 | 80.00 |
| 2011 - 12 - 31 | 21 | 13 | 61.90 |
| 2012 - 06 - 30 | 31 | 26 | 83.87 |
| 2012 - 12 - 31 | 14 | 11 | 78.57 |

注：$n_i$ 表示第 i 个会计期间财务危机型企业的数量。

观察结果显示，本书构建的财务综合指数可以用来评价企业面临的风险，财务综合指数越低，企业陷入危机的可能性越大。通过设置合理的财务综合指数预警临界值，财务综合指数可以很好地区分危机型企业和正常型企业，这为今后深入进行财务指数预警研究奠定了基础。

# 第七章

# 基于宏观经济波动的财务指数
# 预警矩阵实证研究

在第六章构建三级财务预警指数体系的基础上，以江浙沪地区机械设备行业、房地产行业及全国化工行业的上市公司为样本，将回归检验与趋势分析相结合，确定显著影响不同行业财务危机发生率的宏观经济指标（指数）及其影响的滞后程度；通过实证研究分别构建子系统财务指数、综合财务指数与宏观经济指标（指数）的预警矩阵，并验证其准确性。研究结果表明，财务综合指数与宏观经济指标构建的预警矩阵在建模期与验证期均有良好的预警效果，且预警效果存在行业间、地区间的差异。矩阵思想在财务指数预警中的运用不仅拓展了传统财务预警领域，也将把财务指数预警研究推向一个新的高度。

企业是一个开放性的经营实体，为了获取和配置资源以保障其持续经营，需要不断与外界交换物质和信息并发生各种财务关系。因此，研究企业的财务危机预警，不仅要基于企业生命周期理论与实务中的破产理论，充分考虑企业内部运营与管理的影响因素，还要立足于宏观经济预警视角，充分实现宏观微观经济预警理论的结合，宏观微观视角并重，才能开拓财务指数预警新领域。另外，财务预警是以财务及非财务信息为基础的。吴星泽（2011）突破使用财务指标进行预警的框架，明确提出需要结合非财务因素的指标进行财务预警的非财务观理论。本章通过进一步研究表明，基于宏观经济波动的财务指数预警，可以把握财务危机产生的根源，对深化财务指数预警研究颇具学术前景。值得注意的是，基于宏观经济理论建立财务指数预警体系，需要分门别类构建行业或区域专有的财务指数预警体系。不同行业、不同地区不平衡的发展，以及行业间较大的关联性因素（例如，房地产行业的兴起，或多或少带动了钢铁、水泥等行业的发展），会导致存在"先导"行业或"滞后"行业发展之区别，且不同行业受宏观经济政策的影响程度也不同，若混为一谈，指数预警体系终将难以合理构建。

# 第一节　基于江浙沪地区机械设备行业的实证研究

## 一、样本选取

为了与前期研究保持一致，本书以江浙沪地区机械设备仪表行业2012 年之前上市的企业作为研究样本，将一个会计期间内由经营活动产生的现金净流量为负值，且当期增加的现金及现金等价物净额小于零的企业界定为财务危机型企业，研究期间为 2002～2012 年（其中 2002～2010 年为建模期，2011～2012 年验证期）。样本企业的地区分布如下：江苏 28 家、浙江 26 家、上海 26 家；上市时间：2000年之前上市的企业 38 家，2000～2005 年上市的企业 17 家，2006～2011 年上市的企业 25 家。上市公司的财务数据均来自国泰安数据库，宏观经济指标来自国家统计局网站。

## 二、宏观经济指标的确定及其影响滞后程度的实证研究

宏观经济指标的变动是企业财务风险的外生变量，对企业财务风险的影响具有间接性和滞后性，通过企业的各项活动内化为企业的运营成果并最终通过财务指数体现出来。因此，选择对企业财务风险具有显著影响的宏观经济指标并确定其影响的滞后程度，是构建财务指数与宏观经济指标预警矩阵的前提和关键。

在宏观经济指标选择的研究中，本书采用的方法是先通过回归分析初步确定对企业财务风险有较显著影响的宏观经济指标，再将这些指标与经营指数、投资指数、筹资指数、财务综合指数进行配对趋势分析，以确定构建模型的关键宏观经济指标及其影响的滞后性程度。

### 1. 宏观经济指标的初步筛选

关于影响财务风险的宏观经济指标，国内外已有不少比较成熟的理论和实证研究成果可以借鉴。GDP 增长率的波动一定程度上反映了经济周期性的波动情况，刘（Jia Liu，2004）、吕峻和李梓房（2008）研究发现伴随着高 GDP 增长率的景气经济时期，企业陷入财务困境的概率较小。工业增加值增长率通常可以反映工业企业外部环境的变化情况，理论而言，该指标与 GDP 增长率指标类似，其所反映的经济周期与工业类企业陷入财务困境的概率呈负相关关系（苏冬蔚和曾海舰，2009；张友棠和黄阳，2011）。但随后的研究发现，两者之间的负相关关系会在滞后期逐渐减弱，并有可能逐渐转为正相关关系，其作用机制在于经济景气时期，银行将倾向提供更高额度的贷款给企业，与此同时，企业也偏好负债融资，因此，会因高负债率而不断积累潜在的财务风险，当财务风险积累到一定程度企业就会陷入财务困境，财务危机就是财务风险积累到极致状态的具体体现（梁飞媛，2014）。固定资产投资增长率是影响投资活动相关的宏观

经济指标，一般而言，地方政府采取适度的固定资产投资政策将较为稳健的促进地方经济的增长；一旦固定资产投资同比增长过猛，就有可能引发投资过热、产能过剩等一系列经济问题，这不仅造成大量资源闲置和浪费，一旦投资不能收回，还会引发银行坏账、投资者丧失信心等一系列恶化投资环境等问题，进而严重影响经济的发展（苏冬蔚、曾海舰，2011）。广义货币供应量的变化率显然既是影响投资活动，也是影响筹资活动的宏观经济指标。宏观经济环境变化造成的市场整体需求变动会严重影响企业价值链，当企业无法应对经济学上的衰退、萧条、复苏、繁荣的经济周期变动，其陷入财务危机的可能性将大大增加。经济衰退时期，企业更容易陷入危机（Abd Halim，2008）。因此，企业需要跟踪观察由中国经济景气中心编制的宏观经济景气指数每月发布的相关宏观经济景气指数。

本研究遵循敏感性、可获得性、全面性和可配比性原则，初步选择了 GDP 增长率、工业增加值增长率、固定资产投资增长率、广义货币供应量（$M_2$）变化率、宏观经济景气指数反映宏观经济的波动，以分析宏观经济指标对财务危机影响的显著性。设定相应的研究变量如表 7 - 1 所示。

表 7 - 1                    研究变量的设定

| 变量名称 | 变量符号 | 变量定义 |
| --- | --- | --- |
| 财务危机比率 | FCR | 财务危机发生的概率，财务危机型企业数量/样本企业数量 |
| GDP 增长率 | GRGDP | 国内生产总值的增长 |
| 工业增加值增长率 | GRIAV | 工业增加值的增长 |
| $M_2$ 增长率 | GRM2 | 广义货币供应量的增长 |
| 固定资产投资增长率 | GRFAI | 固定资产投资额的增长 |
| 宏观经济景气指数 | MCI | 宏观经济景气指数中的预警指数 |

分析宏观经济指标对财务危机影响显著性的同时，还需兼顾分析其影响的滞后程度，因此，要分别研究当期、滞后一期、滞后两期的

宏观经济指标对企业财务危机的影响，构建模型如下：

$$FCR_t = \alpha_0 + \alpha_1 GRGDP_{t-i} + \alpha_2 GRIAV_{t-i} + \alpha_3 GRM2_{t-i} +$$

$$\alpha_4 GRFAI_{t-i} + \alpha_5 MCI_{t-i} + \varepsilon_i$$

其中 i = 0，1，2，当 i = 0 时表示当期模型，i = 1 时为滞后一期模型，i = 2 时为滞后两期模型。本研究以半年度作为一个会计周期，故滞后一期是指滞后半年，滞后两期是指滞后一年。表 7 - 2 列示了回归分析结果。

表 7 - 2　　　　　　　　　回归分析结果

| | i = 0 | i = 1 | i = 2 |
|---|---|---|---|
| 常数项 | 43. 451 * | 25. 717 ** | 4. 996 |
| GDP 增长率 | − 1. 183 | − 3. 166 ** | − 1. 393 |
| 工业增加值增长率 | − 0. 065 | 0. 706 | − 2. 02 ** |
| $M_2$ 增长率 | − 0. 612 | − 0. 548 * | − 0. 429 |
| 固定资产投资增长率 | 0. 126 | − 0. 455 * | − 0. 621 |
| 宏观经济景气指数 | − 0. 067 | 0. 317 * | 0. 745 ** |
| 调整的 $R^2$ | 0. 1 | 0. 66 | 0. 476 |

注：*表示10%的显著性水平；**表示5%的显著性水平。

由表 7 - 2 可知，各项宏观经济指标对财务危机比率的影响在当期均不显著，验证了宏观经济波动影响的滞后性。从滞后程度的显著性分析，滞后一期模型中除工业增加值增长率外，其他宏观经济指标均显示出显著性；滞后两期的模型中只有工业增加值增长率和宏观经济景气指数表现出显著性。从影响的方向性分析，GDP 增长率、$M_2$ 增长率、固定资产投资增长率均在滞后一期时表现出负相关，滞后两期时相关性不显著；宏观经济景气指数则为正相关，滞后两期的显著性更强；工业增加值滞后两期时显著负相关，但滞后一期时系数为正且相关性不显著。从模型的拟合度分析，滞后一期的模型较滞后两期的为好。因此，根据回归分析结果，首先剔除工业增加值增长率指标，保留 GDP 增长率、$M_2$ 增长率、固定资产投资增长率、宏观经济景气指数四个宏观经济指标及指数。

## 2. 财务指数与宏观经济指标的变化趋势分析

企业财务指数是企业健康状况的晴雨表，当财务指数低于零时，说明企业极有可能陷入财务危机。本研究计算了预测期各年度经营指数、投资指数、筹资指数、综合指数各自低于零的比率，分别以经营危机率、投资危机率、筹资危机率、综合危机率表示。将经营危机率、投资危机率、筹资危机率、综合危机率分别与初步确定的四个宏观经济指标一一配对并进行变化趋势比较分析，以确定构建预警矩阵时各自对应的宏观经济指标及其影响的滞后程度。

将经营危机率的变化与 GDP 增长率的变化进行配对比较，发现当期的经营危机率与前两期的 GDP 增长率变化趋势完全相反，即 GDP 增长率越大，经营指数出现负数的比率越低（见图 7-1）。

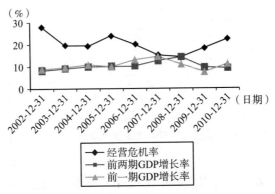

**图 7-1　经营危机率与 GDP 增长率的变化趋势**

将投资危机率分别与固定资产投资增长率和货币供应量 $M_2$ 的增长率进行配对比较分析。投资危机率的变化趋势与固定资产投资增长率的变化趋势未显示出持续的规律性，有些年度同向变化，有些年度则反向变化（见图 7-2）。投资危机率的变化与前一期 $M_2$ 增长率的变化能够长期保持反向趋势，即货币供应量的增长率越大，投资指数出现负数的比率越小，企业陷入投资危机的可能性也越小（见图 7-3）。

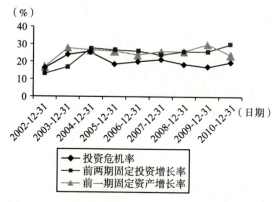

图7-2　投资危机率分别与 $M_2$ 增长率的变化趋势

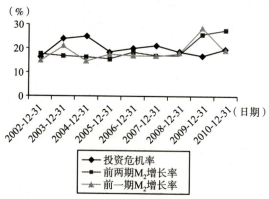

图7-3　投资危机率与固定资产增长率的变化趋势

　　图7-4表明，筹资危机率的变化趋势基本与前一期 $M_2$ 增长率的变化趋势呈反向关系。当整个社会的货币供应量增加时，银行的放贷政策会相对宽松，利率降低，企业更容易获得银行贷款，从而发生筹资危机的可能性会相对降低。

　　宏观经济景气指数是反映整个社会宏观经济整体状况的综合性指数，从图7-5可以发现，企业的综合危机率与前一期的宏观经济景气指数呈现完全相反的变化趋势，宏观经济越景气，企业的财务综合指数危机率越低。

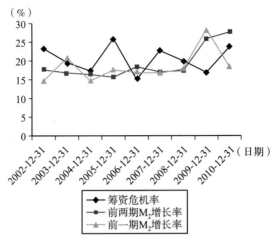

**图 7 - 4　筹资危机率与 $M_2$ 增长率的变化趋势**

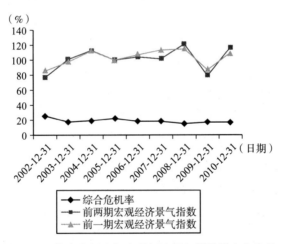

**图 7 - 5　综合危机率与宏观经济景气指数的变化趋势**

　　综合回归分析和配对的变化趋势分析，最终选择 GDP 增长率、$M_2$ 增长率和宏观经济景气指数作为构建预警矩阵的宏观经济指标。GDP 增长率对经营指数危机率的影响滞后两期，$M_2$ 增长率对投资指数危机率与筹资指数危机率的影响均为滞后一期，宏观经济景气指数对综合财务指数危机率的影响滞后一期。

## 三、三级财务指数与宏观经济指标预警矩阵的构建

企业财务危机是一个渐进式显现的过程，一般需要经历无警期、潜伏期、发作期、恶化期等四个阶段。通过选取关键的宏观经济指标或指数并与财务指数相结合建立指数预警矩阵，可以有效监测企业财务危机从发生到发展这一渐进显现的全过程。在矩阵中，财务指数反映企业过去的发展成果，宏观经济指标或指数则预示当前的宏观经济形势，在未来的一定时期内将影响企业的运行，但具体的影响程度无法准确计量。本书尝试在一个矩阵中将企业的历史经营成果与未来发展相融合，将定量分析与定性判断相结合，从而实现财务指数与宏观经济指标在财务危机预警中的有机协作（吴娜，2013）。需要说明的是：第一，考虑到微观层面的指标指数数量较多，且很难确定与之相关的宏观经济指标，故不建立财务指标指数的预警矩阵，仅建立子系统指数预警矩阵与财务综合指数预警矩阵；第二，财务指数预警体系是一个有机整体。因为很可能存在尽管财务综合指数预警预示企业处于无警期，而子系统指数预警中却显示企业某一个系统的运行正处于恶化期的情况，此时便需要结合指标指数才能进行进一步的分析判断，（梁飞媛，2014）。由此可见，真正发挥财务指数矩阵体系预警作用的关键仍在于各个组成部分的协同运作，结合指标指数，参考财务综合指数大小，并利用子系统指数预警矩阵，才能找到相应系统运行中存在的问题，进而采取应对措施。

宏观经济形势的变动显著地影响着企业的健康状况，不同的经济形势下相同的财务指数所显示的企业健康状况往往存在差异。为了建立更加合理的预警矩阵，本书对选定的三个宏观经济指标年度间的变化程度进行了分析，观察数值的分布情况，分清建模期各阶段的宏观经济形势，并在此基础上确定相应财务预警指数的预警临界值，建立切实可行的宏观经济指标与财务指数相结合的预警矩阵。

## 1. 财务综合指数预警矩阵

财务综合指数预警矩阵由财务综合指数与宏观经济景气预警指数共同构成。建模期为 2002 ～ 2010 年 9 年共 18 期数据，考虑到宏观经济景气预警指数的影响滞后一期，因此，预警指数分别取前一期的数据，即 2001 - 12 - 31 至 2010 - 6 - 30 的预警指数共 18 个。实践中宏观经济景气预警指数将社会经济运行的状态分为 5 个级别：指数小于 63.3 表示经济过冷，指数在 63.3 ～ 83.3 表示经济偏冷，83.3 ～ 116.7 表示经济运行正常，116.7 ～ 136.7 表示经济偏热，指数大于 136.7 表示经济过热。从表 7 - 3 的数据可以看出，建模期的经济运行基本处于正常状态，偏冷、偏热状态各有两期，考虑到 83.3 ～ 116.7 的指数跨度较大，本书将正常状态的指数分为两个阶段，83.3 ～ 100 为正常偏冷状态，100 ～ 116.7 为正常偏热状态。因此，本书以 83.3、100、116.7 三个临界值将建模期的整体宏观经济形势分为 4 个级别，具体如表 7 - 3 所示。

**表 7 - 3　　　建模期宏观经济运行状态及综合指数预警临界值**

| 预警指数 | 63.3 ～ 83.3 | 83.3 ～ 100 | 100 ～ 116.7 | 116.7 ～ 136.7 | 合计 |
|---|---|---|---|---|---|
| 状态 | 偏冷 | 正常偏冷 | 正常偏热 | 偏热 | |
| 数量 | 2 | 5 | 9 | 2 | 18 |
| 综合指数预警临界值 | 0.15 | 0.10 | 0.05 | 0 | |

财务综合指数危机率与宏观经济景气的预警指数变化负相关，当经济运行偏热时，财务综合指数小于零的比率降低；当经济运行偏冷时，该比率上升。因此，不同经济形势下，财务综合指数的预警临界值也应随之波动，经济偏热时，预警临界值的设置要偏低；经济偏冷时，预警临界值的设置要偏高。观察建模期各个会计期间样本企业财务综合指数数值的大小，结合各期的宏观经济运行状况，本书确定了 0.15、0.10、0.05、0 四个综合指数预警临界值，分别对应经济运行的不同状态，具体如表 7 - 3 所示。

确定了建模期经济运行状态和财务综合指数预警临界值，将两者相结合便构建了图 7-6 所示的财务综合指数预警矩阵。矩阵的横轴代表宏观经济整体运行状况，以宏观经济景气指数表示，临界值标示出不同的经济运行状态，83.3、100、116.7 将其从左到右分为偏冷、正常偏冷、正常偏热、偏热四种状态。矩阵的纵轴代表企业整体的运营情况，以财务综合指数表示，分别标示出 0.15、0.10、0.05、0 四个预警临界值。以宏观经济景气指数的各个临界值与对应的财务综合指数预警临界值交汇的点作为该经济状态下的矩阵坐标原点，可以获得四个矩阵坐标原点 A（83.3，0.15）、B（100，0.10）、C（116.7，0.05）、D（136.7，0），建立四个预警坐标，从而构建图 7-6 所示的预警矩阵。

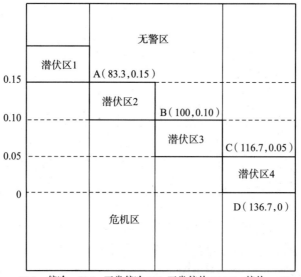

图 7-6　财务综合指数预警矩阵

在财务综合指数预警矩阵中，相邻两个预警坐标原点对应所形成的区域为危机潜伏区，四种经济运行状态下各有一个危机潜伏区，潜伏区的大小由相邻的财务综合指数预警临界值和宏观经济景气指数临界值决定，在图 7-6 中潜伏区 2、3、4 有明确的上下左右边界，潜伏区 1 由于缺乏研究数据而没有明确的上限边界，但考虑到预警矩阵的完整性，本书还是在矩阵中标出了潜伏区 1。处于潜伏区内表示企业的营业存在潜在的危机，该区域内财务综合指数接近预警临界值，对宏观经济的波动很敏感，经济状况变差会陷入财务危机，经济状况变好时则处于无警状态。各个潜伏区上方的区域为无警区，处于该区域内表示企业的营业状况良好，财务综合指数越大，宏观经济运行状况越好，企业离财务危机区域的距离就越远，也就越安全。各个潜伏区下方的区域为危机区，处于该区域内表示企业已经陷入了财务危机，财务综合指数越小，宏观经济运行状况越差，企业陷入财务危机的程度就越深。

财务综合指数与宏观经济景气指数相结合的预警矩阵，在财务危机预警中，既能发挥静态的警情分析作用，又能实现动态的警情监测。在一定的经济形势下，微观的企业个体，通过计算自身的财务综合指数可以确定其在预警矩阵中的位置，能够快速并清晰地判断出当前运营的健康状况，同时可以根据在矩阵中所处位置的高低采取措施使企业朝好的方向发展；对于行业而言，通过观察行业中所有企业的财务综合指数在预警矩阵中的分布情况，可以快速判断出整个行业发生财务危机的概率，能够随时了解行业的发展状况，把握行业的发展方向；政府相关部门也可以依此进行相应的管控与决策。在动态预警方面，企业可以通过预警矩阵观察自身过去在不同的经济形势下的运营状态，根据当前的财务指数，结合对宏观经济波动的预期，可以对未来一段时间内的运营状况进行预期，并能够制订预警方案以应对可能出现的财务危机，实现真正的动态预警。

2. 子系统指数预警矩阵

子系统指数预警矩阵是指企业的经营活动、投资活动、筹资活动三大活动领域分别作为三个子系统构建的指数预警矩阵，包括经营指数预警矩阵、投资指数预警矩阵和筹资指数预警矩阵，每个矩阵的构建方法和预警原理相同。

经营指数预警矩阵由经营指数与 GDP 增长率指标共同构成。在宏观经济指标筛选的过程中，经营指数小于零概率的变化与 GDP 前两期的增长率变化显著负相关，即当 GDP 快速增长时，经营指数小于零的概率降低，经营指数普遍偏高。由于 GDP 增长率的影响滞后两期，因此，构建预警矩阵时将当期的经营指数与前两期的 GDP 增长率相对应，即在建模期不变（2002～2010 年 9 年共 18 期）的情况下，GDP 增长率的取值应为 2001 － 6 － 30 至 2009 － 12 － 31 共 18 个数据。通过对建模期数据的分析确定了如表 7 － 4 所示的 GDP 增长率区域的划分和相应经营指数的预警临界值，并构建了图 7 － 7 所示的经营指数预警矩阵。

表 7 － 4 　　　GDP 增长率分布区域及经营指数的预警临界值

| GDP 增长率 | 7.0～8.5 | 8.5～10.5 | 10.5～13.0 | 13.0～15.0 | 合计 |
|---|---|---|---|---|---|
| 数量 | 3 | 9 | 3 | 3 | 18 |
| 经营指数预警临界值 | 0.15 | 0.10 | 0.05 | 0 | |

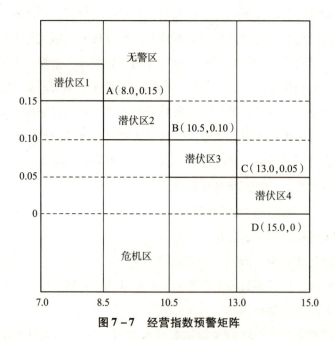

图 7 － 7 　经营指数预警矩阵

投资指数、筹资指数小于零概率的变化均与 $M_2$ 前一期的增长率变化显著负相关，当货币供应量增长较快时，投资指数和筹资指数小于零的概率均有不同程度的下降，因此，在构建投资指数预警矩阵和筹资指数预警矩阵时均以货币供应量 $M_2$ 的增长率作为宏观经济指标。建模期为 2002～2010 年 9 年共 18 期数据，考虑到 $M_2$ 增长率的影响滞后一期，构建预警矩阵时将当期的指数与前一期的 $M_2$ 增长率相对应，$M_2$ 增长率的取值均为 2001 - 12 - 31 至 2010 - 06 - 30 期间共 18 个数据。表 7 - 5 列示了 $M_2$ 增长率分布区域及投资指数、筹资指数的预警临界值。投资指数预警矩阵和筹资指数预警矩阵不再赘述。

表 7 - 5　　$M_2$ 增长率分布区域及投资指数、筹资指数的预警临界值

| $M_2$ 增长率 | 12～15 | 15～17.5 | 17.5～20 | 20～30 | 合计 |
|---|---|---|---|---|---|
| 数量 | 2 | 7 | 5 | 4 | 18 |
| 投资指数预警临界值 | 0.15 | 0.10 | 0.05 | 0 | |
| 筹资指数预警临界值 | 0.10 | 0.04 | 0 | - 0.04 | |

## 四、矩阵预警效果实证与结论

子系统预警矩阵对经营活动、投资活动、筹资活动各自的运行状况进行预警分析，无法从整体上反映企业的健康状况。因此，子系统预警矩阵更适用于企业的内部管理，或者作为个体企业进行财务风险动态分析时的重要辅助和参考因素。由于从静态的分析角度无法客观评价三个子系统预警矩阵的实际预警效果，本研究仅对财务综合指数预警矩阵的预警准确率进行验证。通过分别计算建模期和验证期财务综合指数的预警准确率和正常型企业误判为危机型企业的概率，以评价财务综合指数预警矩阵的预警效果。

表 7 - 6 是对建模期财务综合指数预警矩阵预警结果的统计及分析。其中预警准确率代表预警矩阵识别危机型企业的准确率，是

评价预警效果的主要指标。正常型企业误判成危机的概率表示预警矩阵将正常型企业判断为危机型企业的误判率，是评价预警效果的辅助指标。从预警准确率分析，建模 18 期的平均准确率达到78.02%，其中半年度会计期间预警的准确率62.43%，年度会计期间矩阵的预警准确率高达 93.61%，说明财务综合指数预警矩阵能够识别出绝大部分的危机型企业，预警效果很好。但是由于平均误判率达到33.22%，每期财务综合指数矩阵预警显示处于危机状态的企业中实际上有近 1/3 是正常型企业，这在一定程度上降低了模型总体预警的准确性。

表7-6　　　　　建模期矩阵预警的准确性及误判率　　　　单位：%

| 会计期间 | 研究界定的危机型企业数量（个）（1） | 财务综合指数预警矩阵的预警结果 | | | 预警结果分析 | |
|---|---|---|---|---|---|---|
| | | 预警矩阵显示的危机企业数量（个）（2） | 其中包含所界定的危机型企业数量（个）（3） | 其中包含所界定的正常型企业数量（个）（4） | 预警准确率（5）=（3）/（1） | 正常型企业误判成危机概率（6）=（4）/（2） |
| 2002-06-30 | 12 | 12 | 12 | 0 | 100.00 | 0.00 |
| 2002-12-31 | 8 | 12 | 6 | 6 | 75.00 | 50.00 |
| 2003-06-30 | 17 | 14 | 12 | 2 | 70.59 | 14.29 |
| 2003-12-31 | 7 | 11 | 7 | 4 | 100.00 | 36.36 |
| 2004-06-30 | 11 | 10 | 7 | 3 | 63.64 | 30.00 |
| 2004-12-31 | 7 | 12 | 7 | 5 | 100.00 | 41.67 |
| 2005-06-30 | 22 | 9 | 7 | 2 | 31.82 | 22.22 |
| 2005-12-31 | 9 | 15 | 9 | 6 | 100.00 | 40.00 |
| 2006-06-30 | 16 | 14 | 10 | 4 | 62.50 | 28.57 |
| 2006-12-31 | 7 | 12 | 7 | 5 | 100.00 | 41.67 |
| 2007-06-30 | 14 | 11 | 7 | 4 | 50.00 | 36.36 |
| 2007-12-31 | 7 | 14 | 6 | 8 | 85.71 | 57.14 |
| 2008-06-30 | 21 | 15 | 10 | 5 | 47.62 | 33.33 |
| 2008-12-31 | 11 | 14 | 9 | 5 | 81.82 | 35.71 |
| 2009-06-30 | 14 | 17 | 12 | 5 | 85.71 | 29.41 |
| 2009-12-31 | 7 | 14 | 7 | 7 | 100.00 | 50.00 |

续表

| 会计期间 | 研究界定的危机型企业数量（个）（1） | 财务综合指数预警矩阵的预警结果 | | | 预警结果分析 | |
|---|---|---|---|---|---|---|
| | | 预警矩阵显示的危机型企业数量（个）（2） | 其中包含所界定的危机型企业数量（个）（3） | 其中包含所界定的正常型企业数量（个）（4） | 预警准确率（5）=（3）/（1） | 正常型企业误判成危机概率（6）=（4）/（2） |
| 2010 - 06 - 30 | 22 | 12 | 11 | 1 | 50.00 | 8.33 |
| 2010 - 12 - 31 | 8 | 14 | 8 | 6 | 100.00 | 42.86 |
| 平均 | | | | | 78.02 | 33.22 |

将表中第（1）、第（2）列数据进行对比分析发现，当研究界定危机型企业数量异常多时，预警矩阵通常无法辨别出同样数量的危机型企业，从而该期的预警准确率就明显下降，而且情况多出现于半年度会计期间，年度会计期间预警矩阵的预警准确率高达93.61%。笔者认为，出现这种差异的原因是由于财务危机型企业的界定与半年度会计期间不尽匹配所造成的，并不影响预警矩阵按会计年度进行的预警效果。本书将一个会计期间内经营活动产生的现金净流量小于零，且当期增加的现金及现金等价物净额小于零的企业定义为财务危机型企业，我国将每年1月1日~12月31日的一个会计年度确定为一个基本会计期间，企业大量的现金收付集中于年末，半年度的现金流量指标无法真实体现企业的健康状况。表7-6第（1）列"研究界定的危机型企业数量"中半年度会计期间危机型企业数量达到年度会计期间危机型企业数量的2~3倍，很好地支持了这一观点。

表7-7列示了2011~2012年4个验证期财务综合指数预警矩阵的预警结果统计及分析，用来检验建模期构建的财务综合指数预警矩阵在后续期间的准确性及模型的适用性。结果显示，验证期年度会计期间预警的准确率较高，分别为71.43%、85.71%，半年度会计期间预警的准确率较低，分别为40%、45.16%，说明构建的财务综合指数预警矩阵同样适合用于年度会计期间的财务危机预警。验证期各期的误判率平均值为20.07%，低于建模期的33.22%。由此可以判

断，建模期构建的财务综合指数预警矩阵在未来的会计期间可以继续保持建模期的预警准确性，因此，该预警矩阵具有一定的长期适用性，可以实现真正的动态预警。

表 7-7　　　　　　　验证期矩阵预警的准确性及误判率　　　　　　单位：%

| 会计期间 | 危机型企业数量（个） | 财务综合指数预警矩阵的预警结果 | | | 预警结果分析 | |
| --- | --- | --- | --- | --- | --- | --- |
| | | 预警显示危机企业数量（个） | 含危机型企业数量（个） | 含正常型企业数量（个） | 预警准确率 | 误判率 |
| 2011-06-30 | 35 | 17 | 14 | 3 | 40.00 | 17.65 |
| 2011-12-31 | 21 | 20 | 15 | 5 | 71.43 | 25.00 |
| 2012-06-30 | 31 | 17 | 14 | 3 | 45.16 | 17.65 |
| 2012-12-31 | 14 | 15 | 12 | 3 | 85.71 | 20.00 |

## 第二节　基于江浙沪地区 A 股房地产行业的实证研究

### 一、样本选取

为了进一步验证财务指数预警矩阵的预警效果及行业适用性，本书将研究范围从传统制造业拓展到高风险的房地产行业。本书选取江浙沪地区 A 股房地产行业上市公司作为研究样本，研究期间为2003～2014 年（其中 2003～2012 年建模期、2013～2014 年验证期）。根据中国证监会 2011 年发布的《上市公司行业分类指引》，截至 2014 年，江浙沪地区 A 股房地产行业上市公司共有 43 家，约占全国同行业上市公司数量的30%。为了与前期的研究保持一致，将一个会计期间内由经营活动产生的现金净流量为负值，且当期增加的现金及现金等价物净额小于零的企业界定为财务危机型企业。本书上市公司的财务数据来自国泰安数据库，宏观经济指标来自国家统计局网站。

## 二、宏观经济指标的确定及其影响滞后程度的实证研究

### 1. 宏观经济指标筛选模型的建立

宏观经济指标的变动体现了宏观经济的波动，构建财务指数与宏观经济指标的预警矩阵的前提是通过实证研究选择对企业财务危机的发生具有显著影响的宏观经济指标，并确定宏观经济指标对企业影响的滞后程度。笔者在前期研究的基础上，本着遵循敏感性、可获得性、全面性和可配比性的原则，初步选择了 GDP 增长率、工业增加值增长率、固定资产投资增长率、广义货币供应量（M2）变化率、宏观经济景气指数反映宏观经济的波动，以分析宏观经济指标对财务危机影响的显著性。设定相应的研究变量如表 7 − 8 所示。

表 7 − 8　　　　　　　　　　研究变量的设定

| 变量名称 | 变量符号 | 变量定义 |
|---|---|---|
| 财务危机比率 | FCR | 财务危机发生的概率，财务危机型企业数量/样本企业数量 |
| GDP 增长率 | GRGDP | 国内生产总值的增长 |
| 工业增加值增长率 | GRIAV | 工业增加值的增长 |
| M2 增长率 | GRM2 | 广义货币供应量的增长 |
| 固定资产投资增长率 | GRFAI | 固定资产投资额的增长 |
| 宏观经济景气指数 | MCI | 宏观经济景气指数中的预警指数 |

分析宏观经济指标对财务危机影响显著性的同时，还需兼顾分析其影响的滞后程度，因此，要分别研究当期、滞后一期、滞后两期的宏观经济指标对企业财务危机的影响，构建模型如下：

$$FCR_t = \alpha_0 + \alpha_1 GRGDP_{t-i} + \alpha_2 GRIAV_{t-i} + \alpha_3 GRM2_{t-i} +$$
$$\alpha_4 GRFAI_{t-i} + \alpha_5 MCI_{t-i} + \varepsilon_i$$

其中 i = 0，1，2，当 i = 0 时表示当期模型，i = 1 时为滞后一期

模型，i = 2 时为滞后两期模型。本书以半年度作为一个会计周期，故滞后一期是指滞后半年，滞后两期是指滞后一年。

### 2. 宏观经济指标的筛选及其影响滞后程度的确定

根据上述模型，将江浙沪地区 A 股房地产行业的数据与宏观经济指标进行分析后得到表 7 - 9 所示的回归分析结果。工业增加值增长率在当期、滞后一期的模型中表现出显著负相关；固定资产投资增长率在当期、滞后两期的模型中表现出显著负相关；宏观经济景气指数在当期、滞后一期、滞后两期的模型中均表现为显著的正相关。不论是从表现显著的宏观经济指标个数来看，还是从模型的拟合度分析，均是当期的模型较好。

表 7 - 9                     江浙沪房地产行业回归分析结果

| | i = 0 | i = 1 | i = 2 |
|---|---|---|---|
| 常数项 | 24. 762 | − 31. 889 | − 52. 954 |
| GDP 增长率 | 0. 241 | − 2. 045 | 0. 067 |
| 工业增加值增长率 | − 3. 499 ** | − 2. 37 ** | − 1. 605 |
| $M_2$ 增长率 | − 0. 367 | − 0. 37 | 1. 007 |
| 固定资产投资增长率 | − 0. 504 ** | 0. 289 | − 0. 49 ** |
| 宏观经济景气指数 | 0. 654 * | 1. 188 ** | 0. 914 * |
| 调整的 $R^2$ | 0. 593 | 0. 458 | 0. 306 |

注：* 表示 10% 的显著性水平；** 表示 5% 的显著性水平。

将建模期房地产行业财务危机比率与当期的工业增加值增长率、固定资产投资增长率、宏观经济景气指数的变化趋势进行分析（见图 7 - 8），发现财务危机比率的变化趋势与当期宏观经济景气指数的变化趋势基本相反，且波动幅度与当期宏观经济景气指数的波动幅度更为接近。

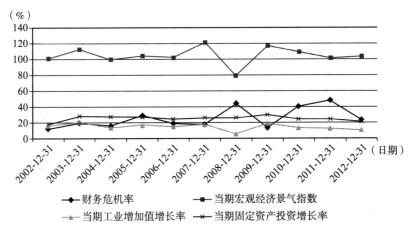

图7-8　房地产行业财务危机比率与当期宏观经济指标的趋势分析

　　综合比较回归分析和趋势分析的结果，最终选择当期的宏观经济景气指数作为构建房地产行业财务综合指数预警模型的宏观经济指数，即房地产行业受宏观经济波动的影响非常迅速，当期就能体现出来；宏观经济越景气，房地产行业发生财务危机的概率越低。笔者在前期的研究中发现，宏观经济景气指数对江浙沪地区机械设备仪表行业的影响滞后一期。由此，同一地区、不同行业受宏观经济波动的影响存在时间上的差异，存在"先导"行业或"滞后"行业之区别。

## 三、财务综合指数的构建

　　财务指数是构建指数预警矩阵的基础，本书将企业的生产经营过程分为经营活动、投资活动、筹资活动三大子系统，采用层次分析法，通过建立基础的指标指数，构建经营指数、投资指数、筹资指数三大子系统指数，并最终构建财务综合指数。

　　笔者根据前期研究的经验，结合房地产行业特性，将财务危机型企业与正常型企业的财务指标进行分组，从中筛选出存在显著性差异的财务指标。对于越大越好型、越小越好型财务指标，本书采用

SPSS 软件的独立样本 t 检验，设定的置信区间为 90%，即显著性水平为 0.10，当双尾概率 P 值小于 0.1 时，说明均值存在显著性差异。对于区间适中型指标，本书采用排序观察法，对建模期每个会计期间的所有样本依据该财务指标数值大小进行排序，然后观察危机型企业的数值是否绝大多数（本书以 ≥50% 作为判断标准）分布于两端，若是则说明该财务指标对于危机型企业与正常企业来说具有显著差异。对于上述通过独立样本 t 检验和排序法观察初步确定的财务指标，将其按经营财务指标、筹资财务指标、投资财务指标分组进行相关性检验，通过分析比较相关系数和显著性水平，剔除显著相关的财务指标。根据上述方法，最终确定的房地产行业的财务指标如表 7 – 10 所示。

表 7 – 10　　　　　　　房地产行业财务指标预警上下限

| 类别 | 财务指标 | 指数模型 | 下限（%） | 上限（%） |
|---|---|---|---|---|
| 经营财务指标 | 营业收入增长率 | ③ | 20 | 80 |
| | 应收账款与收入比 | ③ | 20 | 80 |
| | 现金与利润总额比 | ① | 30 | 90 |
| | 销售净利率 | ① | 30 | 90 |
| 筹资财务指标 | 经现金流量净额比带息债务 | ① | 30 | 90 |
| | 现金流利息保障倍数 | ① | 30 | 90 |
| | 资产负债率 | ③ | 20 | 80 |
| | 市净率 | ② | 10 | 70 |
| 投资财务指标 | 全部现金回收率 | ① | 30 | 90 |
| | 现金再投资比率 | ① | 30 | 90 |
| | 留存收益资产比 | ③ | 20 | 80 |
| | 总资产增长率 | ③ | 20 | 80 |

1. 指标指数

构建指标指数时，对同一行业同一样本期间的每个样本按财务指标数值从大到小进行排序，不同类型的财务指标构建指标指数的方法不同，具体如下：

越大越好型指标，指标指数 $= \dfrac{x_{ij} - m_j}{M_j - m_j}$ (7.1)

越小越好型指标，指标指数 $= \dfrac{M_j - x_{ij}}{M_j - m_j}$ (7.2)

适中型指标，指标指数 $= \begin{cases} 1 - \dfrac{q - x_{ij}}{\max(q - m_j, M_j - q)}, & q > x_{ij} \\ 1 - \dfrac{x_{ij} - q}{\max(q - m_j, M_j - q)}, & q < x_{ij} \end{cases}$ (7.3)

其中，$x_{ij}$ 表示第 j 期每个样本企业财务指标的数值，$m_j$ 表示第 j 期该财务指标的预警下限值，$M_j$ 表示第 j 期该财务指标的预警上限值，q 表示正常范围内的样本均值。

指标指数构建的关键是确定财务指标的预警上下限，同一行业、不同年度每个企业财务指标会不断地变动，很难用一个确定不变的数值去判断其健康状况。本书确定的财务指标预警上下限不是某一个确定的数值，而是同一行业、同一会计期间内在样本企业中所处的位置。2003～2012 年江浙沪地区房地产行业样本企业中财务危机型企业所占的比例平均为 30%，通过分析比较样本企业财务指标频数分布情况，最终确定如表 7 - 10 所示的财务指标预警上下限。

## 2. 子系统指数

经营指数、筹资指数、投资指数三大子系统指数的构建采用层次分析法（The Analytic Hierarchy Process，以下简称"AHP"），通过构造成对比较阵，计算权向量并作一致性检验，来确定各个指标指数的权重系数。以投资指数的构建为例，将全部现金回收率指数、现金再投资指数、留存收益资产比指数、总资产增长率指数通过两两比较确定重要性标度，构建成对比较矩阵，检验矩阵的一致性，并计算确定各个指数的权重系数。

根据上述方法，通过对江浙沪地区房地产行业 2003～2012 年个体指数的分析计算，最终构建了这两个行业的经营指数、筹资指数、投资指数，各个子系统指数中指标指数的权重系数如表 7 - 11 所示。

表 7 – 11                  子系统指数构建的权重系数

| 子系统指数 | 个体指数 | 权重系数 |
|---|---|---|
| 经营指数 | 营业收入增长率 | 0.096703 |
|  | 应收账款与收入比 | 0.096703 |
|  | 现金与利润总额比 | 0.554945 |
|  | 销售净利率 | 0.251649 |
| 筹资指数 | 经现金流量净额比带息债务 | 0.491944 |
|  | 现金流利息保障倍数 | 0.309305 |
|  | 资产负债率 | 0.136194 |
|  | 市净率 | 0.062557 |
| 投资指数 | 全部现金回收率 | 0.542328 |
|  | 现金再投资比率 | 0.233302 |
|  | 留存收益资产比 | 0.084673 |
|  | 总资产增长率 | 0.139697 |

### 3. 财务综合指数

财务综合指数由三大子系统指数构成，包括经营指数、投资指数和筹资指数，各个指数权重的确定本书也采用层次分析法。房地产行业是一个投资巨大、回收缓慢、回报丰厚、具有高风险的极其复杂的系统工程，生产周期长、资产负债率高、投融资金额大是其经营特性。因此，房地产行业运营过程中经营风险、筹资风险、投资风险均较大，容易出现资金链断裂引发的财务危机。根据房地产行业的特性，本书确定的房地产行业财务综合指数为：

房地产行业财务综合指数 = 0.4 * 经营指数 + 0.3 * 投资指数 +

0.3 * 筹资指数

## 四、财务综合指数与宏观经济指标预警矩阵的构建

宏观经济形势的变动显著地影响着企业的健康状况，不同的经济形势下相同的财务指数所显示的企业的健康状况往往存在差异。为了建立有效的预警矩阵，本书对选定的宏观经济景气指数年度间的变化

程度进行了分析，观察数值的分布情况，分清建模期各阶段的宏观经济形势，并在此基础上确定相应财务指数的预警临界值，从而建立财务综合指数与宏观经济景气指数的预警矩阵。

房地产行业财务综合指数预警矩阵由财务综合指数与宏观经济景气指数的预警指数构成。本书的建模期为 2003 ~ 2012 年 10 年共 20 期数据，考虑宏观经济景气预警指数的影响为当期，因此，预警指数为 2003 - 06 - 30 至 2012 - 12 - 31 的预警指数共 20 个。实践中预警指数将社会经济运行的状态分为 5 个级别：小于 63.3 表示经济过冷，63.3 ~ 83.3 表示经济偏冷，83.3 ~ 116.7 表示经济运行正常，116.7 ~ 136.7 表示经济偏热，大于 136.7 表示经济过热。从表 7 - 6 的数据可以看出，建模期的经济运行基本处于正常状态。考虑到 83.3 ~ 116.7 的指数跨度较大，本书将正常状态的指数分为两个阶段，83.3 ~ 100 为正常偏冷状态，100 ~ 116.7 为正常偏热状态。因此，本书以 83.3、100、116.7 三个临界值将建模期的整体宏观经济形势分为 4 个级别，具体如表 7 - 12 所示。

表 7 - 12　房地产行业建模期宏观经济运行状态及财务综合指数预警临界值

| 宏观经济景气指数 | 63.3 ~ 83.3 | 83.3 ~ 100 | 100 ~ 116.7 | 116.7 ~ 136.7 | 合计 |
|---|---|---|---|---|---|
| 状态 | 偏冷 | 正常偏冷 | 正常偏热 | 偏热 | |
| 数量 | 3 | 6 | 11 | 1 | 20 |
| 综合指数预警临界值 | 0.10 | 0.05 | 0 | - 0.05 | |

房地产行业财务危机发生的概率与宏观经济景气的预警指数变化负相关，当经济运行偏热时，财务危机率降低；当经济运行偏冷时，财务危机率上升。因此，不同经济形势下，财务综合指数的预警临界值也应随之波动，经济偏热时，预警临界值的设置要偏低；经济偏冷时，预警临界值的设置要偏高。观察建模期各个会计期间样本企业财务综合指数数值的大小，结合各期的宏观经济运行状况，本书确定了 0.10、0.05、0、- 0.05 四个财务综合指数预警临界值，分别对应不

同的经济运行状态，具体如表7-12所示。

确定了建模期经济运行状态和财务综合指数预警临界值，将两者相结合便构建了图7-2所示的房地产行业财务综合指数预警矩阵。矩阵的横轴代表宏观经济整体运行状况，以宏观经济景气指数表示，临界值标示出不同的经济运行状态。矩阵的纵轴代表企业整体的经营情况，以财务综合指数表示，分别标示出0.10、0.05、0、-0.05四个预警临界值。以宏观经济景气指数的各个临界值与对应的财务综合指数预警临界值交汇的点作为该经济状态下的矩阵坐标原点，可以获得四个矩阵坐标原点A（83.3，0.10）、B（100，0.05）、C（116.7，0）、D（136.7，-0.05），建立四个预警坐标，从而构建图7-9所示的预警矩阵。

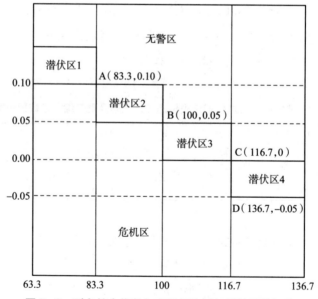

**图7-9 财务综合指数与宏观经济景气指数预警矩阵**

在财务综合指数预警矩阵中，相邻两个预警坐标原点对应所形成的区域为危机潜伏区，四种经济运行状态下各有一个危机潜伏区，潜伏区的大小由相邻的财务综合指数预警临界值和宏观经济景气指数临界值决定。处于潜伏区内表示企业的经营存在潜在的危机，该区域内财务综合指数接近预警临界值，对宏观经济的波动很敏感，经济状况变差会陷入财务危机，经济状况变好时则处于无警状态。各个潜伏区上方的区域为无警区，处于该区域内表示企业的经营状况良好，财务综合指数越大，宏观经济运行状况越好，企业离财务危机区域的距离就越远，也就越安全。各个潜伏区下方的区域为危机区，处于该区域内表示企业已经陷入了财务危机，财务综合指数越小，宏观经济运行状况越差，企业陷入财务危机的程度就越深。

## 五、矩阵预警效果实证分析

根据图 7-9 的预警矩阵，结合房地产行业各期的财务综合指数的分布情况，通过分别计算建模期和验证期财务综合指数的预警准确率和正常型企业误判为危机型企业的概率，以评价财务综合指数预警矩阵的预警效果。预警准确率代表预警矩阵识别危机型企业的准确率，是评价预警效果的主要指标；正常型企业误判成危机的概率表示预警矩阵将正常型企业判断为危机型企业的误判率，是评价预警效果的辅助指标。

表 7-13 是对江浙沪地区房地产行业建模期财务综合指数预警矩阵预警结果的统计及分析。从预警准确率分析，建模 20 期的平均准确率达到 85.14%，其中半年度会计期间预警的准确率 92.93%，年度会计期间矩阵的预警准确率高达 77.35%，预警效果良好；但是由于平均误判率达到 37.13%，每期财务综合指数矩阵预警显示处于危机状态的企业中实际上有近 1/3 是正常型企业，这在一定程度上降低了模型总体预警的准确性。

表 7 – 13　　　　房地产行业建模期矩阵预警的准确性及误判率　　　单位：%

| 会计期间 | 研究界定的危机型企业数量（个）（1） | 财务综合指数预警矩阵的预警结果 | | | 预警结果分析 | |
|---|---|---|---|---|---|---|
| | | 预警矩阵显示的危机企业数量（个）（2） | 其中包含所界定的危机型企业数量（个）（3） | 其中包含所界定的正常型企业数量（个）（4） | 预警准确率（5）=（3）/（1） | 正常型企业误判成危机概率（6）=（4）/（2） |
| 2003 – 06 – 30 | 10 | 14 | 9 | 5 | 90.00 | 35.71 |
| 2003 – 12 – 31 | 7 | 11 | 7 | 4 | 100.00 | 36.36 |
| 2004 – 06 – 30 | 10 | 14 | 9 | 5 | 90.00 | 35.71 |
| 2004 – 12 – 31 | 6 | 9 | 5 | 4 | 83.33 | 44.44 |
| 2005 – 06 – 30 | 15 | 18 | 14 | 4 | 93.33 | 22.22 |
| 2005 – 12 – 31 | 11 | 13 | 8 | 5 | 72.73 | 38.46 |
| 2006 – 06 – 30 | 12 | 18 | 12 | 6 | 100.00 | 33.33 |
| 2006 – 12 – 31 | 7 | 10 | 5 | 5 | 71.43 | 50.00 |
| 2007 – 06 – 30 | 8 | 17 | 8 | 9 | 100.00 | 52.94 |
| 2007 – 12 – 31 | 7 | 11 | 3 | 8 | 42.86 | 72.73 |
| 2008 – 06 – 30 | 22 | 27 | 21 | 6 | 95.45 | 22.22 |
| 2008 – 12 – 31 | 18 | 23 | 16 | 7 | 88.89 | 30.43 |
| 2009 – 06 – 30 | 9 | 13 | 8 | 5 | 88.89 | 38.46 |
| 2009 – 12 – 31 | 5 | 9 | 4 | 5 | 80.00 | 55.56 |
| 2010 – 06 – 30 | 20 | 20 | 17 | 3 | 85.00 | 15.00 |
| 2010 – 12 – 31 | 16 | 20 | 14 | 6 | 87.50 | 30.00 |
| 2011 – 06 – 30 | 15 | 19 | 13 | 6 | 86.67 | 31.58 |
| 2011 – 12 – 31 | 19 | 15 | 11 | 4 | 57.89 | 26.67 |
| 2012 – 06 – 30 | 19 | 25 | 19 | 6 | 100.00 | 24.00 |
| 2012 – 12 – 31 | 9 | 15 | 8 | 7 | 88.89 | 46.67 |
| 平均 | | | | | 85.14 | 37.13 |

表 7 – 14 列示了 2013 ~ 2014 年 4 个验证期财务综合指数预警矩阵的预警结果统计数据，结果显示：验证期预警的平均准确率为 75.63% 低于建模期，平均误判率为 46.16% 高于建模期，预警效果较建模期稍差；但验证期年度会计期间预警的准确率达到了 88.89%、83.33%，高于建模期的 77.35%。从数据上分析，建模期构建的房

地产行业财务综合指数预警矩阵在未来的会计期间可以继续保持建模期的预警准确性，故认为该预警矩阵具有一定的长期适用性。

表7－14　　　房地产行业验证期矩阵预警的准确性及误判率　　　单位：%

| 会计期间 | 危机型企业数量（个） | 财务综合指数预警矩阵的预警结果 | | | 预警结果分析 | |
| --- | --- | --- | --- | --- | --- | --- |
| | | 预警显示危机企业数量（个） | 含危机型企业数量（个） | 含正常型企业数量（个） | 预警准确率 | 误判率 |
| 2013－06－30 | 13 | 18 | 7 | 11 | 53.85 | 61.11 |
| 2013－12－31 | 9 | 18 | 8 | 10 | 88.89 | 55.56 |
| 2014－06－30 | 17 | 17 | 13 | 4 | 76.47 | 23.53 |
| 2014－12－31 | 12 | 18 | 10 | 8 | 83.33 | 44.44 |
| 平均 | | | | | 75.63 | 46.16 |

本书通过进一步研究表明，基于宏观经济波动的财务指数预警，可以把握财务危机产生的根源，对深化财务指数预警研究颇具学术前景。值得注意的是，同一地区、不同行业将存在较大差异，受宏观经济波动的影响程度及影响时间存在显著差异，故需要根据实际情况分门别类构建行业专有的财务指数预警体系。

## 第三节　基于我国A股化工行业的实证研究

本章第一、第二节基于我国江浙沪地区机械设备仪表行业、房地产行业的经验数据，通过分行业构建财务指数预警矩阵，发现同一区域不同行业受宏观经济波动影响存在时间上的差异，经实证研究发现分行业构建的指数预警矩阵在各自领域均有较好的预警效果，且具有一定的长期适用性。为了进一步验证财务指数预警矩阵预警效果及区域的适用性，本书以全国化工行业为研究样本，通过筛选宏观经济指标、确定影响的滞后程度、建立财务综合指数、构建指数预警矩阵等一系列实证研究，发现传统的化工行业的财务综合指数与工业增加值增长率构成的预警矩阵具有良好的预警准确性，但同时将正常企业误判为危机企业的误判率也较高，一定程度上影响了预警效果。

# 一、样本选取

本书选取全国 A 股化工行业上市公司作为研究样本，研究期间为 2003 ~ 2014 年（其中 2003 ~ 2012 年建模期、2013 ~ 2014 年验证期）。根据中国证监会 2011 年发布的《上市公司行业分类指引》，截至 2014 年，全国 A 股化工行业上市公司共有 153 家。为了与笔者前期的研究保持一致，将一个会计期间内由经营活动产生的现金净流量为负值，且当期增加的现金及现金等价物净额小于零的企业界定为财务危机型企业。本书中上市公司的财务数据来自国泰安数据库，宏观经济指标来自国家统计局网站。

# 二、宏观经济指标的确定及其影响滞后程度的实证研究

## 1. 宏观经济指标筛选模型的建立

宏观经济指标的变动体现了宏观经济的波动，构建财务指数与宏观经济指标的预警矩阵的前提是通过实证研究选择对企业财务危机的发生具有显著影响的宏观经济指标，并确定宏观经济指标对企业影响的滞后程度。笔者在前期研究的基础上，本着遵循敏感性、可获得性、全面性和可配比性的原则，初步选择了 GDP 增长率、工业增加值增长率、固定资产投资增长率、广义货币供应量（$M_2$）变化率、宏观经济景气指数反映宏观经济的波动，以分析宏观经济指标对财务危机影响的显著性。设定相应的研究变量如表 7 - 15 所示。

表 7 - 15　　　　　　　　　研究变量的设定

| 变量名称 | 变量符号 | 变量定义 |
| --- | --- | --- |
| 财务危机比率 | FCR | 财务危机发生的概率，财务危机型企业数量/样本企业数量 |
| GDP 增长率 | GRGDP | 国内生产总值的增长 |
| 工业增加值增长率 | GRIAV | 工业增加值的增长 |
| $M_2$ 增长率 | GRM2 | 广义货币供应量的增长 |
| 固定资产投资增长率 | GRFAI | 固定资产投资额的增长 |
| 宏观经济景气指数 | MCI | 宏观经济景气指数中的预警指数 |

　　分析宏观经济指标对财务危机影响显著性的同时，还需兼顾分析其影响的滞后程度，因此，要分别研究当期、滞后一期、滞后两期的宏观经济指标对企业财务危机的影响，构建模型如下：

$$FCR_t = \alpha_0 + \alpha_1 GRGDP_{t-i} + \alpha_2 GRIAV_{t-i} + \alpha_3 GRM2_{t-i} +$$
$$\alpha_4 GRFAI_{t-i} + \alpha_5 MCI_{t-i} + \varepsilon_i$$

　　其中 i = 0，1，2，当 i = 0 时表示当期模型，i = 1 时为滞后一期模型，i = 2 时为滞后两期模型。本书以半年度作为一个会计周期，故滞后一期是指滞后半年，滞后两期是指滞后一年。

　　2. 化工行业宏观经济指标筛选及其影响滞后程度的确定

　　将全国 A 股化工行业的数据与宏观经济指标进行分析后得到表 7 - 16 所示的回归分析结果。工业增加值增长率仅在滞后两期的模型中表现出显著负相关；固定资产投资增长率在当期、滞后两期的模型中表现出显著负相关，在滞后一期的模型中则表现为显著正相关；宏观经济景气指数仅在滞后两期的模型中表现出显著正相关。从模型的拟合度分析，滞后两期的 $R^2$ 最大；且滞后两期的模型中上述三个宏观经济指标均显著相关，故认为宏观经济指标对化工行业的影响滞后两期最显著。

表 7 – 16　　　　　　　　　全国化工行业回归分析结果

|  | i = 0 | i = 1 | i = 2 |
|---|---|---|---|
| 常数项 | 10.726 | 5.275 | – 11.369 |
| GDP 增长率 | – 0.008 | – 0.443 | 0.213 |
| 工业增加值增长率 | – 0.537 | – 0.662 | – 1.244 ** |
| M₂ 增长率 | – 0.193 | 0.014 | 0.386 |
| 固定资产投资增长率 | – 0.352 ** | 0.305 ** | – 0.407 ** |
| 宏观经济景气指数 | 0.186 | 0.187 | 0.383 ** |
| 调整的 R² | 0.28 | 0.264 | 0.457 |

注：＊表示10%的显著性水平；＊＊表示5%的显著性水平。

　　将建模期化工行业财务危机比率与前两期的工业增加值增长率、固定资产投资增长率、宏观经济景气指数的变化趋势进行分析（见图 7 – 10），发现财务危机比率的变化趋势与前两期的工业增加值增长率的变化趋势完全相反，且波动幅度与前两期的工业增加值增长率的波动幅度更为接近。

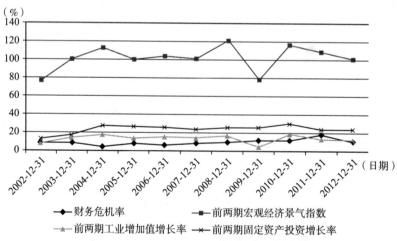

图 7 – 10　化工行业财务危机比率与前两期宏观经济指标的趋势分析

综合回归分析和趋势分析的结果,最终选择前两期的工业增加值增长率作为构建化工行业财务综合指数预警模型的宏观经济指数,即化工行业受宏观经济波动的影响存在一定的滞后性,要一年以后才能体现;工业增加值增长越快,化工行业发生财务危机的概率越低。

## 三、财务综合指数的构建

财务指数是构建指数预警矩阵的基础,本书将企业的生产经营过程分为经营活动、投资活动、筹资活动三大子系统,采用层次分析法,通过建立基础的指标指数,构建经营指数、投资指数、筹资指数三大子系统指数,并最终构建财务综合指数。

笔者根据前期研究的经验,结合化工行业的特性,将财务危机型企业与正常型企业的财务指标进行分组,从中筛选出存在显著性差异的财务指标。对于越大越好型、越小越好型财务指标,本书采用SPSS软件的独立样本 t 检验,设定的置信区间为90%,即显著性水平为0.10,当双尾概率 P 值小于0.1时,说明均值存在显著性差异。对于区间适中型指标,本书采用排序观察法,对建模期每个会计期间的所有样本依据该财务指标数值大小进行排序,然后观察危机型企业的数值是否绝大多数(本书以 ≥50% 作为判断标准)分布于两端,若是则说明该财务指标对于危机型企业与正常企业来说具有显著差异。对于上述通过独立样本 t 检验和排序法观察初步确定的财务指标,将其按经营财务指标、筹资财务指标、投资财务指标分组进行相关性检验,通过分析比较相关系数和显著性水平,剔除显著相关的财务指标。根据上述方法,最终确定的房地产行业和化工行业初步筛选的财务指标如表 7-17 所示。

表 7 - 17                          财务指标的预警上下限

| 类别 | 财务指标 | 指数模型 | 化工行业 | |
|------|---------|---------|---------|---------|
| | | | 下限（%） | 上限（%） |
| 经营财务指标 | 可持续增长率 | ③ | 15 | 85 |
| | 营业周期 | ③ | 15 | 85 |
| | 现金与利润总额比 | ① | 20 | 90 |
| | 销售净利率 | ① | 20 | 90 |
| 筹资财务指标 | 经现金流量净额比带息债务 | ① | 20 | 90 |
| | 现金流利息保障倍数 | ① | 20 | 90 |
| | 资产负债率 | ③ | 15 | 85 |
| | 市净率 | ② | 10 | 80 |
| 投资财务指标 | 全部现金回收率 | ① | 20 | 90 |
| | 现金再投资比率 | ① | 20 | 90 |
| | 留存收益资产比 | ③ | 15 | 85 |
| | 总资产增长率 | ③ | 15 | 85 |

## 1. 指标指数

构建指标指数时，对同一行业同一样本期间的每个样本按财务指标数值从大到小进行排序，不同类型的财务指标构建指标指数的方法不同，具体如下：

越大越好型指标，指标指数 $= \dfrac{x_{ij} - m_j}{M_j - m_j}$    (7.4)

越小越好型指标，指标指数 $= \dfrac{M_j - x_{ij}}{M_j - m_j}$    (7.5)

适中型指标，指标指数 $= \begin{cases} 1 - \dfrac{q - x_{ij}}{\max\ (q - m_j,\ M_j - q)}, & q > x_{ij} \\ 1 - \dfrac{x_{ij} - q}{\max\ (q - m_j,\ M_j - q)}, & q < x_{ij} \end{cases}$    (7.6)

其中，$x_{ij}$ 表示第 j 期每个样本企业财务指标的数值，$m_j$ 表示第 j 期该财务指标的预警下限值，$M_j$ 表示第 j 期该财务指标的预警上限值，q 表示正常范围内的样本均值。

指标指数构建的关键是确定财务指标的预警上下限，同一行业、不同年度每个企业财务指标会不断地变动，很难用一个确定不变的数值去判断其健康状况。本书确定的财务指标预警上下限不是某一个确定的数值，而是同一行业、同一会计期间内在样本企业中所处的位置。2003～2012年全国化工行业样本企业中财务危机企业所占的比例平均为15%。通过分析比较两个样本企业财务指标频数分布情况，最终确定如表7-17所示的财务指标预警上下限。

### 2. 子系统指数

经营指数、筹资指数、投资指数三大子系统指数的构建采用层次分析法（The Analytic Hierarchy Process，以下简称"AHP"），通过构造成对比较阵，计算权向量并作一致性检验，来确定各个指标指数的权重系数。以投资指数的构建为例，将全部现金回收率指数、现金再投资指数、留存收益资产比指数、总资产增长率指数通过两两比较确定重要性标度，构建成对比较矩阵，检验矩阵的一致性，并计算确定各个指数的权重系数。

根据上述方法，通过对化工行业2003～2012年个体指数的分析计算，最终构建了化工行业的经营指数、筹资指数、投资指数，各个子系统指数中指标指数的权重系数如表7-18所示。

表7-18　　　　　　　　子系统指数构建的权重系数

| 子系统指数 | 个体指数 | 权重系数 |
|---|---|---|
| 经营指数 | 可持续增长率 | 0.096703 |
| | 营业周期 | 0.096703 |
| | 现金与利润总额比 | 0.554945 |
| | 销售净利率 | 0.251649 |
| 筹资指数 | 经现金流量净额比带息债务 | 0.491944 |
| | 现金流利息保障倍数 | 0.309305 |
| | 资产负债率 | 0.136194 |
| | 市净率 | 0.062557 |
| 投资指数 | 全部现金回收率 | 0.542328 |
| | 现金再投资比率 | 0.233302 |
| | 留存收益资产比 | 0.084673 |
| | 总资产增长率 | 0.139697 |

### 3. 财务综合指数

财务综合指数由三大子系统指数构成，包括经营指数、投资指数和筹资指数，各个指数权重的确定本书也采用层次分析法。化工行业属于传统的行业，与机械设备仪表行业类似，故笔者借鉴前期的研究，确定的化工行业的财务综合指数为：

$$化工行业财务综合指数 = 0.5 * 经营指数 + 0.25 * 投资指数 + 0.25 * 筹资指数$$

## 四、财务综合指数与宏观经济指标预警矩阵的构建

宏观经济形势的变动显著地影响着企业的健康状况，不同的经济形势下相同的财务指数所显示的企业的健康状况往往存在差异。为了建立有效的预警矩阵，本书对选定工业增加值增长率年度间的变化程度进行了分析，观察数值的分布情况，分清建模期各阶段的宏观经济形势，并在此基础上确定相应财务指数的预警临界值，从而建立财务综合指数与宏观经济指标的预警矩阵。

化工行业财务综合指数预警矩阵由财务综合指数与工业增加值增长率指标构成。在宏观经济指标筛选的过程中，化工行业财务危机率与工业增加值前两期的增长率变化显著负相关，即工业增加值快速增长时，化工行业发生财务危机的概率降低，财务综合指数也相对偏高。考虑到工业增加值增长率对化工行业财务危机的影响滞后两期，即在建模期不变（2003~2012年十年共20期）的情况下，工业增加值增长率的取值应为2002-6-30至2011-12-31共20个数据。通过对建模期数据的分析确定了如表7-19所示的工业增加值增长率区域的划分和相应的财务综合指数的预警临界值，并构建了如图7-11所示的化工行业财务综合指数预警矩阵。

**表 7 - 19　工业增加值增长率分布区域及综合指数的预警临界值**

| 工业增加值增长率 | 8.5 ~ 13 | 13 ~ 15 | 15 ~ 17 | 17 ~ 20 | 合计 |
|---|---|---|---|---|---|
| 数量 | 4 | 5 | 6 | 5 | 20 |
| 综合指数预警临界值 | 0.10 | 0.05 | 0 | - 0.05 | |

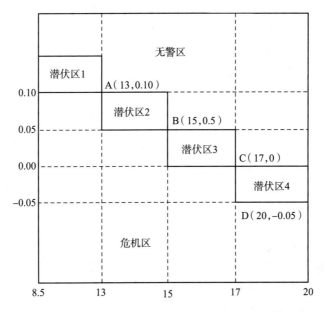

**图 7 - 11　财务综合指数与工业增加值增长率的预警矩阵**

　　矩阵的横轴代表宏观经济整体运行状况，以工业增加值增长率指标表示，临界值标示出不同的经济运行状态。矩阵的纵轴代表企业整体的经营情况，以财务综合指数表示，分别标示出 0.10、0.05、0、- 0.05 四个预警临界值。以工业增加值增长率的各个临界值与对应的财务综合指数预警临界值交汇的点作为该经济状态下的矩阵坐标原点，可以获得四个矩阵坐标原点 A（13，0.10）、B（15，0.05）、C（17，0）、D（20，- 0.05），建立四个预警坐标，从而构建图 7 - 11 所示的预警矩阵。

　　在财务综合指数预警矩阵中，相邻两个预警坐标原点对应所形成的区域为危机潜伏区，四种经济运行状态下各有一个危机潜伏区，潜伏区的大小由相邻的财务综合指数预警临界值和宏观经济景气指数临界值决定。处于潜伏区内表示企业的经营存在潜在的危机，该区域内财务综合指数接近预警临界值，对宏观经济的波动很敏感，经济状况变差会陷入财务危机，经济状况变好时则处于无警状态。各个潜伏区上方的区域为无警区，处于该区域内表示企业的经营状况良好，财务综合指数越大，宏观经济运行状况越好，企业离财务危机区域的距离就越远，也就越安全。各个潜伏区下方的区域为危机区，处于该区域内表示企业已经陷入了财务危机，财务综合指数越小，宏观经济运行状况越差，企业陷入财务危机的程度就越深。

## 五、矩阵预警效果实证分析

根据图 7-11 的预警矩阵，结合化工行业各期的财务综合指数的分布情况，通过分别计算建模期和验证期财务综合指数的预警准确率和正常型企业误判为危机型企业的概率，以评价财务综合指数预警矩阵的预警效果。预警准确率代表预警矩阵识别危机型企业的准确率，是评价预警效果的主要指标；正常型企业误判成危机的概率表示预警矩阵将正常型企业判断为危机型企业的误判率，是评价预警效果的辅助指标。

表 7-20 是对全国化工行业建模期财务综合指数预警矩阵预警结果的统计及分析。从预警准确率分析，建模 20 期的平均准确率达到 77.27%，其中半年度会计期间预警的准确率 73.56%，年度会计期间矩阵的预警准确率高达 81%，预警效果良好；但是由于平均误判率达到 47.13%，每期财务综合指数矩阵预警显示处于危机状态的企业中实际上有近 1/2 是正常型企业，这在一定程度上降低了模型总体预警的准确性。

表 7 – 20   化工行业建模期财务综合指数预警矩阵预警结果的统计及分析

单位：%

| 会计期间 | 研究界定的危机型企业数量（个）（1） | 财务综合指数预警矩阵的预警结果 | | | 预警结果分析 | |
|---|---|---|---|---|---|---|
| | | 预警矩阵显示的危机企业数量（个）（2） | 其中包含所界定的危机型企业数量（个）（3） | 其中包含所界定的正常型企业数量（个）（4） | 预警准确率（5）=（3）/（1） | 正常型企业误判成危机概率（6）=（4）/（2） |
| 2003 – 06 – 30 | 7 | 17 | 6 | 11 | 85.71 | 64.71 |
| 2003 – 12 – 31 | 7 | 14 | 7 | 7 | 100.00 | 50.00 |
| 2004 – 06 – 30 | 6 | 14 | 6 | 8 | 100.00 | 57.14 |
| 2004 – 12 – 31 | 4 | 9 | 4 | 5 | 100.00 | 55.56 |
| 2005 – 06 – 30 | 19 | 16 | 14 | 2 | 73.68 | 12.50 |
| 2005 – 12 – 31 | 7 | 12 | 7 | 5 | 100.00 | 41.67 |
| 2006 – 06 – 30 | 19 | 21 | 16 | 5 | 84.21 | 23.81 |
| 2006 – 12 – 31 | 6 | 14 | 5 | 9 | 83.33 | 64.29 |
| 2007 – 06 – 30 | 21 | 20 | 15 | 5 | 71.43 | 25.00 |
| 2007 – 12 – 31 | 9 | 20 | 8 | 12 | 88.89 | 60.00 |
| 2008 – 06 – 30 | 17 | 18 | 9 | 9 | 52.94 | 50.00 |
| 2008 – 12 – 31 | 11 | 17 | 8 | 9 | 72.73 | 52.94 |
| 2009 – 06 – 30 | 12 | 23 | 9 | 14 | 75.00 | 60.87 |
| 2009 – 12 – 31 | 13 | 20 | 11 | 9 | 84.62 | 45.00 |
| 2010 – 06 – 30 | 29 | 38 | 23 | 15 | 79.31 | 39.47 |
| 2010 – 12 – 31 | 16 | 13 | 7 | 6 | 43.75 | 46.15 |
| 2011 – 06 – 30 | 39 | 36 | 26 | 10 | 66.67 | 27.78 |
| 2011 – 12 – 31 | 26 | 29 | 16 | 13 | 61.54 | 44.83 |
| 2012 – 06 – 30 | 30 | 30 | 14 | 16 | 46.67 | 53.33 |
| 2012 – 12 – 31 | 16 | 37 | 12 | 25 | 75.00 | 67.57 |
| 平均 | | | | | 77.27 | 47.13 |

　　表 7 – 21 列示了 2013 ~ 2014 年 4 个验证期财务综合指数预警矩阵的预警结果统计数据，结果显示：验证期预警的平均准确率 78.27% 高于建模期，平均误判率 41.09% 也低于建模期，预警效果较建模期好；且验证期年度会计期间预警的准确率达到了 84.62%、100%，高于建模期的 81%。从数据上分析，建模期构建的化工行业

财务综合指数预警矩阵在未来的会计期间可以继续保持建模期的预警准确性，且平均误判率也低于建模期，故认为该预警矩阵具有一定的长期适用性。

表 7 - 21　　　　化工行业验证期矩阵预警的准确性及误判率　　　单位：%

| 会计期间 | 危机型企业数量（个） | 财务综合指数预警矩阵的预警结果 | | | 预警结果分析 | |
|---|---|---|---|---|---|---|
| | | 预警显示危机企业数量（个） | 含危机型企业数量（个） | 含正常型企业数量（个） | 预警准确率 | 误判率 |
| 2013 - 06 - 30 | 43 | 51 | 32 | 19 | 74.42 | 37.25 |
| 2013 - 12 - 31 | 26 | 36 | 22 | 14 | 84.62 | 38.89 |
| 2014 - 06 - 30 | 37 | 40 | 20 | 20 | 54.05 | 50.00 |
| 2014 - 12 - 31 | 21 | 34 | 21 | 13 | 100.00 | 38.24 |
| 平均 | | | | | 78.27 | 41.09 |

　　在整个建模期与验证期，化工行业财务综合指数预警模型的预警准确率为 77.44%，误判率为 46.12%；江浙沪地区房地产行业财务综合指数预警模型的预警准确率达到 83.56%，误判率为 38.63%；江浙沪地区机械设备行业财务综合指数预警模型的预警准确率达到 80%，误判率为 25%。从准确率和误判率的比较可以发现，全国化工行业指数预警模型预警的准确率偏低、误判率偏高。笔者认为，原因可能是地区间差异造成的，宏观经济的波动对不同地区的化工企业的影响存在差异；而本书的研究将全国范围内的化工企业全部纳入研究范围，一定程度上降低了模型预警的准确性，提高了误判率。从宏观经济波动影响的滞后性上分析，工业增加值增长率对全国化工行业的影响滞后了一年；宏观经济景气指数对江浙沪机械设备仪表行业的影响滞后半年；而宏观经济景气指数对江浙沪房地产行业的影响并未滞后，当期就能显现。由此可见，宏观经济波动对企业财务危机发生的影响因行业、区域而异。因此，基于宏观经济理论建立财务指数预

警体系，需要分门别类构建行业、区域专有的财务指数预警体系。不同行业预警体系的建立既要考虑宏观经济影响的差异，又要评估地区间发展不平衡性的影响，若混为一谈，指数预警体系终将难以合理构建。

# 附　　表

## 附表1　成熟期属性约简列表

| NO | Reduct | Support | Length | NO | Reduct | Support | Length |
|---|---|---|---|---|---|---|---|
| 1 | {C5，C9} | 100 | 2 | 22 | {C2，C4，C19} | 100 | 3 |
| 2 | {C5，C16，C19} | 100 | 3 | 23 | {C6，C9，C12} | 100 | 3 |
| 3 | {C2，C5，C16} | 100 | 3 | 24 | {C2，C5，C11} | 100 | 3 |
| 4 | {C5，C10，C19} | 100 | 3 | 25 | {C2，C4，C5} | 100 | 3 |
| 5 | {C5，C10，C20} | 100 | 3 | 26 | {C4，C6，C11} | 100 | 3 |
| 6 | {C2，C5，C10} | 100 | 3 | 27 | {C4，C9，C13} | 100 | 3 |
| 7 | {C5，C8，C15} | 100 | 3 | 28 | {C1，C2，C6} | 100 | 3 |
| 8 | {C13，C14，C16} | 100 | 3 | 29 | {C4，C6，C16} | 100 | 3 |
| 9 | {C2，C5，C18} | 100 | 3 | 30 | {C6，C14，C15} | 100 | 3 |
| 10 | {C4，C5，C13} | 100 | 3 | 31 | {C2，C8，C15} | 100 | 3 |
| 11 | {C4，C5，C6} | 100 | 3 | 32 | {C2，C5，C15} | 100 | 3 |
| 12 | {C5，C13，C19} | 100 | 3 | 33 | {C4，C6，C17} | 100 | 3 |
| 13 | {C2，C6，C13} | 100 | 3 | 34 | {C6，C13，C14} | 100 | 3 |
| 14 | {C2，C8，C13} | 100 | 3 | 35 | {C4，C6，C10} | 100 | 3 |
| 15 | {C4，C9，C11} | 100 | 3 | 36 | {C4，C6，C15} | 100 | 3 |
| 16 | {C3，C6，C10} | 100 | 3 | 37 | {C5，C10，C15} | 100 | 3 |
| 17 | {C1，C4，C20} | 100 | 3 | 38 | {C4，C6，C18} | 100 | 3 |
| 18 | {C9，C13，C20} | 100 | 3 | 39 | {C2，C4，C6} | 100 | 3 |
| 19 | {C4，C9，C14} | 100 | 3 | 40 | {C6，C16，C19} | 100 | 3 |
| 20 | {C6，C11，C14} | 100 | 3 | 41 | {C6，C8，C11} | 100 | 3 |
| 21 | {C2，C5，C12} | 100 | 3 | 42 | {C4，C6，C12} | 100 | 3 |

| NO | Reduct | Support | Length | NO | Reduct | Support | Length |
|----|--------|---------|--------|-----|--------|---------|--------|
| 43 | {C6, C15, C16} | 100 | 3 | 76 | {C2, C5, C13} | 100 | 3 |
| 44 | {C5, C8, C13} | 100 | 3 | 77 | {C5, C10, C11} | 100 | 3 |
| 45 | {C4, C10, C11} | 100 | 3 | 78 | {C5, C11, C19} | 100 | 3 |
| 46 | {C2, C6, C10} | 100 | 3 | 79 | {C5, C8, C10} | 100 | 3 |
| 47 | {C2, C6, C18} | 100 | 3 | 80 | {C5, C18, C20} | 100 | 3 |
| 48 | {C4, C6, C14} | 100 | 3 | 81 | {C1, C5, C18} | 100 | 3 |
| 49 | {C6, C18, C20} | 100 | 3 | 82 | {C3, C5, C15} | 100 | 3 |
| 50 | {C6, C10, C18} | 100 | 3 | 83 | {C5, C16, C20} | 100 | 3 |
| 51 | {C6, C9, C18} | 100 | 3 | 84 | {C11, C14, C16} | 100 | 3 |
| 52 | {C5, C10, C18} | 100 | 3 | 85 | {C13, C14, C19} | 100 | 3 |
| 53 | {C6, C18, C19} | 100 | 3 | 86 | {C6, C9, C14} | 100 | 3 |
| 54 | {C2, C6, C19} | 100 | 3 | 87 | {C2, C14, C19} | 100 | 3 |
| 55 | {C5, C8, C16} | 100 | 3 | 88 | {C8, C14, C19} | 100 | 3 |
| 56 | {C5, C17, C20} | 100 | 3 | 89 | {C4, C5, C14} | 100 | 3 |
| 57 | {C5, C15, C16} | 100 | 3 | 90 | {C8, C11, C14} | 100 | 3 |
| 58 | {C3, C5, C11} | 100 | 3 | 91 | {C2, C5, C19} | 100 | 3 |
| 59 | {C2, C15, C17} | 100 | 3 | 92 | {C1, C5, C8} | 100 | 3 |
| 60 | {C9, C15, C20} | 100 | 3 | 93 | {C5, C8, C11} | 100 | 3 |
| 61 | {C5, C14, C15} | 100 | 3 | 94 | {C2, C5, C17} | 100 | 3 |
| 62 | {C5, C14, C20} | 100 | 3 | 95 | {C4, C15, C16} | 100 | 3 |
| 63 | {C6, C12, C14} | 100 | 3 | 96 | {C6, C14, C20} | 100 | 3 |
| 64 | {C5, C11, C14} | 100 | 3 | 97 | {C2, C8, C14} | 100 | 3 |
| 65 | {C5, C12, C14} | 100 | 3 | 98 | {C8, C10, C15} | 100 | 3 |
| 66 | {C5, C8, C17} | 100 | 3 | 99 | {C5, C10, C17} | 100 | 3 |
| 67 | {C5, C8, C12} | 100 | 3 | 100 | {C4, C18, C20} | 100 | 3 |
| 68 | {C14, C16, C19} | 100 | 3 | 101 | {C2, C6, C14} | 100 | 3 |
| 69 | {C1, C2, C5} | 100 | 3 | 102 | {C4, C6, C20} | 100 | 3 |
| 70 | {C5, C13, C14} | 100 | 3 | 103 | {C9, C17, C20} | 100 | 3 |
| 71 | {C1, C8, C19} | 100 | 3 | 104 | {C3, C4, C19} | 100 | 3 |
| 72 | {C5, C14, C18} | 100 | 3 | 105 | {C6, C14, C17} | 100 | 3 |
| 73 | {C2, C13, C17} | 100 | 3 | 106 | {C5, C12, C20} | 100 | 3 |
| 74 | {C5, C17, C19} | 100 | 3 | 107 | {C5, C11, C20} | 100 | 3 |
| 75 | {C5, C8, C14} | 100 | 3 | 108 | {C6, C10, C14} | 100 | 3 |

| NO | Reduct | Support | Length | NO | Reduct | Support | Length |
|---|---|---|---|---|---|---|---|
| 109 | {C5, C14, C17} | 100 | 3 | 142 | {C2, C5, C14} | 100 | 3 |
| 110 | {C4, C5, C16} | 100 | 3 | 143 | {C3, C5, C13} | 100 | 3 |
| 111 | {C2, C6, C17} | 100 | 3 | 144 | {C1, C10, C11} | 100 | 3 |
| 112 | {C5, C10, C14} | 100 | 3 | 145 | {C1, C5, C10} | 100 | 3 |
| 113 | {C2, C17, C20} | 100 | 3 | 146 | {C1, C5, C15} | 100 | 3 |
| 114 | {C3, C6, C12} | 100 | 3 | 147 | {C3, C5, C12} | 100 | 3 |
| 115 | {C6, C10, C15} | 100 | 3 | 148 | {C3, C5, C14} | 100 | 3 |
| 116 | {C3, C5, C10} | 100 | 3 | 149 | {C3, C6, C14} | 100 | 3 |
| 117 | {C2, C6, C15} | 100 | 3 | 150 | {C3, C10, C14} | 100 | 3 |
| 118 | {C1, C9, C20} | 100 | 3 | 151 | {C3, C4, C6} | 100 | 3 |
| 119 | {C3, C6, C19} | 100 | 3 | 152 | {C2, C6, C12} | 100 | 3 |
| 120 | {C1, C9, C18} | 100 | 3 | 153 | {C3, C5, C18} | 100 | 3 |
| 121 | {C3, C6, C17} | 100 | 3 | 154 | {C2, C6, C9} | 100 | 3 |
| 122 | {C1, C6, C9} | 100 | 3 | 155 | {C4, C5, C10} | 100 | 3 |
| 123 | {C6, C9, C20} | 100 | 3 | 156 | {C6, C16, C17} | 100 | 3 |
| 124 | {C14, C18, C20} | 100 | 3 | 157 | {C10, C14, C15} | 100 | 3 |
| 125 | {C3, C15, C19} | 100 | 3 | 158 | {C1, C13, C19} | 100 | 3 |
| 126 | {C1, C3, C5} | 100 | 3 | 159 | {C6, C10, C19} | 100 | 3 |
| 127 | {C1, C6, C11} | 100 | 3 | 160 | {C6, C8, C14} | 100 | 3 |
| 128 | {C5, C11, C16} | 100 | 3 | 161 | {C6, C8, C10} | 100 | 3 |
| 129 | {C1, C6, C18} | 100 | 3 | 162 | {C6, C9, C10} | 100 | 3 |
| 130 | {C6, C16, C20} | 100 | 3 | 163 | {C3, C6, C15} | 100 | 3 |
| 131 | {C6, C8, C18} | 100 | 3 | 164 | {C6, C11, C19} | 100 | 3 |
| 132 | {C1, C6, C17} | 100 | 3 | 165 | {C6, C17, C19} | 100 | 3 |
| 133 | {C6, C9, C15} | 100 | 3 | 166 | {C4, C6, C8} | 100 | 3 |
| 134 | {C3, C6, C18} | 100 | 3 | 167 | {C1, C13, C17} | 100 | 3 |
| 135 | {C6, C15, C19} | 100 | 3 | 168 | {C6, C8, C19} | 100 | 3 |
| 136 | {C3, C6, C9} | 100 | 3 | 169 | {C4, C16, C17} | 100 | 3 |
| 137 | {C6, C12, C19} | 100 | 3 | 170 | {C6, C8, C13} | 100 | 3 |
| 138 | {C3, C5, C19} | 100 | 3 | 171 | {C4, C9, C17} | 100 | 3 |
| 139 | {C3, C14, C19} | 100 | 3 | 172 | {C4, C6, C13} | 100 | 3 |
| 140 | {C3, C6, C11} | 100 | 3 | 173 | {C1, C4, C6} | 100 | 3 |
| 141 | {C3, C5, C17} | 100 | 3 | 174 | {C6, C8, C17} | 100 | 3 |

| NO | Reduct | Support | Length | NO | Reduct | Support | Length |
|----|--------|---------|--------|----|--------|---------|--------|
| 175 | {C1, C6, C10} | 100 | 3 | 196 | {C6, C17, C20} | 100 | 3 |
| 176 | {C1, C10, C13} | 100 | 3 | 197 | {C6, C19, C20} | 100 | 3 |
| 177 | {C6, C8, C12} | 100 | 3 | 198 | {C2, C6, C11} | 100 | 3 |
| 178 | {C8, C13, C19} | 100 | 3 | 199 | {C2, C6, C16} | 100 | 3 |
| 179 | {C3, C4, C5} | 100 | 3 | 200 | {C4, C9, C15} | 100 | 3 |
| 180 | {C5, C16, C18} | 100 | 3 | 201 | {C9, C11, C15, C16} | 100 | 4 |
| 181 | {C6, C16, C18} | 100 | 3 | 202 | {C3, C11, C16, C19} | 100 | 4 |
| 182 | {C6, C14, C16} | 100 | 3 | 203 | {C3, C8, C13, C20} | 100 | 4 |
| 183 | {C1, C3, C11} | 100 | 3 | 204 | {C3, C9, C15, C16} | 100 | 4 |
| 184 | {C1, C3, C6} | 100 | 3 | 205 | {C3, C11, C13, C20} | 100 | 4 |
| 185 | {C1, C6, C13} | 100 | 3 | 206 | {C3, C9, C14, C18} | 100 | 4 |
| 186 | {C12, C14, C18} | 100 | 3 | 207 | {C3, C11, C17, C20} | 100 | 4 |
| 187 | {C3, C5, C16} | 100 | 3 | 208 | {C3, C4, C11, C18} | 100 | 4 |
| 188 | {C4, C9, C18} | 100 | 3 | 209 | {C8, C9, C11, C19} | 100 | 4 |
| 189 | {C6, C8, C15} | 100 | 3 | 210 | {C8, C9, C15, C19} | 100 | 4 |
| 190 | {C3, C6, C13} | 100 | 3 | 211 | {C1, C11, C15, C16} | 100 | 4 |
| 191 | {C6, C13, C19} | 100 | 3 | 212 | {C9, C11, C16, C19} | 100 | 4 |
| 192 | {C1, C6, C15} | 100 | 3 | 213 | {C1, C16, C17, C18} | 100 | 4 |
| 193 | {C3, C6, C16} | 100 | 3 | 214 | {C9, C13, C15, C19} | 100 | 4 |
| 194 | {C3, C13, C19} | 100 | 3 | 215 | {C3, C8, C11, C15} | 100 | 4 |
| 195 | {C6, C8, C9} | 100 | 3 | | | | |

## 附表 2 成熟期决策规则列表

| NO | Rule | LHS Support | RHS Support | RHS Accuracy | LHS Coverage | RHS Coverage | RHS Stability | LHS Length | RHS Length |
|---|---|---|---|---|---|---|---|---|---|
| 1 | D2([ * , 0.03640)) AND D14([0.00311, 0.03099)) = > D(1) | 3 | 3 | 1 | 0.157895 | 0.333333 | 1 | 2 | 1 |
| 2 | D2([0.12755, 0.28184)) AND D14([0.06859, * )) = > D(1) | 1 | 1 | 1 | 0.052632 | 0.111111 | 1 | 2 | 1 |
| 3 | D2([0.03640, 0.12755)) AND D14([ * , 0.00311)) = > D(1) | 1 | 1 | 1 | 0.052632 | 0.111111 | 1 | 2 | 1 |
| 4 | D2([0.03640, 0.12755)) AND D14([0.00311, 0.03099)) = > D(1) | 1 | 1 | 1 | 0.052632 | 0.111111 | 1 | 2 | 1 |
| 5 | D2([ * , 0.03640)) AND D14([0.03099, 0.06859)) = > D(1) | 2 | 2 | 1 | 0.105263 | 0.222222 | 1 | 2 | 1 |
| 6 | D2([ * , 0.03640)) AND D14([ * , 0.00311)) = > D(1) | 1 | 1 | 1 | 0.052632 | 0.111111 | 1 | 2 | 1 |
| 7 | D2([0.28184, * )) AND D14([0.00311, 0.03099)) = > D(0) | 2 | 2 | 1 | 0.105263 | 0.2 | 1 | 2 | 1 |
| 8 | D2([0.28184, * )) AND D14([0.06859, * )) = > D(0) | 3 | 3 | 1 | 0.157895 | 0.3 | 1 | 2 | 1 |
| 9 | D3([ * , 0.03053)) AND D6([ -0.10244, 0.01774)) = > D(1) | 3 | 3 | 1 | 0.157895 | 0.333333 | 1 | 2 | 1 |
| 10 | D3([0.12003, 0.21214)) AND D6([ * , -0.10244)) = > D(1) | 1 | 1 | 1 | 0.052632 | 0.111111 | 1 | 2 | 1 |
| 11 | D3([0.03053, 0.12003)) AND D6([ * , -0.10244)) = > D(1) | 2 | 2 | 1 | 0.105263 | 0.222222 | 1 | 2 | 1 |
| 12 | D3([0.03053, 0.12003)) AND D6([ -0.10244, 0.01774)) = > D(1) | 1 | 1 | 1 | 0.052632 | 0.111111 | 1 | 2 | 1 |
| 13 | D3([ * , 0.03053)) AND D6([ * , -0.10244)) = > D(1) | 1 | 1 | 1 | 0.052632 | 0.111111 | 1 | 2 | 1 |
| 14 | D3([ * , 0.03053)) AND D6([0.01774, 0.05603)) = > D(1) | 1 | 1 | 1 | 0.052632 | 0.111111 | 1 | 2 | 1 |
| 15 | D3([0.03053, 0.12003)) AND D6([0.01774, 0.05603)) = > D(0) | 2 | 2 | 1 | 0.105263 | 0.2 | 1 | 2 | 1 |

续表

| NO | Rule | LHS Support | RHS Support | RHS Accuracy | LHS Coverage | RHS Coverage | RHS Stability | LHS Length | RHS Length |
|---|---|---|---|---|---|---|---|---|---|
| 16 | D3([0.21214, * )) AND D6([0.05603, * )) = >D(0) | 3 | 3 | 1 | 0.157895 | 0.3 | 1 | 2 | 1 |
| 17 | D3([0.12003, 0.21214)) AND D6([0.05603, * )) = >D(0) | 3 | 3 | 1 | 0.157895 | 0.3 | 1 | 2 | 1 |
| 18 | D2([ * , 0.03640)) AND D5([ -0.57933, 0.00266)) = >D(1) | 2 | 2 | 1 | 0.105263 | 0.222222 | 1 | 2 | 1 |
| 19 | D2([0.12755, 0.28184)) AND D5([ * , -0.57933)) = >D(1) | 1 | 1 | 1 | 0.052632 | 0.111111 | 1 | 2 | 1 |
| 20 | D2([0.03640, 0.12755)) AND D5([ * , -0.57933)) = >D(1) | 2 | 2 | 1 | 0.105263 | 0.222222 | 1 | 2 | 1 |
| 21 | D2([ * , 0.03640)) AND D5([ * , -0.57933)) = >D(1) | 3 | 3 | 1 | 0.157895 | 0.333333 | 1 | 2 | 1 |
| 22 | D2([ * , 0.03640)) AND D5([0.00266, 0.05011)) = >D(1) | 1 | 1 | 1 | 0.052632 | 0.111111 | 1 | 2 | 1 |
| 23 | D2([0.28184, * )) AND D5([0.05011, * )) = >D(0) | 2 | 2 | 1 | 0.105263 | 0.2 | 1 | 2 | 1 |
| 24 | D2([0.12755, 0.28184)) AND D5([0.05011, * )) = >D(0) | 3 | 3 | 1 | 0.157895 | 0.3 | 1 | 2 | 1 |
| 25 | D2([0.28184, * )) AND D5([0.00266, 0.05011)) = >D(0) | 2 | 2 | 1 | 0.105263 | 0.2 | 1 | 2 | 1 |
| 26 | D3([ * , 0.03053)) AND D5([ -0.57933, 0.00266)) = >D(1) | 2 | 2 | 1 | 0.105263 | 0.222222 | 1 | 2 | 1 |
| 27 | D3([0.12003, 0.21214)) AND D5([ * , -0.57933)) = >D(1) | 1 | 1 | 1 | 0.052632 | 0.111111 | 1 | 2 | 1 |
| 28 | D3([0.03053, 0.12003)) AND D5([ * , -0.57933)) = >D(1) | 3 | 3 | 1 | 0.157895 | 0.333333 | 1 | 2 | 1 |
| 29 | D3([ * , 0.03053)) AND D5([ * , -0.57933)) = >D(1) | 2 | 2 | 1 | 0.105263 | 0.222222 | 1 | 2 | 1 |
| 30 | D3([ * , 0.03053)) AND D5([0.00266, 0.05011)) = >D(1) | 1 | 1 | 1 | 0.052632 | 0.111111 | 1 | 2 | 1 |
| 31 | D3([0.21214, * )) AND D5([0.05011, * )) = >D(0) | 2 | 2 | 1 | 0.105263 | 0.2 | 1 | 2 | 1 |
| 32 | D3([0.12003, 0.21214)) AND D5([0.05011, * )) = >D(0) | 3 | 3 | 1 | 0.157895 | 0.3 | 1 | 2 | 1 |
| 33 | D2([ * , 0.03640)) AND D6([ -0.10244, 0.01774)) = >D(1) | 4 | 4 | 1 | 0.210526 | 0.444444 | 1 | 2 | 1 |
| 34 | D2([0.12755, 0.28184)) AND D6([ * , -0.10244)) = >D(1) | 1 | 1 | 1 | 0.052632 | 0.111111 | 1 | 2 | 1 |

续表

| NO | Rule | LHS Support | RHS Support | RHS Accuracy | LHS Coverage | RHS Coverage | RHS Stability | LHS Length | RHS Length |
|---|---|---|---|---|---|---|---|---|---|
| 35 | D2([0.03640, 0.12755))AND D6([*, -0.10244))=>D(1) | 2 | 2 | 1 | 0.105263 | 0.222222 | 1 | 2 | 1 |
| 36 | D2([*, .03640))AND D6([*, -0.10244))=>D(1) | 1 | 1 | 1 | 0.052632 | 0.111111 | 1 | 2 | 1 |
| 37 | D2([*, .03640))AND D6([0.01774, 0.05603))=>D(1) | 1 | 1 | 1 | 0.052632 | 0.111111 | 1 | 2 | 1 |
| 38 | D2([0.03640, 0.12755))AND D6([0.01774, 0.05603))=>D(0) | 2 | 2 | 1 | 0.105263 | 0.2 | 1 | 2 | 1 |
| 39 | D2([0.28184, *))AND D6([0.05603, *))=>D(0) | 3 | 3 | 1 | 0.157895 | 0.3 | 1 | 2 | 1 |
| 40 | D2([0.12755, 0.28184))AND D6([0.05603, *))=>D(0) | 3 | 3 | 1 | 0.157895 | 0.3 | 1 | 2 | 1 |
| 41 | D4([0.10960, 0.17373))AND D6([-0.10244, 0.01774))AND D14([0.00311, 0.03099))=>D(1) | 1 | 1 | 1 | 0.052632 | 0.111111 | 1 | 3 | 1 |
| 42 | D4([*, 0.10960))AND D6([*, -0.10244))AND D14([0.06859, *))=>D(1) | 1 | 1 | 1 | 0.052632 | 0.111111 | 1 | 3 | 1 |
| 43 | D4([0.10960, 0.17373))AND D6([*, -0.10244))AND D14([*, 0.00311))=>D(1) | 1 | 1 | 1 | 0.052632 | 0.111111 | 1 | 3 | 1 |
| 44 | D4([0.40303, *))AND D6([*, -0.10244))AND D14([0.00311, 0.03099))=>D(1) | 1 | 1 | 1 | 0.052632 | 0.111111 | 1 | 3 | 1 |
| 45 | D4([*, 0.10960))AND D6([-0.10244, 0.01774))AND D14([0.03099, 0.06859))=>D(1) | 1 | 1 | 1 | 0.052632 | 0.111111 | 1 | 3 | 1 |
| 46 | D4([0.40303, *))AND D6([-0.10244, 0.01774))AND D14([0.00311, 0.03099))=>D(1) | 1 | 1 | 1 | 0.052632 | 0.111111 | 1 | 3 | 1 |

续表

| NO | Rule | LHS Support | RHS Support | RHS Accuracy | LHS Coverage | RHS Coverage | RHS Stability | LHS Length | RHS Length |
|---|---|---|---|---|---|---|---|---|---|
| 47 | D4([ * , 0.10960 )) AND D6([ * , −0.10244 )) AND D14([0.03099, 0.06859 )) = > D(1) | 1 | 1 | 1 | 0.052632 | 0.111111 | 1 | 3 | 1 |
| 48 | D4([0.40303, * )) AND D6([0.01774, 0.05603 )) AND D14([0.00311, 0.03099 )) = > D(1) | 1 | 1 | 1 | 0.052632 | 0.111111 | 1 | 3 | 1 |
| 49 | D4([0.17373, 0.40303 )) AND D6([−0.10244, 0.01774 )) AND D14([ * , 0.00311 )) = > D(1) | 1 | 1 | 1 | 0.052632 | 0.111111 | 1 | 3 | 1 |
| 50 | D4([0.17373, 0.40303 )) AND D6([0.05603, * )) AND D14([0.00311, 0.03099 )) = > D(0) | 2 | 2 | 1 | 0.105263 | 0.2 | 1 | 3 | 1 |
| 51 | D4([0.40303, * )) AND D6([0.05603, * )) AND D14([0.06859, * )) = > D(0) | 2 | 2 | 1 | 0.105263 | 0.2 | 1 | 3 | 1 |
| 52 | D4([0.10960, 0.17373 )) AND D5([−0.57933, 0.00266 )) AND D6([−0.10244, 0.01774 )) = > D(1) | 1 | 1 | 1 | 0.052632 | 0.111111 | 1 | 3 | 1 |
| 53 | D4([ * , 0.10960 )) AND D5([ * , −0.57933 )) AND D6([ * , −0.10244 )) = > D(1) | 1 | 1 | 1 | 0.052632 | 0.111111 | 1 | 3 | 1 |
| 54 | D4([0.10960, 0.17373 )) AND D5([ * , −0.57933 )) AND D6([ * , −0.10244 )) = > D(1) | 1 | 1 | 1 | 0.052632 | 0.111111 | 1 | 3 | 1 |
| 55 | D4([0.40303, * )) AND D5([ * , −0.57933 )) AND D6([ * , −0.10244 )) = > D(1) | 1 | 1 | 1 | 0.052632 | 0.111111 | 1 | 3 | 1 |

续表

| NO | Rule | LHS Support | RHS Support | RHS Accuracy | LHS Coverage | RHS Coverage | RHS Stability | LHS Length | RHS Length |
|---|---|---|---|---|---|---|---|---|---|
| 56 | D4([ * , 0.10960)) AND D5([ * , - 0.57933)) AND D6([ - 0.10244, 0.01774)) = > D(1) | 1 | 1 | 1 | 0.052632 | 0.111111 | 1 | 3 | 1 |
| 57 | D4([0.40303, * )) AND D5([ * , - 0.57933)) AND D6([ - 0.10244, 0.01774)) = > D(1) | 1 | 1 | 1 | 0.052632 | 0.111111 | 1 | 3 | 1 |
| 58 | D4([ * , 0.10960)) AND D5([ - 0.57933, 0.00266)) AND D6([ * , - 0.10244]) = > D(1) | 1 | 1 | 1 | 0.052632 | 0.111111 | 1 | 3 | 1 |
| 59 | D4([0.40303, * )) AND D5([0.00266, 0.05011)) AND D6([0.01774, 0.05603)) = > D(1) | 1 | 1 | 1 | 0.052632 | 0.111111 | 1 | 3 | 1 |
| 60 | D4([0.17373, 0.40303)) AND D5([ * , - 0.57933)) AND D6([ - 0.10244, 0.01774)) = > D(1) | 1 | 1 | 1 | 0.052632 | 0.111111 | 1 | 3 | 1 |
| 61 | D4([0.17373, 0.40303)) AND D5([0.05011, * )) AND D6([0.05603, * )) = > D(0) | 2 | 2 | 1 | 0.105263 | 0.2 | 1 | 3 | 1 |
| 62 | D3([ * , 0.03053)) AND D14([0.00311, 0.03099)) AND D19([9.04153, 9.17965)) = > D(1) | 1 | 1 | 1 | 0.052632 | 0.111111 | 1 | 3 | 1 |
| 63 | D3([0.12003, 0.21214)) AND D14([0.06859, * )) AND D19([ * , 8.78558)) = > D(1) | 1 | 1 | 1 | 0.052632 | 0.111111 | 1 | 3 | 1 |
| 64 | D3([0.03053, 0.12003)) AND D14([ * , 0.00311)) AND D19([ * , 8.78558)) = > D(1) | 1 | 1 | 1 | 0.052632 | 0.111111 | 1 | 3 | 1 |

续表

| NO | Rule | LHS Support | RHS Support | RHS Accuracy | LHS Coverage | RHS Coverage | RHS Stability | LHS Length | RHS Length |
|----|------|------------|------------|-------------|-------------|-------------|--------------|-----------|-----------|
| 65 | D3([0.03053, 0.12003]) AND D14([0.00311, 0.03099]) AND D19([9.17965, * ]) = >D(1) | 1 | 1 | 1 | 0.052632 | 0.111111 | 1 | 3 | 1 |
| 66 | D3([0.03053, 0.12003]) AND D14([0.03099, 0.06859]) AND D19([8.78558, 9.04153]) = >D(1) | 1 | 1 | 1 | 0.052632 | 0.111111 | 1 | 3 | 1 |
| 67 | D3([ * , 0.03053]) AND D14([0.00311, 0.03099]) AND D19([ * , 8.78558]) = >D(1) | 1 | 1 | 1 | 0.052632 | 0.111111 | 1 | 3 | 1 |
| 68 | D3([ * , 0.03053]) AND D14([0.03099, 0.06859]) AND D19([ * , 8.78558]) = >D(1) | 1 | 1 | 1 | 0.052632 | 0.111111 | 1 | 3 | 1 |
| 69 | D3([ * , 0.03053]) AND D14([0.00311, 0.03099]) AND D19([8.78558, 9.04153]) = >D(1) | 1 | 1 | 1 | 0.052632 | 0.111111 | 1 | 3 | 1 |
| 70 | D3([ * , 0.03053]) AND D14([ * , 0.00311]) AND D19([9.04153, 9.17965]) = >D(1) | 1 | 1 | 1 | 0.052632 | 0.111111 | 1 | 3 | 1 |
| 71 | D3([0.21214, * ]) AND D14([0.06859, * ]) AND D19([8.78558, 9.04153]) = >D(0) | 2 | 2 | 1 | 0.105263 | 0.2 | 1 | 3 | 1 |
| 72 | D4([0.10960, 0.17373]) AND D14([0.00311, 0.03099]) AND D19([9.04153, 9.17965]) = >D(1) | 1 | 1 | 1 | 0.052632 | 0.111111 | 1 | 3 | 1 |
| 73 | D4([ * , 0.10960]) AND D14([0.06859, * ]) AND D19([ * , 8.78558]) = >D(1) | 1 | 1 | 1 | 0.052632 | 0.111111 | 1 | 3 | 1 |

续表

| NO | Rule | LHS Support | RHS Support | RHS Accuracy | LHS Coverage | RHS Coverage | RHS Stability | LHS Length | RHS Length |
|---|---|---|---|---|---|---|---|---|---|
| 74 | D4（[0.10960, 0.17373]）AND D14（[ *, 8.78558]）AND D19（[ *, 0.00311]）= > D(1) | 1 | 1 | 1 | 0.052632 | 0.111111 | 1 | 3 | 1 |
| 75 | D4（[0.40303, *]）AND D14（[0.00311, 0.03099]）AND D19（[9.17965, *]）= > D(1) | 1 | 1 | 1 | 0.052632 | 0.111111 | 1 | 3 | 1 |
| 76 | D4（[ *, 0.10960]）AND D14（[0.03099, 0.06859]）AND D19（[8.78558, 9.04153]）= > D(1) | 1 | 1 | 1 | 0.052632 | 0.111111 | 1 | 3 | 1 |
| 77 | D4（[0.40303, *]）AND D14（[0.00311, 0.03099]）AND D19（[ *, 8.78558]）= > D(1) | 1 | 1 | 1 | 0.052632 | 0.111111 | 1 | 3 | 1 |
| 78 | D4（[ *, 0.10960]）AND D14（[0.03099, 0.06859]）AND D19（[ *, 8.78558]）= > D(1) | 1 | 1 | 1 | 0.052632 | 0.111111 | 1 | 3 | 1 |
| 79 | D4（[0.40303, *]）AND D14（[0.00311, 0.03099]）AND D19（[8.78558, 9.04153]）= > D(1) | 1 | 1 | 1 | 0.052632 | 0.111111 | 1 | 3 | 1 |
| 80 | D4（[0.17373, 0.40303]）AND D14（[ *, 0.00311]）AND D19（[9.04153, 9.17965]）= > D(1) | 1 | 1 | 1 | 0.052632 | 0.111111 | 1 | 3 | 1 |
| 81 | D4（[0.17373, 0.40303]）AND D14（[0.00311, 0.03099]）AND D19（[9.04153, 9.17965]）= > D(0) | 2 | 2 | 1 | 0.105263 | 0.2 | 1 | 3 | 1 |
| 82 | D4（[0.10960, 0.17373]）AND D14（[0.03099, 0.06859]）AND D19（[9.17965, *]）= > D(0) | 2 | 2 | 1 | 0.105263 | 0.2 | 1 | 3 | 1 |

续表

| NO | Rule | LHS Support | RHS Support | RHS Accuracy | LHS Coverage | RHS Coverage | RHS Stability | LHS Length | RHS Length |
|---|---|---|---|---|---|---|---|---|---|
| 83 | D3([ * , 0.03053)) AND D4(([0.10960, 0.17373)) AND D14([0.00311, 0.03099)) = >D(1) | 1 | 1 | 1 | 0.052632 | 0.111111 | 1 | 3 | 1 |
| 84 | D3([0.12003, 0.21214)) AND D4([ * , 0.10960)) AND D14([0.06859, * )) = >D(1) | 1 | 1 | 1 | 0.052632 | 0.111111 | 1 | 3 | 1 |
| 85 | D3([0.03053, 0.12003)) AND D4(([0.10960, 0.17373)) AND D14([ * , 0.00311)) = >D(1) | 1 | 1 | 1 | 0.052632 | 0.111111 | 1 | 3 | 1 |
| 86 | D3([0.03053, 0.12003)) AND D4(([0.40303, * )) AND D14([0.00311, 0.03099)) = >D(1) | 1 | 1 | 1 | 0.052632 | 0.111111 | 1 | 3 | 1 |
| 87 | D3([0.03053, 0.12003)) AND D4(([ * , 0.10960)) AND D14([0.03099, 0.06859)) = >D(1) | 1 | 1 | 1 | 0.052632 | 0.111111 | 1 | 3 | 1 |
| 88 | D3([ * , 0.03053)) AND D4([0.40303, * )) AND D14([0.00311, 0.03099)) = >D(1) | 2 | 2 | 1 | 0.105263 | 0.222222 | 1 | 3 | 1 |
| 89 | D3([ * , 0.03053)) AND D4([ * , 0.10960)) AND D14([0.03099, 0.06859)) = >D(1) | 1 | 1 | 1 | 0.052632 | 0.111111 | 1 | 3 | 1 |
| 90 | D3([ * , 0.03053)) AND D4([0.17373, 0.40303)) AND D14([ * , 0.00311)) = >D(1) | 1 | 1 | 1 | 0.052632 | 0.111111 | 1 | 3 | 1 |
| 91 | D3([0.21214, * )) AND D4([0.40303, * )) AND D14([0.06859, * )) = >D(0) | 2 | 2 | 1 | 0.105263 | 0.2 | 1 | 3 | 1 |

续表

| NO | Rule | LHS Support | RHS Support | RHS Accuracy | LHS Coverage | RHS Coverage | RHS Stability | LHS Length | RHS Length |
|---|---|---|---|---|---|---|---|---|---|
| 92 | D3([0.12003, 0.21214)) AND D4([[0.17373, 0.40303)) AND D14([[0.00311, 0.03099)) = >D(0) | 2 | 2 | 1 | 0.105263 | 0.2 | 1 | 3 | 1 |
| 93 | D3([ *, 0.03053)) AND D4([0.10960, 0.17373)) AND D19([9.04153, 9.17965)) = >D(1) | 1 | 1 | 1 | 0.052632 | 0.111111 | 1 | 3 | 1 |
| 94 | D3([0.12003, 0.21214)) AND D4([ *, 0.10960)) AND D19([ *, 8.78558)) = >D(1) | 1 | 1 | 1 | 0.052632 | 0.111111 | 1 | 3 | 1 |
| 95 | D3([0.03053, 0.12003)) AND D4([[0.10960, 0.17373)) AND D19([ *, 8.78558)) = >D(1) | 1 | 1 | 1 | 0.052632 | 0.111111 | 1 | 3 | 1 |
| 96 | D3([0.03053, 0.12003)) AND D4([0.40303, *)) AND D19([9.17965, *)) = >D(1) | 1 | 1 | 1 | 0.052632 | 0.111111 | 1 | 3 | 1 |
| 97 | D3([0.03053, 0.12003)) AND D4([ *, 0.10960)) AND D19([8.78558, 9.04153)) = >D(1) | 1 | 1 | 1 | 0.052632 | 0.111111 | 1 | 3 | 1 |
| 98 | D3([ *, 0.03053)) AND D4([0.40303, *)) AND D19([ *, 8.78558)) = >D(1) | 1 | 1 | 1 | 0.052632 | 0.111111 | 1 | 3 | 1 |
| 99 | D3([ *, 0.03053)) AND D4([ *, 0.10960)) AND D19([ *, 8.78558)) = >D(1) | 1 | 1 | 1 | 0.052632 | 0.111111 | 1 | 3 | 1 |
| 100 | D3([ *, 0.03053)) AND D4([0.40303, *)) AND D19([8.78558, 9.04153)) = >D(1) | 1 | 1 | 1 | 0.052632 | 0.111111 | 1 | 3 | 1 |
| 101 | D3([ *, 0.03053)) AND D4([0.17373, 0.40303)) AND D19([9.04153, 9.17965)) = >D(1) | 1 | 1 | 1 | 0.052632 | 0.111111 | 1 | 3 | 1 |

续表

| NO | Rule | LHS Support | RHS Support | RHS Accuracy | LHS Coverage | RHS Coverage | RHS Stability | LHS Length | RHS Length |
|---|---|---|---|---|---|---|---|---|---|
| 102 | D3([0.03053, 0.12003)) AND D4([0.10960, 0.17373)) AND D19([9.17965, *)) = >D(0) | 2 | 2 | 1 | 0.105263 | 0.2 | 1 | 3 | 1 |
| 103 | D2([*, 0.03640)) AND D4([0.10960, 0.17373)) AND D19([9.04153, 9.17965)) = >D(1) | 1 | 1 | 1 | 0.052632 | 0.111111 | 1 | 3 | 1 |
| 104 | D2([0.12755, 0.28184)) AND D4([*, 0.10960)) AND D19([*, 8.78558)) = >D(1) | 1 | 1 | 1 | 0.052632 | 0.111111 | 1 | 3 | 1 |
| 105 | D2([0.03640, 0.12755)) AND D4([0.10960, 0.17373)) AND D19([*, 8.78558)) = >D(1) | 1 | 1 | 1 | 0.052632 | 0.111111 | 1 | 3 | 1 |
| 106 | D2([0.03640, 0.12755)) AND D4([0.40303, *)) AND D19([9.17965, *)) = >D(1) | 1 | 1 | 1 | 0.052632 | 0.111111 | 1 | 3 | 1 |
| 107 | D2([*, 0.03640)) AND D4([*, 0.10960)) AND D19([8.78558, 9.04153)) = >D(1) | 1 | 1 | 1 | 0.052632 | 0.111111 | 1 | 3 | 1 |
| 108 | D2([*, 0.03640)) AND D4([0.40303, *)) AND D19([*, 8.78558)) = >D(1) | 1 | 1 | 1 | 0.052632 | 0.111111 | 1 | 3 | 1 |
| 109 | D2([*, 0.03640)) AND D4([*, 0.10960)) AND D19([*, 8.78558)) = >D(1) | 1 | 1 | 1 | 0.052632 | 0.111111 | 1 | 3 | 1 |
| 110 | D2([*, 0.03640)) AND D4([0.40303, *)) AND D19([8.78558, 9.04153)) = >D(1) | 1 | 1 | 1 | 0.052632 | 0.111111 | 1 | 3 | 1 |
| 111 | D2([*, 0.03640)) AND D4([0.17373, 0.40303)) AND D19([9.04153, 9.17965)) = >D(1) | 1 | 1 | 1 | 0.052632 | 0.111111 | 1 | 3 | 1 |

续表

| NO | Rule | LHS Support | RHS Support | RHS Accuracy | LHS Coverage | RHS Coverage | RHS Stability | LHS Length | RHS Length |
|---|---|---|---|---|---|---|---|---|---|
| 112 | D2([0.03640, 0.12755)) AND D4([0.10960, 0.17373)) AND D19([9.17965, *)) = >D(0) | 2 | 2 | 1 | 0.105263 | 0.2 | 1 | 3 | 1 |
| 113 | D4([0.10960, 0.17373)) AND D5([-0.57933, 0.00266)) AND D14([0.00311, 0.03099)) = >D(1) | 1 | 1 | 1 | 0.052632 | 0.111111 | 1 | 3 | 1 |
| 114 | D4([*, 0.10960)) AND D5([*, -0.57933)) AND D14([0.06859, *)) = >D(1) | 1 | 1 | 1 | 0.052632 | 0.111111 | 1 | 3 | 1 |
| 115 | D4([0.10960, 0.17373)) AND D5([*, -0.57933)) AND D14([*, 0.00311)) = >D(1) | 1 | 1 | 1 | 0.052632 | 0.111111 | 1 | 3 | 1 |
| 116 | D4([0.40303, *)) AND D5([*, -0.57933)) AND D14([0.00311, 0.03099)) = >D(1) | 2 | 2 | 1 | 0.105263 | 0.222222 | 1 | 3 | 1 |
| 117 | D4([*, 0.10960)) AND D5([*, -0.57933)) AND D14([0.03099, 0.06859)) = >D(1) | 1 | 1 | 1 | 0.052632 | 0.111111 | 1 | 3 | 1 |
| 118 | D4([*, 0.10960)) AND D5([-0.57933, 0.00266)) AND D14([0.03099, 0.06859)) = >D(1) | 1 | 1 | 1 | 0.052632 | 0.111111 | 1 | 3 | 1 |
| 119 | D4([0.40303, *)) AND D5([0.00266, 0.05011)) AND D14([0.00311, 0.03099)) = >D(1) | 1 | 1 | 1 | 0.052632 | 0.111111 | 1 | 3 | 1 |
| 120 | D4([0.17373, 0.40303)) AND D5([*, -0.57933)) AND D14([*, 0.00311)) = >D(1) | 1 | 1 | 1 | 0.052632 | 0.111111 | 1 | 3 | 1 |
| 121 | D4([0.17373, 0.40303)) AND D5([0.05011, *)) AND D14([0.00311, 0.03099)) = >D(0) | 2 | 2 | 1 | 0.105263 | 0.2 | 1 | 3 | 1 |

# 附表3　财务危机型企业研究样本的选取

单位：元

| 企业证券代码 | 会计期间 | 报表类型 | 经营活动产生的现金流量净额 | 投资活动产生的现金流量净额 | 筹资活动产生的现金流量净额 | 现金及现金等价物净增加额 |
|---|---|---|---|---|---|---|
| 000570 | 2000 - 06 - 30 | A | - 142 278 919.7 | - 161 455 630.6 | 183 511 908.8 | - 120 222 641.5 |
| 000925 | 2000 - 06 - 30 | A | - 9 297 166.46 | - 81 182 682.79 | - 9 528 549.76 | - 100 008 399 |
| 600150 | 2000 - 06 - 30 | A | - 21 300 396.66 | - 37 345 493.54 | - 23 619 309.78 | - 82 265 199.98 |
| 600213 | 2000 - 06 - 30 | A | - 50 659 763.49 | - 28 175 803.46 | 37 494 270.19 | - 41 341 296.76 |
| 600268 | 2000 - 06 - 30 | A | - 44 948 087.95 | - 43 217 993.95 | 7 224 520.27 | - 80 941 561.63 |
| 600605 | 2000 - 06 - 30 | A | - 3 959 112.05 | - 18 341 340.2 | - 5 437 543.53 | - 27 739 685.78 |
| 600610 | 2000 - 06 - 30 | A | - 281 076.98 | - 3 006 318.44 | 1 863 482.34 | - 1 418 690.34 |
| 600679 | 2000 - 06 - 30 | A | - 97 908 378.29 | 1 049 777.96 | 111 226.59 | - 96 747 373.74 |
| 600710 | 2000 - 06 - 30 | A | - 1 020 352.64 | - 976 860.04 | - 3 135 657.73 | - 5 132 870.41 |
| 600843 | 2000 - 06 - 30 | A | - 67 387 846.22 | - 469 567.88 | 29 460 146.23 | - 38 397 267.87 |
| 600848 | 2000 - 06 - 30 | A | - 9 088 107.47 | 5 663 243.45 | - 16 591 709.49 | - 20 069 138.48 |
| 000570 | 2000 - 12 - 31 | A | - 175 839 516 | - 132 266 520 | 302 977 975 | - 5 128 061 |
| 000925 | 2000 - 12 - 31 | A | - 25 222 074.09 | - 95 369 738.15 | 18 579 360.02 | - 102 012 452.2 |
| 600268 | 2000 - 12 - 31 | A | - 44 102 327.06 | - 32 065 877.48 | 16 815 396.8 | - 59 352 807.74 |
| 600843 | 2000 - 12 - 31 | A | - 3 431 707.32 | - 30 752 926.73 | - 13 305 901.01 | - 47 546 868.37 |
| 000967 | 2001 - 06 - 30 | A | - 301 192.85 | - 35 584 042.45 | - 17 871 977.6 | - 53 757 212.9 |
| 600072 | 2001 - 06 - 30 | A | - 99 635 187.41 | 22 271 376.23 | 66 840 450 | - 10 523 361.18 |
| 600081 | 2001 - 06 - 30 | A | - 28 816 936.54 | - 25 400 465.6 | 18 920 879.53 | - 35 290 838.9 |
| 600213 | 2001 - 06 - 30 | A | - 37 462 764.32 | - 135 821 293.4 | 41 810 486.8 | - 131 473 570.9 |
| 600268 | 2001 - 06 - 30 | A | - 97 646 599.11 | - 48 862 811.76 | 94 840 997.01 | - 51 668 413.86 |
| 600290 | 2001 - 06 - 30 | A | - 22 902 866.61 | - 17 693 484.11 | - 10 962 992.86 | - 51 559 343.58 |
| 600320 | 2001 - 06 - 30 | A | - 624 135 032.2 | - 410 651 257.1 | 362 878 208.5 | - 671 908 080.8 |
| 600679 | 2001 - 06 - 30 | A | - 227 865 345.2 | - 20 846 228.99 | - 30 989 351.98 | - 279 700 926.2 |
| 600268 | 2001 - 12 - 31 | A | - 22 176 834.53 | - 62 249 504.88 | 46 258 859.08 | - 38 167 480.33 |
| 600290 | 2001 - 12 - 31 | A | - 15 726 227.09 | 24 369 580.94 | - 64 165 819.39 | - 55 522 465.54 |
| 600320 | 2001 - 12 - 31 | A | - 202 318 031 | - 625 913 494 | 157 109 708 | - 671 121 817 |
| 600679 | 2001 - 12 - 31 | A | - 4 705 392.7 | - 105 166 890.9 | 4 104 727.5 | - 106 198 992.7 |

| 企业证券代码 | 会计期间 | 报表类型 | 经营活动产生的现金流量净额 | 投资活动产生的现金流量净额 | 筹资活动产生的现金流量净额 | 现金及现金等价物净增加额 |
|---|---|---|---|---|---|---|
| 600862 | 2001 - 12 - 31 | A | - 484 287 099. 6 | - 37 227 316. 6 | 486 149 748. 5 | - 35 360 290. 44 |
| 000777 | 2002 - 06 - 30 | A | - 20 276 174. 55 | - 5 024 675. 6 | 22 940 398. 29 | - 2 360 537. 12 |
| 000925 | 2002 - 06 - 30 | A | - 14 263 960. 49 | 1 934 473. 57 | 3 296 797. 45 | - 9 032 689. 47 |
| 600150 | 2002 - 06 - 30 | A | - 5 336 618. 22 | - 4 503 197. 46 | - 46 722 174 | - 56 561 989. 68 |
| 600213 | 2002 - 06 - 30 | A | - 150 688 756 | - 26 385 094. 58 | - 25 758 500. 75 | - 202 832 351. 4 |
| 600268 | 2002 - 06 - 30 | A | - 19 119 344. 16 | - 9 855 268. 85 | 9 013 461. 83 | - 19 961 151. 18 |
| 600501 | 2002 - 06 - 30 | A | - 43 092 171. 11 | - 53 434 752. 37 | 42 823 008. 19 | - 52 741 477. 5 |
| 600526 | 2002 - 06 - 30 | A | - 4 891 564. 35 | - 11 342 906. 2 | 9 150 379. 25 | - 7 084 091. 3 |
| 600710 | 2002 - 06 - 30 | A | - 2 892 026. 07 | 20 132. 16 | - 13 596 778. 77 | - 16 468 672. 68 |
| 600843 | 2002 - 06 - 30 | A | - 53 751 246. 05 | 5 159 603. 07 | 20 717 441. 23 | - 27 876 433. 37 |
| 600848 | 2002 - 06 - 30 | A | - 34 477 519. 3 | 2 636 665. 47 | - 35 913 883. 35 | - 66 493 575. 96 |
| 600854 | 2002 - 06 - 30 | A | - 224 719 455 | - 72 203 350. 43 | - 881 138. 19 | - 297 758 942 |
| 600862 | 2002 - 06 - 30 | A | - 158 532 995. 8 | 27 122 338. 01 | - 277 036 730. 2 | - 408 447 388 |
| 000913 | 2002 - 12 - 31 | A | - 69 139 301. 6 | - 44 811 786. 81 | - 35 906 000 | - 149 864 527 |
| 600213 | 2002 - 12 - 31 | A | - 111 409 463. 8 | - 26 288 097. 74 | - 58 860 300. 22 | - 196 557 861. 8 |
| 600320 | 2002 - 12 - 31 | A | - 151 315 439 | - 609 992 228 | 631 480 655 | - 129 827 012 |
| 600679 | 2002 - 12 - 31 | A | - 24 518 969. 1 | - 28 027 825. 87 | - 19 036 716. 06 | - 72 267 398. 69 |
| 600848 | 2002 - 12 - 31 | A | - 46 655 682 | 96 816 807 | - 148 465 518 | - 98 304 393 |
| 600854 | 2002 - 12 - 31 | A | - 217 634 931. 6 | - 5 011 751. 37 | - 159 141 894. 7 | - 381 788 577. 7 |
| 600862 | 2002 - 12 - 31 | A | - 43 246 254. 81 | 54 705 379. 59 | - 517 129 510. 2 | - 505 670 385. 4 |
| 900953 | 2002 - 12 - 31 | A | - 61 083 406. 74 | - 260 336 439. 8 | - 131 088 861. 3 | - 452 539 227. 7 |
| 000777 | 2003 - 06 - 30 | A | - 4 799 498. 5 | 13 646 735. 7 | - 36 101 821. 92 | - 27 254 646. 79 |
| 000816 | 2003 - 06 - 30 | A | - 48 164 804. 57 | - 22 774 843. 09 | - 85 764 149. 48 | - 156 703 780. 6 |
| 000925 | 2003 - 06 - 30 | A | - 12 133 765. 13 | 9 130 572. 2 | - 23 658 947. 98 | - 26 667 629. 41 |
| 000967 | 2003 - 06 - 30 | A | - 1 652 310. 7 | - 6 227 384. 8 | - 893 152. 47 | - 8 772 847. 97 |
| 600072 | 2003 - 06 - 30 | A | - 16 553 350. 17 | - 57 511 844. 51 | - 16 773. 37 | - 74 081 968. 05 |
| 600099 | 2003 - 06 - 30 | A | - 3 739 196. 83 | - 2 068 141. 74 | 2 228 092. 32 | - 3 579 246. 25 |
| 600213 | 2003 - 06 - 30 | A | - 102 448 700. 2 | - 26 028 276. 72 | 6 143 682. 6 | - 122 333 294. 3 |
| 600268 | 2003 - 06 - 30 | A | - 34 549 434. 19 | - 62 995 806. 91 | 37 504 956. 1 | - 60 040 285 |
| 600501 | 2003 - 06 - 30 | A | - 53 907 231. 67 | - 44 021 715. 22 | 49 505 889. 24 | - 48 220 238. 67 |
| 600526 | 2003 - 06 - 30 | A | - 67 291 189. 97 | - 30 213 204. 62 | 22 252 150. 17 | - 75 252 244. 42 |
| 600604 | 2003 - 06 - 30 | A | - 10 444 259. 8 | - 6 573 885. 95 | - 10 568 511. 26 | - 27 586 657. 01 |

| 企业证券代码 | 会计期间 | 报表类型 | 经营活动产生的现金流量净额 | 投资活动产生的现金流量净额 | 筹资活动产生的现金流量净额 | 现金及现金等价物净增加额 |
|---|---|---|---|---|---|---|
| 600605 | 2003 - 06 - 30 | A | - 31 277 034. 46 | 27 961 333. 29 | - 10 995 691. 84 | - 14 311 393. 01 |
| 600651 | 2003 - 06 - 30 | A | - 46 093 379. 85 | - 17 932 162. 37 | 10 420 784. 8 | - 53 600 743. 07 |
| 600818 | 2003 - 06 - 30 | A | - 61 644 256. 78 | 4 379 697. 6 | 43 765 019. 39 | - 13 602 157. 97 |
| 600843 | 2003 - 06 - 30 | A | - 72 634 619 | - 10 909 682. 1 | 16 745 145. 09 | - 66 799 298. 09 |
| 600854 | 2003 - 06 - 30 | A | - 225 755 603. 1 | - 47 016 916. 35 | - 25 980 264. 15 | - 298 751 060. 2 |
| 600862 | 2003 - 06 - 30 | A | - 17 980 321. 88 | 9 818 202. 93 | - 41 257 938. 78 | - 49 420 057. 73 |
| 000816 | 2003 - 12 - 31 | A | - 15 884 841. 67 | - 40 733 826. 77 | - 97 378 059. 26 | - 153 996 740. 2 |
| 600081 | 2003 - 12 - 31 | A | - 2 678 988. 77 | - 86 147 778. 36 | 53 156 528. 68 | - 35 670 238. 45 |
| 600213 | 2003 - 12 - 31 | A | - 137 249 226. 4 | - 14 106 243. 12 | 49 915 374. 96 | - 101 440 094. 6 |
| 600526 | 2003 - 12 - 31 | A | - 17 619 142. 11 | - 76 848 383. 69 | 70 623 428. 29 | - 23 844 097. 51 |
| 600818 | 2003 - 12 - 31 | A | - 17 692 501. 23 | - 66 702 615. 48 | 41 373 622. 64 | - 43 176 215. 33 |
| 600848 | 2003 - 12 - 31 | A | - 24 372 107 | 3 139 376 | - 5 831 583 | - 27 064 314 |
| 600854 | 2003 - 12 - 31 | A | - 27 211 309. 9 | - 5 989 738. 7 | - 78 504 557. 93 | - 111 605 709. 6 |
| 600862 | 2003 - 12 - 31 | A | - 4 292 629. 94 | 25 140 352. 98 | - 71 756 347. 96 | - 50 908 673 |
| 000418 | 2004 - 06 - 30 | A | - 33 015 230. 77 | - 16 612 509. 11 | - 21 532 730. 09 | - 70 999 414. 96 |
| 000607 | 2004 - 06 - 30 | A | - 82 592 639. 36 | - 83 483 815. 65 | 87 575 891. 05 | - 78 499 865. 37 |
| 000967 | 2004 - 06 - 30 | A | - 12 955 962. 45 | - 5 409 638. 21 | - 6 591 217. 04 | - 24 956 817. 7 |
| 600099 | 2004 - 06 - 30 | A | - 8 578 382. 37 | - 23 164 056. 83 | 2 046 759. 55 | - 29 695 679. 65 |
| 600213 | 2004 - 06 - 30 | A | - 50 737 771. 95 | - 41 746 731. 85 | 30 928 106. 85 | - 61 556 396. 95 |
| 600268 | 2004 - 06 - 30 | A | - 44 188 659. 44 | - 54 512 744. 88 | 87 554 002. 95 | - 11 147 401. 37 |
| 600501 | 2004 - 06 - 30 | A | - 32 237 243. 8 | - 99 875 090. 81 | 75 742 417. 64 | - 56 214 116. 28 |
| 600526 | 2004 - 06 - 30 | A | - 98 989 854. 65 | - 9 668 816. 38 | 49 519 522. 58 | - 59 139 148. 45 |
| 600605 | 2004 - 06 - 30 | A | - 104 636 772. 8 | 9 874 456. 71 | 85 026 475. 2 | - 9 735 840. 93 |
| 600843 | 2004 - 06 - 30 | A | - 59 669 306. 43 | - 127 655 932. 7 | - 12 552 479. 77 | - 199 964 884. 7 |
| 600848 | 2004 - 06 - 30 | A | - 14 850 511. 3 | - 3 254 526. 35 | - 10 471 083. 1 | - 28 621 460. 49 |
| 000418 | 2004 - 12 - 31 | A | - 179 327 253. 8 | 3 187 859. 42 | - 48 803 511. 39 | - 224 356 520. 2 |
| 000425 | 2004 - 12 - 31 | A | - 192 581 467. 8 | - 107 822 902. 5 | 245 580 209. 2 | - 54 824 161. 08 |
| 000607 | 2004 - 12 - 31 | A | - 40 187 903. 55 | - 244 503 787. 2 | 228 377 071. 2 | - 56 343 305. 2 |
| 000925 | 2004 - 12 - 31 | A | - 260 829 435. 7 | 45 449 248. 17 | - 4 056 430. 28 | - 219 436 617. 8 |
| 600213 | 2004 - 12 - 31 | A | - 47 764 596. 31 | - 48 602 479. 18 | 45 993 423. 73 | - 50 373 651. 76 |
| 600605 | 2004 - 12 - 31 | A | - 165 525 333. 1 | 94 809 617. 36 | 37 137 016. 41 | - 33 578 699. 33 |
| 600862 | 2004 - 12 - 31 | A | - 36 227 190. 54 | 11 689 210. 94 | - 30 169 418. 08 | - 54 708 297. 15 |

续表

| 企业证券代码 | 会计期间 | 报表类型 | 经营活动产生的现金流量净额 | 投资活动产生的现金流量净额 | 筹资活动产生的现金流量净额 | 现金及现金等价物净增加额 |
|---|---|---|---|---|---|---|
| 000418 | 2005 - 06 - 30 | A | − 238 852 387. 1 | − 41 973 014. 57 | − 557 748. 91 | − 281 075 870. 1 |
| 000607 | 2005 - 06 - 30 | A | − 87 742 909. 52 | − 60 535 903. 53 | 91 107 505. 67 | − 57 171 327. 04 |
| 000967 | 2005 - 06 - 30 | A | − 13 229 881. 05 | − 2 651 513. 71 | 1 398 687. 87 | − 14 482 706. 89 |
| 002006 | 2005 - 06 - 30 | A | − 26 428 382. 43 | − 116 384 136. 1 | 125 995 175. 9 | − 16 817 342. 61 |
| 002009 | 2005 - 06 - 30 | A | − 28 804 608. 2 | − 7 332 813 | − 34 072 476. 45 | − 70 209 897. 65 |
| 002021 | 2005 - 06 - 30 | A | − 110 319 805. 4 | − 41 767 916. 73 | 138 148 428. 6 | − 12 867 273. 17 |
| 002028 | 2005 - 06 - 30 | A | − 42 756 136. 35 | − 50 965 167. 18 | − 459 782. 26 | − 94 181 085. 79 |
| 600072 | 2005 - 06 - 30 | A | − 16 241 551. 97 | − 9 607 534. 87 | 2 986 515 | − 22 862 571. 84 |
| 600268 | 2005 - 06 - 30 | A | − 64 834 993. 06 | − 50 122 056. 72 | 33 965 172. 09 | − 80 991 877. 69 |
| 600320 | 2005 - 06 - 30 | A | − 1 184 476 905 | − 420 138 148 | 1 382 034 618 | − 222 580 435 |
| 600501 | 2005 - 06 - 30 | A | − 52 197 186. 87 | − 96 005 441. 08 | 11 538 847. 67 | − 136 021 167. 9 |
| 600517 | 2005 - 06 - 30 | A | − 27 951 689. 55 | − 2 886 936. 27 | − 9 837 367. 2 | − 40 675 993. 02 |
| 600526 | 2005 - 06 - 30 | A | − 212 990 324. 6 | − 34 746 648. 23 | 117 768 414. 3 | − 129 968 558. 6 |
| 600604 | 2005 - 06 - 30 | A | − 27 522 704. 05 | 1 908 231. 9 | − 7 931 819. 44 | − 33 628 692 |
| 600710 | 2005 - 06 - 30 | A | − 36 763 950. 98 | 109 350. 81 | 5 215 693. 01 | − 31 438 907. 16 |
| 600818 | 2005 - 06 - 30 | A | − 52 816 852. 42 | − 11 078 033. 87 | − 18 017 987. 75 | − 82 021 666. 85 |
| 600835 | 2005 - 06 - 30 | A | − 157 379 247. 4 | − 22 914 827. 03 | − 277 379 871. 5 | − 459 558 752. 4 |
| 600843 | 2005 - 06 - 30 | A | − 74 117 301. 34 | − 90 159 415. 39 | − 63 433 282. 38 | − 227 816 779. 6 |
| 600848 | 2005 - 06 - 30 | A | − 27 009 682. 09 | 6 394 416. 05 | − 13 949 007. 09 | − 34 563 035. 71 |
| 600854 | 2005 - 06 - 30 | A | − 3 444 046. 94 | − 76 497 626. 97 | − 5 321 068. 23 | − 85 269 020. 5 |
| 600862 | 2005 - 06 - 30 | A | − 18 232 526. 12 | 23 090 012. 09 | − 13 965 406. 44 | − 9 107 920. 47 |
| 600973 | 2005 - 06 - 30 | A | − 72 484 739. 84 | − 37 383 589. 28 | 69 846 785. 56 | − 40 021 543. 56 |
| 000581 | 2005 - 12 - 31 | A | − 282 094 942. 4 | − 148 078 004. 3 | 389 402 357. 1 | − 40 770 589. 62 |
| 600099 | 2005 - 12 - 31 | A | − 11 056 881. 02 | − 12 249 578. 46 | − 5 560 945. 03 | − 28 867 404. 51 |
| 600213 | 2005 - 12 - 31 | A | − 112 428 655. 1 | 3 499 038. 94 | 21 507 999. 07 | − 87 440 633. 43 |
| 600290 | 2005 - 12 - 31 | A | − 36 712 330. 38 | 5 340 301. 85 | − 1 271 377. 2 | − 32 644 336. 81 |
| 600320 | 2005 - 12 - 31 | A | − 464 427 154 | − 1 292 034 169 | 802 624 070 | − 953 837 253 |
| 600517 | 2005 - 12 - 31 | A | − 9 753 782. 89 | − 6 383 568. 27 | − 17 066 943 | − 33 204 294. 16 |
| 600526 | 2005 - 12 - 31 | A | − 78 181 523. 87 | − 78 185 303. 01 | 117 864 206. 6 | − 38 502 620. 25 |
| 600604 | 2005 - 12 - 31 | A | − 28 598 572. 85 | 620 819. 03 | − 28 876 718. 36 | − 57 152 212. 26 |
| 600610 | 2005 - 12 - 31 | A | − 38 396 054. 71 | 41 642 099. 78 | − 71 322 736. 46 | − 68 263 101. 11 |
| 000967 | 2006 - 06 - 30 | A | − 3 536 941. 78 | − 6 822 126. 72 | 8 316 485. 01 | − 2 042 583. 49 |

| 企业证券代码 | 会计期间 | 报表类型 | 经营活动产生的现金流量净额 | 投资活动产生的现金流量净额 | 筹资活动产生的现金流量净额 | 现金及现金等价物净增加额 |
|---|---|---|---|---|---|---|
| 002006 | 2006 – 06 – 30 | A | – 20 288 059. 81 | – 72 701 036. 67 | – 42 043 627 | – 135 032 723. 5 |
| 002009 | 2006 – 06 – 30 | A | – 35 446 733. 94 | – 16 404 913. 05 | 32 174 518. 28 | – 19 677 128. 71 |
| 002028 | 2006 – 06 – 30 | A | – 103 628 300. 2 | – 45 584 753. 3 | – 19 361 028. 06 | – 168 574 081. 6 |
| 600261 | 2006 – 06 – 30 | A | – 29 691 716. 59 | – 25 859 255 | – 37 163 710. 15 | – 93 369 434. 37 |
| 600268 | 2006 – 06 – 30 | A | – 129 126 138. 4 | – 12 691 282. 54 | 110 882 775. 4 | – 30 934 645. 53 |
| 600290 | 2006 – 06 – 30 | A | – 23 442 947. 95 | 13 850 472. 25 | 1 563 349. 39 | – 8 028 849. 02 |
| 600481 | 2006 – 06 – 30 | A | – 113 260 007. 3 | – 130 898 471. 2 | 117 927 045 | – 127 792 847. 9 |
| 600501 | 2006 – 06 – 30 | A | – 30 246 318. 34 | – 128 664 305. 3 | 141 400 691. 5 | – 17 218 518. 17 |
| 600517 | 2006 – 06 – 30 | A | – 66 618 216. 43 | – 13 541 216. 99 | 3 552 302. 5 | – 76 607 130. 92 |
| 600526 | 2006 – 06 – 30 | A | – 119 033 153. 9 | – 33 663 257. 27 | 56 895 734. 87 | – 95 800 676. 29 |
| 600604 | 2006 – 06 – 30 | A | – 45 389 194. 91 | 12 295 619. 01 | 259 987. 96 | – 32 837 418. 34 |
| 600605 | 2006 – 06 – 30 | A | – 60 385 366. 99 | 3 930 108 | 15 871 965. 49 | – 40 583 293. 5 |
| 600818 | 2006 – 06 – 30 | A | – 25 419 229. 14 | 472 076. 57 | – 31 832 236. 89 | – 57 374 431. 87 |
| 600848 | 2006 – 06 – 30 | A | – 36 982 007. 1 | – 1 469 516. 09 | 24 649 533. 86 | – 13 801 989. 33 |
| 600862 | 2006 – 06 – 30 | A | – 2 229 608. 9 | – 9 284 129. 33 | 2 452 861. 61 | – 9 060 876. 62 |
| 000607 | 2006 – 12 – 31 | A | – 154 670 267. 6 | – 335 938 479 | 443 902 668. 7 | – 50 263 944. 53 |
| 000913 | 2006 – 12 – 31 | A | – 57 074 822. 34 | – 234 263 749. 9 | 134 616 399. 2 | – 156 606 689. 1 |
| 002006 | 2006 – 12 – 31 | A | – 38 425 803. 52 | – 99 552 321. 1 | 32 665 453. 23 | – 105 214 084. 4 |
| 600151 | 2006 – 12 – 31 | A | – 86 832 412. 46 | 108 837. 9 | 51 122 737. 74 | – 36 282 477 |
| 600605 | 2006 – 12 – 31 | A | – 21 875 014. 78 | 46 548 325. 42 | – 34 445 114. 08 | – 9 771 803. 44 |
| 600610 | 2006 – 12 – 31 | A | – 19 396 215. 6 | 20 097 769. 81 | – 24 942 516. 84 | – 24 275 010. 19 |
| 600854 | 2006 – 12 – 31 | A | – 180 482 694. 4 | – 17 834 169. 47 | 1 641 115. 53 | – 196 645 067. 9 |
| 000607 | 2007 – 06 – 30 | A | – 53 617 081. 3 | – 15 701 004. 37 | – 86 324 840. 23 | – 155 694 720. 4 |
| 000816 | 2007 – 06 – 30 | A | – 61 750 632. 96 | – 65 575 602. 69 | 49 541 507. 35 | – 77 794 426. 98 |
| 002048 | 2007 – 06 – 30 | A | – 52 739 885 | – 21 470 264. 81 | – 75 923 380. 36 | – 150 133 530. 2 |
| 002090 | 2007 – 06 – 30 | A | – 16 191 548. 92 | – 14 209 368. 38 | – 53 129 250 | – 83 530 991. 37 |
| 600081 | 2007 – 06 – 30 | A | – 12 183 970. 81 | 10 047 322. 03 | – 25 288 731. 65 | – 27 425 380. 43 |
| 600261 | 2007 – 06 – 30 | A | – 55 742 635. 94 | – 23 714 034. 69 | – 7 285 886. 43 | – 87 606 039. 52 |
| 600481 | 2007 – 06 – 30 | A | – 208 890 941. 3 | – 37 057 389. 4 | 133 320 078. 5 | – 111 585 840. 4 |
| 600517 | 2007 – 06 – 30 | A | – 23 749 944. 85 | 575 869. 59 | – 53 979 356. 64 | – 77 153 431. 9 |
| 600526 | 2007 – 06 – 30 | A | – 30 095 204. 77 | – 2 470 709. 59 | – 22 128 530. 39 | – 54 694 444. 75 |
| 600604 | 2007 – 06 – 30 | A | – 84 132 515. 11 | 47 225 205. 07 | 3 913 173. 6 | – 33 055 527. 91 |

| 企业证券代码 | 会计期间 | 报表类型 | 经营活动产生的现金流量净额 | 投资活动产生的现金流量净额 | 筹资活动产生的现金流量净额 | 现金及现金等价物净增加额 |
|---|---|---|---|---|---|---|
| 600605 | 2007 – 06 – 30 | A | − 152 251 856. 3 | − 6 350 380. 6 | 76 972 434. 78 | − 81 629 802. 07 |
| 600841 | 2007 – 06 – 30 | A | − 101 867 213. 9 | − 22 226 908. 92 | 17 270 903. 82 | − 106 863 493. 6 |
| 600843 | 2007 – 06 – 30 | A | − 50 387 227. 99 | 102 909 822. 5 | − 106 972 533. 6 | − 57 083 172. 19 |
| 600848 | 2007 – 06 – 30 | A | − 47 826 185. 5 | − 2 683 479. 65 | 18 674 961. 65 | − 31 834 784. 42 |
| 002074 | 2007 – 12 – 31 | A | − 21 284 188. 34 | − 60 478 240. 28 | 52 813 852. 13 | − 28 948 576. 49 |
| 600151 | 2007 – 12 – 31 | A | − 97 114 753. 08 | − 44 858 324. 84 | 119 778 723. 2 | − 23 566 788. 18 |
| 600526 | 2007 – 12 – 31 | A | − 18 527 676. 4 | − 24 624 553. 48 | − 31 739 869. 82 | − 74 892 099. 7 |
| 600604 | 2007 – 12 – 31 | A | − 62 564 375. 23 | 50 671 828. 48 | − 15 788 320. 41 | − 27 955 900. 45 |
| 600610 | 2007 – 12 – 31 | A | − 59 699 422. 77 | 190 503 009. 3 | − 146 464 724. 7 | − 15 698 535. 81 |
| 600848 | 2007 – 12 – 31 | A | − 49 702 218. 57 | − 5 023 100. 16 | 43 573 546. 16 | − 11 153 153. 39 |
| 600854 | 2007 – 12 – 31 | A | − 87 703 703. 06 | − 4 061 240. 98 | 71 790 044. 48 | − 19 974 899. 56 |
| 000418 | 2008 – 06 – 30 | A | − 34 998 529. 03 | 6 682 752. 81 | − 9 370 705 | − 41 686 481. 22 |
| 000570 | 2008 – 06 – 30 | A | − 38 175 536. 53 | − 52 984 172. 99 | − 14 670 643. 72 | − 105 830 353. 2 |
| 002009 | 2008 – 06 – 30 | A | − 88 451 598. 21 | − 4 062 226. 25 | 86 788 790. 58 | − 5 863 634. 14 |
| 002028 | 2008 – 06 – 30 | A | − 166 351 232. 6 | 20 821 092. 63 | − 82 216 369. 19 | − 227 853 713 |
| 002050 | 2008 – 06 – 30 | A | − 37 069 827. 88 | − 9 611 253. 93 | − 23 913 767. 5 | − 70 543 554. 74 |
| 002074 | 2008 – 06 – 30 | A | − 34 851 125. 74 | − 5 577 381 | 27 231 047. 93 | − 13 197 458. 81 |
| 002090 | 2008 – 06 – 30 | A | − 20 217 716. 91 | − 18 607 842. 17 | − 27 363 309. 43 | − 66 188 868. 51 |
| 002131 | 2008 – 06 – 30 | A | − 43 452 202. 1 | − 43 233 821. 99 | 23 563 381. 57 | − 62 397 033. 94 |
| 002196 | 2008 – 06 – 30 | A | − 4 340 628. 27 | − 23 170 614. 82 | − 108 385 109. 7 | − 135 896 352. 8 |
| 600072 | 2008 – 06 – 30 | A | − 118 177 923. 8 | − 61 122 792. 7 | 50 000 000 | − 128 996 993. 1 |
| 600213 | 2008 – 06 – 30 | A | − 96 798 892. 19 | 48 973 215 | 5 860 478. 72 | − 42 032 814. 96 |
| 600290 | 2008 – 06 – 30 | A | − 124 993 506. 2 | − 67 053 488. 29 | 176 206 670. 3 | − 15 840 324. 28 |
| 600475 | 2008 – 06 – 30 | A | − 221 732 312. 1 | − 96 083 988. 21 | − 13 970 135. 33 | − 331 786 435. 6 |
| 600517 | 2008 – 06 – 30 | A | − 231 150 566. 5 | 8 742 725. 02 | − 34 177 171. 23 | − 256 585 012. 7 |
| 600604 | 2008 – 06 – 30 | A | − 20 006 910. 81 | − 1 802 345. 67 | − 21 203 850. 85 | − 43 016 489. 86 |
| 600605 | 2008 – 06 – 30 | A | − 49 370 224. 47 | 24 022 002. 96 | − 39 476 938. 5 | − 64 825 160. 01 |
| 600619 | 2008 – 06 – 30 | A | − 124 248 942. 8 | − 153 345 878. 2 | 128 688 243 | − 149 493 275. 5 |
| 600651 | 2008 – 06 – 30 | A | − 4 576 001. 37 | 79 797 633. 87 | − 100 254 961. 2 | − 30 738 327. 53 |
| 600843 | 2008 – 06 – 30 | A | − 23 174 068. 47 | − 3 794 643. 25 | − 62 954 936. 69 | − 89 078 378. 96 |
| 600854 | 2008 – 06 – 30 | A | − 48 471 845. 02 | − 4 845 328. 32 | − 74 221 429. 2 | − 127 538 634. 5 |
| 600862 | 2008 – 06 – 30 | A | − 63 448 976. 44 | − 41 706 417. 24 | − 5 230 052. 63 | − 110 960 340. 9 |

| 企业<br>证券<br>代码 | 会计期间 | 报表<br>类型 | 经营活动<br>产生的<br>现金流量净额 | 投资活动<br>产生的<br>现金流量净额 | 筹资活动<br>产生的<br>现金流量净额 | 现金及<br>现金等价物<br>净增加额 |
|---|---|---|---|---|---|---|
| 000418 | 2008 – 12 – 31 | A | – 134 763 325. 2 | – 75 435 390. 43 | – 79 416 166. 13 | – 289 614 881. 7 |
| 000570 | 2008 – 12 – 31 | A | – 7 338 573. 42 | – 58 921 764. 46 | 23 305 270. 42 | – 42 955 067. 46 |
| 000967 | 2008 – 12 – 31 | A | – 49 672 180 | – 8 879 307. 36 | 14 378 946 | – 42 874 181. 28 |
| 002009 | 2008 – 12 – 31 | A | – 82 048 598. 88 | – 52 629 113. 58 | 101 522 522. 5 | – 33 155 189. 94 |
| 002196 | 2008 – 12 – 31 | A | – 69 832 401. 07 | – 17 919 737. 81 | – 23 149 880. 8 | – 113 036 776. 8 |
| 600072 | 2008 – 12 – 31 | A | – 60 197 677. 48 | – 167 181 528. 8 | 41 301 281. 13 | – 188 655 767. 1 |
| 600290 | 2008 – 12 – 31 | A | – 61 971 577. 61 | – 78 740 978. 46 | 122 920 934. 5 | – 17 791 621. 53 |
| 600475 | 2008 – 12 – 31 | A | – 122 874 154 | – 45 487 185. 3 | – 104 867 027. 8 | – 273 228 367 |
| 600605 | 2008 – 12 – 31 | A | – 182 684 818. 3 | 180 083 337. 5 | – 60 362 131. 49 | – 62 963 612. 37 |
| 600862 | 2008 – 12 – 31 | A | – 22 060 127. 26 | – 103 048 951. 3 | 77 326 693. 95 | – 48 356 926. 03 |
| 600973 | 2008 – 12 – 31 | A | – 119 110 626. 7 | – 26 432 893. 21 | 143 171 984. 5 | – 10 936 067. 46 |
| 000925 | 2009 – 06 – 30 | A | – 186 097 981. 4 | – 112 887 733. 2 | 84 030 483. 44 | – 214 997 724. 3 |
| 002074 | 2009 – 06 – 30 | A | – 17 646 341. 48 | – 11 649 343. 77 | – 22 513 463. 28 | – 51 809 148. 53 |
| 002112 | 2009 – 06 – 30 | A | – 51 258 049. 97 | – 7 628 428. 99 | 24 452 004. 8 | – 34 373 225. 1 |
| 002223 | 2009 – 06 – 30 | A | – 4 092 214. 13 | – 51 336 766. 77 | 8 824 238. 6 | – 46 647 628. 31 |
| 002266 | 2009 – 06 – 30 | A | – 79 325 343. 85 | – 47 652 134. 97 | 19 412 648. 45 | – 107 564 830. 4 |
| 600072 | 2009 – 06 – 30 | A | – 114 091 255. 1 | – 56 808 060. 13 | 40 015 470. 79 | – 129 587 823. 7 |
| 600081 | 2009 – 06 – 30 | A | – 33 879 680. 49 | 55 034 507. 22 | – 46 992 600. 58 | – 25 837 773. 85 |
| 600213 | 2009 – 06 – 30 | A | – 78 690 121. 09 | 16 634 299. 22 | 1 803 500. 3 | – 60 156 737. 27 |
| 600320 | 2009 – 06 – 30 | A | – 2 210 821 941 | – 2 752 722 891 | 2 699 143 264 | – 2 264 401 568 |
| 600501 | 2009 – 06 – 30 | A | – 86 300 370. 29 | – 42 683 477. 85 | – 189 480 450. 1 | – 319 046 376. 4 |
| 600517 | 2009 – 06 – 30 | A | – 70 205 989. 8 | – 36 742 804. 65 | – 315 040 455. 2 | – 42 198 9293. 6 |
| 600604 | 2009 – 06 – 30 | A | – 32 783 962. 97 | 6 620 068. 21 | – 30 269 133. 61 | – 56 425 307. 21 |
| 600610 | 2009 – 06 – 30 | A | – 5 784 448. 07 | 5 144 544. 34 | – 1 933 972. 44 | – 2 574 600. 08 |
| 600843 | 2009 – 06 – 30 | A | – 87 145 555. 56 | 20 558 532. 05 | – 7 117 350. 8 | – 74 256 293. 91 |
| 600848 | 2009 – 06 – 30 | A | – 22 439 598. 85 | – 24 331 715. 56 | 12 070 376. 07 | – 34 700 938. 34 |
| 000925 | 2009 – 12 – 31 | A | – 147 939 541. 7 | – 394 356 403. 6 | 450 937 499. 8 | – 91 530 317. 2 |
| 002266 | 2009 – 12 – 31 | A | – 224 142 785. 3 | – 72 712 647. 21 | 144 618 517. 5 | – 150 197 467. 6 |
| 600072 | 2009 – 12 – 31 | A | – 72 645 263. 36 | – 130 890 836. 4 | 104 948 035. 8 | – 96 722 924. 77 |
| 600213 | 2009 – 12 – 31 | A | – 29 534 919. 63 | 13 114 026. 32 | – 9 299 900. 2 | – 25 837 621. 99 |
| 600526 | 2009 – 12 – 31 | A | – 71 868 409. 77 | – 19 359 867. 92 | – 23 003 276. 67 | – 114 231 554. 4 |
| 600610 | 2009 – 12 – 31 | A | – 8 452 453. 49 | 810 469. 58 | – 4 715 397. 94 | – 12 359 736. 09 |

续表

| 企业证券代码 | 会计期间 | 报表类型 | 经营活动产生的现金流量净额 | 投资活动产生的现金流量净额 | 筹资活动产生的现金流量净额 | 现金及现金等价物净增加额 |
|---|---|---|---|---|---|---|
| 600862 | 2009 – 12 – 31 | A | – 315 488 657 | – 147 955 864. 3 | 419 571 115. 8 | – 43 873 405. 53 |
| 000777 | 2010 – 06 – 30 | A | – 46 748 610. 95 | – 24 470 734. 84 | – 22 357 372. 77 | – 93 868 546. 43 |
| 000913 | 2010 – 06 – 30 | A | – 177 693 566. 9 | 456 500 299. 1 | – 297 935 296. 8 | – 20 006 623. 12 |
| 000925 | 2010 – 06 – 30 | A | – 91 126 846. 04 | – 137 177 170. 4 | 128 298 440. 8 | – 101 036 424. 1 |
| 002028 | 2010 – 06 – 30 | A | – 194 363 781. 3 | – 171 539 961. 5 | – 93 099 045. 69 | – 459 965 799. 4 |
| 002074 | 2010 – 06 – 30 | A | – 24 902 244. 91 | – 29 256 224. 02 | – 2 576 973. 89 | – 56 735 442. 82 |
| 002090 | 2010 – 06 – 30 | A | – 20 551 739. 55 | – 25 780 710. 65 | 44 392 547. 17 | – 4 881 245. 6 |
| 002196 | 2010 – 06 – 30 | A | – 20 702 592. 59 | – 10 803 639. 66 | 2 075 395. 8 | – 29 430 836. 45 |
| 002255 | 2010 – 06 – 30 | A | – 2 182 795. 21 | – 19 281 042. 69 | 17 712 878. 1 | – 3 750 959. 8 |
| 002266 | 2010 – 06 – 30 | A | – 125 701 183. 9 | – 73 352 770. 56 | 67 021 245. 46 | – 136 765 586. 8 |
| 600072 | 2010 – 06 – 30 | A | – 92 400 210. 44 | – 42 403 239. 77 | 26 518 170 | – 110 366 866. 2 |
| 600081 | 2010 – 06 – 30 | A | – 20 946 277. 01 | – 12 139 775. 01 | 10 155 663 | – 22 930 389. 02 |
| 600099 | 2010 – 06 – 30 | A | – 6 236 788. 08 | – 948 928. 01 | 0 | – 7 185 716. 09 |
| 600290 | 2010 – 06 – 30 | A | – 118 911 031. 7 | – 52 301 822. 87 | 57 118 616. 99 | – 114 094 237. 6 |
| 600517 | 2010 – 06 – 30 | A | – 30 921 339. 2 | – 19 500 040. 77 | – 150 605 944. 1 | – 201 028 837. 7 |
| 600604 | 2010 – 06 – 30 | A | – 64 854 945. 41 | 972 516. 35 | 0 | – 63 958 455. 38 |
| 600605 | 2010 – 06 – 30 | A | – 27 783 777. 31 | 31 847 348. 65 | – 20 903 727. 85 | – 16 840 156. 51 |
| 600610 | 2010 – 06 – 30 | A | – 18 765 166. 35 | 17 058 973. 12 | – 675 162. 22 | – 2 381 631. 85 |
| 600818 | 2010 – 06 – 30 | A | – 13 205 523. 9 | 17 676 241. 66 | – 11 071 153. 11 | – 7 014 402. 46 |
| 600841 | 2010 – 06 – 30 | A | – 10 380 343. 76 | – 9 564 343. 57 | – 17 829 530. 52 | – 37 986 724. 94 |
| 600843 | 2010 – 06 – 30 | A | – 79 958 287. 28 | 41 453 613. 37 | – 139 750 409. 4 | – 205 012 857. 2 |
| 600848 | 2010 – 06 – 30 | A | – 22 716 946. 46 | – 28 987. 14 | 21 041 855. 99 | – 1 703 799. 46 |
| 600854 | 2010 – 06 – 30 | A | – 75 688 323. 13 | – 277 310. 42 | 66 658 043. 49 | – 9 307 593. 85 |
| 000925 | 2010 – 12 – 31 | A | – 57 116 991. 6 | – 262 430 304 | 260 837 111. 7 | – 62 177 887. 82 |
| 002266 | 2010 – 12 – 31 | A | – 83 950 513. 23 | – 110 394 468. 9 | 176 322 731 | – 23 930 237. 91 |
| 600072 | 2010 – 12 – 31 | A | – 54 554 482. 08 | – 59 489 552. 63 | 781 687. 3 | – 114 882 469. 6 |
| 600290 | 2010 – 12 – 31 | A | – 130 959 268. 1 | – 169 859 672. 6 | 165 128 653. 7 | – 135 822 357. 5 |
| 600604 | 2010 – 12 – 31 | A | – 72 460 486. 94 | – 10 572 926. 61 | – 50 179. 5 | – 83 157 348. 62 |
| 600605 | 2010 – 12 – 31 | A | – 3 708 623. 94 | – 208 790 908. 9 | 135 391 929 | – 77 107 603. 77 |
| 600843 | 2010 – 12 – 31 | A | – 68 042 374. 27 | 218 492 340. 6 | – 188 823 487. 6 | – 58 649 875. 6 |
| 600854 | 2010 – 12 – 31 | A | – 130 755 100. 7 | – 28 247 213. 28 | 65 734 168. 65 | – 93 268 667 |
| 000418 | 2011 – 06 – 30 | A | – 509 000 827. 6 | – 123 775 158. 3 | – 46 067 231. 76 | – 678 843 217. 7 |

| 企业证券代码 | 会计期间 | 报表类型 | 经营活动产生的现金流量净额 | 投资活动产生的现金流量净额 | 筹资活动产生的现金流量净额 | 现金及现金等价物净增加额 |
|---|---|---|---|---|---|---|
| 000425 | 2011 – 06 – 30 | A | – 915 675 380. 5 | – 1 163 830 355 | 918 261 551. 8 | – 1 175 420 589 |
| 000570 | 2011 – 06 – 30 | A | – 48 652 001. 52 | – 36 659 164. 05 | 8 891 697. 26 | – 76 419 468. 31 |
| 000777 | 2011 – 06 – 30 | A | – 86 977 244. 8 | – 12 293 731. 56 | – 15 104 242. 78 | – 114 354 842 |
| 000913 | 2011 – 06 – 30 | A | – 79 548 097. 29 | – 305 001 693. 3 | 172 623 228. 7 | – 211 071 787. 4 |
| 000967 | 2011 – 06 – 30 | A | – 80 420 051. 96 | – 13 084 165. 79 | 69 665 190. 14 | – 24 472 957. 97 |
| 002021 | 2011 – 06 – 30 | A | – 60 181 064. 52 | – 60 927 629. 68 | 5 736 979. 06 | – 117 761 343. 4 |
| 002028 | 2011 – 06 – 30 | A | – 377 310 774. 5 | 4 618 004. 41 | – 379 125 100. 6 | – 751 786 445. 4 |
| 002058 | 2011 – 06 – 30 | A | – 8 883 590. 09 | – 9 621 320. 34 | – 3 476 591. 49 | – 21 978 316. 64 |
| 002090 | 2011 – 06 – 30 | A | – 33 888 753. 51 | 10 523 214. 19 | – 13 482 739. 51 | – 33 759 215. 64 |
| 002112 | 2011 – 06 – 30 | A | – 156 176 868. 8 | – 2 594 869. 3 | 81 363 513. 96 | – 77 446 478. 91 |
| 002122 | 2011 – 06 – 30 | A | – 3 032 772. 87 | – 148 013 192. 3 | – 86 131 333. 08 | – 237 021 297. 2 |
| 002196 | 2011 – 06 – 30 | A | – 12 346 023. 39 | – 47 553 130. 38 | 21 750 193. 8 | – 38 148 959. 97 |
| 600072 | 2011 – 06 – 30 | A | – 96 367 357. 28 | – 47 554 813. 81 | 80 835 505. 83 | – 63 092 905. 08 |
| 600099 | 2011 – 06 – 30 | A | – 11 685 975. 85 | – 2 835 706. 87 | 0 | – 14 521 682. 72 |
| 600150 | 2011 – 06 – 30 | A | – 2 006 233 003 | – 3 434 191 122 | 744 677 970. 2 | – 4 674 101 082 |
| 600213 | 2011 – 06 – 30 | A | – 138 128 228 | 64 100 046. 2 | 44 095 912. 79 | – 30 306 176. 86 |
| 600261 | 2011 – 06 – 30 | A | – 146 995 095. 2 | – 75 361 664. 54 | 100 799 903. 5 | – 123 593 701. 3 |
| 600268 | 2011 – 06 – 30 | A | – 671 460 316. 6 | – 395 355 413. 9 | 593 962 232. 4 | – 472 853 498. 1 |
| 600475 | 2011 – 06 – 30 | A | – 278 772 092. 1 | – 84 987 636. 73 | – 21 580 740. 95 | – 385 340 469. 7 |
| 600501 | 2011 – 06 – 30 | A | – 165 715 427. 4 | – 15 630 544. 85 | 153 671 296. 4 | – 27 395 938. 84 |
| 600517 | 2011 – 06 – 30 | A | – 4 208 860. 03 | – 7 820 461. 29 | – 171 985 774 | – 184 021 232. 9 |
| 600580 | 2011 – 06 – 30 | A | – 165 008 554. 1 | – 509 370 260 | 526 170 925. 3 | – 148 207 888. 8 |
| 600604 | 2011 – 06 – 30 | A | – 50 467 065. 55 | 8 526 443. 79 | 0 | – 41 971 654. 11 |
| 600605 | 2011 – 06 – 30 | A | – 29 867 771. 73 | – 24 071 725. 88 | – 462 257. 38 | – 54 401 754. 99 |
| 600610 | 2011 – 06 – 30 | A | – 21 587 423. 26 | 17 720 626. 75 | – 784 033. 3 | – 4 652 446. 16 |
| 600651 | 2011 – 06 – 30 | A | – 84 483 078. 68 | 158 793 361. 1 | – 113 124 838. 5 | – 42 354 332. 77 |
| 600679 | 2011 – 06 – 30 | A | – 17 860 139. 55 | – 104 330 389. 2 | – 2 350 578. 85 | – 124 902 320. 1 |
| 600818 | 2011 – 06 – 30 | A | – 24 321 154. 95 | 14 380 489. 36 | 8 294 613. 01 | – 2 361 048. 9 |
| 600841 | 2011 – 06 – 30 | A | – 186 280 791. 5 | – 176 613 850. 9 | – 25 767 524. 59 | – 389 129 656. 7 |
| 600843 | 2011 – 06 – 30 | A | – 10 377 969. 25 | 68 661 526. 97 | – 130 474 479. 6 | – 63 523 379. 29 |
| 600848 | 2011 – 06 – 30 | A | – 47 932 048. 52 | – 2 044 930. 76 | 15 296 089. 01 | – 34 680 890. 27 |
| 600862 | 2011 – 06 – 30 | A | – 82 649 532. 04 | – 163 209 870. 1 | – 22 748 911. 33 | – 268 608 313. 5 |

| 企业证券代码 | 会计期间 | 报表类型 | 经营活动产生的现金流量净额 | 投资活动产生的现金流量净额 | 筹资活动产生的现金流量净额 | 现金及现金等价物净增加额 |
|---|---|---|---|---|---|---|
| 601002 | 2011 - 06 - 30 | A | - 269 296 194. 7 | - 60 307 252. 49 | 248 301 783. 6 | - 79 604 188. 38 |
| 601727 | 2011 - 06 - 30 | A | - 3 362 299 000 | 526 226 000 | - 408 287 000 | - 3 262 019 000 |
| 601890 | 2011 - 06 - 30 | A | - 625 163 692. 8 | - 42 323 271. 49 | - 156 610 725. 5 | - 825 055 784. 8 |
| 000425 | 2011 - 12 - 31 | A | - 2 029 756 412 | - 3 109 653 522 | 4 351 614 796 | - 797 032 386. 9 |
| 000570 | 2011 - 12 - 31 | A | - 199 168 422. 2 | - 100 681 718. 7 | 7 054 375. 12 | - 292 813 605. 8 |
| 000777 | 2011 - 12 - 31 | A | - 44 332 461. 92 | - 44 465 912. 19 | 1 038 470. 8 | - 87 786 337. 17 |
| 000913 | 2011 - 12 - 31 | A | - 232 287 977. 1 | - 410 492 541. 1 | 43 900 475. 31 | - 599 577 523. 9 |
| 000967 | 2011 - 12 - 31 | A | - 272 368 366. 1 | - 92 506 742. 3 | 362 090 748. 3 | - 1 274 098. 42 |
| 002021 | 2011 - 12 - 31 | A | - 76 584 761. 18 | - 226 441 946. 6 | 49 870 563. 88 | - 254 956 339. 1 |
| 002028 | 2011 - 12 - 31 | A | - 96 253 834. 44 | - 11 042 508. 04 | - 383 841 908. 8 | - 491 266 997. 2 |
| 002112 | 2011 - 12 - 31 | A | - 111 140 454. 7 | - 4 624 153. 72 | 33 988 136. 51 | - 81 821 028. 37 |
| 002255 | 2011 - 12 - 31 | A | - 63 362 526. 53 | - 190 033 230. 8 | 11 345 766. 44 | - 241 669 713. 5 |
| 600099 | 2011 - 12 - 31 | A | - 18 401 923. 3 | - 4 190 609. 41 | - 8 764 800 | - 31 357 332. 71 |
| 600150 | 2011 - 12 - 31 | A | - 2 429 358 196 | - 1 227 275 525 | - 1 745 425 307 | - 5 286 975 594 |
| 600213 | 2011 - 12 - 31 | A | - 152 042 295. 6 | 62 172 108. 07 | 1 804 142. 27 | - 88 514 018. 86 |
| 600475 | 2011 - 12 - 31 | A | - 108 173 618. 2 | - 109 517 442. 6 | - 63 124 238. 73 | - 280 815 299. 5 |
| 600580 | 2011 - 12 - 31 | A | - 102 763 160. 3 | - 600 482 267. 3 | 419 841 422. 4 | - 283 404 005. 2 |
| 600604 | 2011 - 12 - 31 | A | - 28 254 583. 05 | - 63 515 598. 9 | 0 | - 91 838 038. 63 |
| 600605 | 2011 - 12 - 31 | A | - 23 402 644. 66 | - 36 342 147. 85 | 5 686 087. 01 | - 54 058 705. 5 |
| 600651 | 2011 - 12 - 31 | A | - 4 380 277. 98 | 64 572 197. 87 | - 81 642 527. 21 | - 28 952 121. 66 |
| 600679 | 2011 - 12 - 31 | A | - 7 768 939. 48 | - 66 138 464. 96 | - 67 019 367. 12 | - 141 870 319. 4 |
| 600848 | 2011 - 12 - 31 | A | - 10 271 442. 08 | - 65 693 751. 22 | 72 002 053. 15 | - 3 963 174. 25 |
| 601002 | 2011 - 12 - 31 | A | - 281 805 866. 9 | - 114 546 972. 8 | 342 611 482. 1 | - 56 077 864. 61 |
| 601890 | 2011 - 12 - 31 | A | - 102 640 398. 3 | - 373 966 338. 7 | - 206 620 873. 9 | - 684 201 650. 9 |
| 000425 | 2012 - 06 - 30 | A | - 3 336 889 921 | - 1 235 654 808 | 3 297 005 841 | - 1 277 354 258 |
| 000607 | 2012 - 06 - 30 | A | - 265 649 905. 9 | 3 3762 546. 09 | - 2 826 691. 86 | - 233 351 140. 3 |
| 000913 | 2012 - 06 - 30 | A | - 126 517 628. 9 | - 63 400 046. 22 | 141 249 836. 2 | - 48 957 503. 31 |
| 002006 | 2012 - 06 - 30 | A | - 123 474 146. 9 | - 47 978 176. 44 | 131 227 337. 2 | - 40 213 305. 85 |
| 002009 | 2012 - 06 - 30 | A | - 117 360 975 | - 13 908 460. 12 | 77 244 631. 6 | - 54 024 803. 54 |
| 002028 | 2012 - 06 - 30 | A | - 423 047 279. 3 | - 124 026 484. 2 | - 69 309 877. 31 | - 616 391 150 |
| 002048 | 2012 - 06 - 30 | A | - 95 001 622. 42 | - 337 593 868. 5 | 136 690 728. 6 | - 304 463 988. 3 |
| 002058 | 2012 - 06 - 30 | A | - 7 823 048. 57 | - 3 015 594 | - 6 953 204. 28 | - 17 793 659. 05 |

| 企业证券代码 | 会计期间 | 报表类型 | 经营活动产生的现金流量净额 | 投资活动产生的现金流量净额 | 筹资活动产生的现金流量净额 | 现金及现金等价物净增加额 |
|---|---|---|---|---|---|---|
| 002090 | 2012－06－30 | A | －27 767 765.73 | －38 643 951.56 | 28 208 660.76 | －39 588 840.65 |
| 600072 | 2012－06－30 | A | －70 316 977.7 | －19 542 885.71 | －4 412 865 | －94 296 700.04 |
| 600099 | 2012－06－30 | A | －17 673 989.94 | －25 583 534 | 0 | －43 257 523.94 |
| 600150 | 2012－06－30 | A | －1 392 231 103 | －730 485 004.7 | －994 337 082.2 | －3 049 228 912 |
| 600151 | 2012－06－30 | A | －704 159 438.9 | －76 978 331.11 | 484 857 243 | －297 108 733 |
| 600268 | 2012－06－30 | A | －729 248 384.6 | －327 585 115.8 | 1 046 825 994 | －9 943 831.39 |
| 600290 | 2012－06－30 | A | －72 825 139.07 | －413 339 037.9 | －35 266 954.18 | －521 462 425.8 |
| 600501 | 2012－06－30 | A | －104 389 721.3 | －51 686 857.73 | 35 660 607.4 | －120 703 382.5 |
| 600517 | 2012－06－30 | A | －41 211 081.35 | －1 335 082.7 | －168 898 997.2 | －211 434 361.3 |
| 600604 | 2012－06－30 | A | －167 648 591.2 | 119 244 540.6 | 0 | －48 341 882.5 |
| 600610 | 2012－06－30 | A | －11 087 378.14 | －9 726 379.33 | 16 860 460.95 | －3 953 247.56 |
| 600651 | 2012－06－30 | A | －53 459 851.01 | －180 689 286.2 | 78 669 997.18 | －155 499 175.3 |
| 600679 | 2012－06－30 | A | －1 976 002.55 | －27 250 991.13 | 1 465 712.5 | －27 412 088.17 |
| 600848 | 2012－06－30 | A | －21 600 006.93 | －28 399 519.91 | 48 505 533.86 | －1 493 992.98 |
| 600854 | 2012－06－30 | A | －28 147 357.77 | －20 878 839.43 | 0 | －49 026 171.89 |
| 600862 | 2012－06－30 | A | －363 758 151.6 | －131 389 525.8 | 169 168 706 | －325 978 971.5 |
| 601177 | 2012－06－30 | A | －55 666 983.15 | －233 526 098.2 | 200 609 176 | －88 581 906.14 |
| 601222 | 2012－06－30 | A | －84 681 766.04 | －46 297 328.57 | －58 040 768.02 | －189 108 409.8 |
| 601567 | 2012－06－30 | A | －180 379 275.9 | －126 864 030.3 | 0 | －307 243 306.1 |
| 601616 | 2012－06－30 | A | －56 442 587.71 | －75 489 924.05 | －155 771 055.1 | －287 675 502.4 |
| 601727 | 2012－06－30 | A | －980 634 000 | 258 025 000 | －705 949 000 | －1 434 103 000 |
| 601799 | 2012－06－30 | A | －62 605 801.6 | －34 930 550.49 | －138 148 913.6 | －235 653 012.6 |
| 601890 | 2012－06－30 | A | －192 534 424.2 | －119 500 446 | －126 907 811.4 | －438 718 028.6 |
| 000425 | 2012－12－31 | A | －3 473 394 693 | －2 827 125 306 | 4 899 503 113 | －1 385 219 114 |
| 000777 | 2012－12－31 | A | －2 041 969.03 | －159 750 545.1 | 64 747 133.35 | －97 181 188.09 |
| 002006 | 2012－12－31 | A | －325 272 077.1 | －18 192 141.71 | 159 117 013.4 | －184 437 135.9 |
| 002058 | 2012－12－31 | A | －2 335 298.79 | －4 435 929.92 | －20 123 808.15 | －26 932 358.31 |
| 002074 | 2012－12－31 | A | －19 479 653.49 | －31 748 795.82 | 16 368 561.68 | －34 860 017.83 |
| 600072 | 2012－12－31 | A | －140 095 889.9 | －3 250 451.73 | 109 288 868.3 | －34 171 882.56 |
| 600150 | 2012－12－31 | A | －3 501 807 357 | －186 243 489.6 | －3 908 449 595 | －7 318 645 919 |
| 600290 | 2012－12－31 | A | －65 259 741.75 | －289 560 901.9 | －171 112 409.9 | －525 916 469.6 |
| 600610 | 2012－12－31 | A | －27 700 972.81 | －21 917 702.58 | 40 516 118.59 | －9 108 669.61 |

续表

| 企业证券代码 | 会计期间 | 报表类型 | 经营活动产生的现金流量净额 | 投资活动产生的现金流量净额 | 筹资活动产生的现金流量净额 | 现金及现金等价物净增加额 |
|---|---|---|---|---|---|---|
| 600679 | 2012 – 12 – 31 | A | – 18 024 270. 69 | 22 395 056. 03 | – 12 732 232. 05 | – 8 455 068. 28 |
| 600710 | 2012 – 12 – 31 | A | – 93 307 934. 38 | – 10 182 506. 28 | 73 397 216. 71 | – 30 212 302. 31 |
| 600854 | 2012 – 12 – 31 | A | – 40 556 014. 29 | – 19 340 719. 98 | – 8 683 452. 31 | – 68 580 226. 65 |
| 600862 | 2012 – 12 – 31 | A | – 240 155 770. 4 | – 245 512 595. 1 | 59 940 960. 3 | – 425 727 405. 2 |
| 601218 | 2012 – 12 – 31 | A | – 83 965 522. 21 | – 104 876 322. 1 | 178 326 478. 9 | – 11 043 511. 35 |

# 参 考 文 献

**英文部分：**

［1］ Beaver. Financial Ratios As Predictors of Failure. Journal of Account Recearrh. 1966 （4）.

［2］ Edward. I. Altman. Financial Ratios， Discriminant Analysis and the Prediction of Corporate Bankruptcy. Journal of Finance， Volume23， Issue 4 （Sep. 1968）.

［3］ Richard Morris. How useful are failure prediction models? ［J］. Management Accounting. 1998.

［4］ S. A. Ross， R. W. Westerfield， J. F. Jaffe. Corporate Finance ［M］. Homewood IL. 1999.

［5］ Altman E. L. Financial Ratios， Discriminant Analysis and the Prediction of Corporate Bankruptcy ［J］. Journal of Finance， 4 （September）， 1968.

［6］ Ohlson， J. Financial Ratios and the Probabilistic Prediction of Bankruptcy ［J］. Journal of Accounting Research， Vol. 18， 1980.

［7］ Friz Partrick. A Comparison of ratios of Successful Industrial Enterprises with those of Failed Firms ［M］. New York： Certified Public Accountant， 1932.

［8］ Gary A. Giroux， Casper E. Wiggins. An Event Approach to Corporate Bankruptcy. Journal of Banking Research， Vol. 15， Issue 3， Autumn. 1984.

［9］ Abodul Aziz, Gerald H. Lawson. Cash Flow Reporting and Financial Distress Models: Testing of Hypotheses. Financial Management. 1989.

［10］ A. Rashad Abdel-Khalik. Discussion of Financial Ratios and Corporate Endurance: A Case of the Oil and Gas Industry. Contemporary Accounting Research, 1993 Vol. 9, No. 2.

［11］ Terry J. Ward. An Empirical Study of the Incremental Predictive Ability of Beaver's Naïve Operating Flow Measure Using Four-State Ordinal Models of Financial Distress. Journal of Business Finance & Accounting, 1994, Vol. 21, Issue 4, June.

［12］ Charles E. Mossman, Geoffrey G. Bell, L. Mick Swartz, Harry Turtle, "An Empirical Comparison of Bankruptcy Models", The Financial Review 33. 1998.

［13］ Donaldson W. L. "Logit Versus Discriminant Anaylsis: A Specification Test and Application to Corparate Bankruptcies", Journal of Econometrics 31 (1986).

［14］ Ronald M. Gilson. The Resolution of Financial Distress, Review of Financial studies. Vol. 2, Issue 1 (1989).

［15］ Fathi Elloumi, Jean-Pierre Gueyie. Financial Distress and Corporate Governance: An Empirical Analysis. Corporate Governance, Vol. 1, Issue 1. 2001.

［16］ Robert J. Barro. The stock market and investment. The review of Financial stedies, 1990 (3).

［17］ Sofie Balcaen, Hubert Ooghe. 35 years of studies on business failure: an overview of the classic statistical methodologies and their related problems ［J］. The British Accounting Review, 2006, 38.

［18］ Mensah, Y. M. An Examination of The Stationary of Multivariate Bankruptcy Prediction Models: A Methodological Study ［J］. Journal of

Accounting Research，1984，22（1）.

**中文部分：**

［1］谷棋，刘淑莲．财务危机企业投资行为分析与对策［J］．会计研究，1999（10）.

［2］李心和．财务失败及其预警［J］．财务与会计，2007（27）.

［3］吴星泽．财务危机预警研究：存在问题与框架重构［J］．会计研究，2011（2）.

［4］张友棠，黄阳．基于行业环境风险识别的企业财务预警控制系统研究［J］．会计研究，2011（3）.

［5］陈静．上市公司财务恶化预测的实证分析［J］．会计研究，1999（4）.

［6］周首华，杨济华，王平．论财务危机的预警分析——分数模式［J］．会计研究，1996（8）.

［7］宋鹏，张信东．基于 Logistic 模型的上市公司财务危机预警研究［J］．经济问题，2009（8）.

［8］张友棠，冯自钦，杨轶．三维财务风险预警理论模式及其指数预警矩阵新论——基于现金流量的财务风险三维分析模型及其预警指数体系研究［J］．财会通讯，2008（2）.

［9］国务院国资委财务监督与考核评价局制定．企业绩效评价标准值2012．经济科学出版社，2012.

［10］中国注册会计师协会．财务成本管理（2010）．中国财政经济出版社，2010.

［11］姚树中．大企业财务竞争力研究．经济管理出版社，2012.

［12］曾道荣．企业财务活力研究．西南财经大学出版社，2008.

［13］陈静．上市公司财务恶化预测的实证分析．会计研究，1999（4）.

［14］顾晓安．公司财务预警系统的构建［J］．财经论丛，2000，7（4）.

[15] 吴世农，卢贤义．我国上市公司财务危机的预测模型研究．经济研究，2001（6）．

[16] 黄岩，李元旭．上市公司财务失败预测实证研究．系统工程理论方法应用，2001，27（12）．

[17] 周兵，张军．上市公司财务状况恶化的预警模型分析．华东经济管理，2002，16（4）．

[18] 蔡红艳，韩立岩．上市公司财务状况判定模型研究．审计研究，2003（1）．

[19] 蔡基栋，晏静．ST公司现金流量的信息功能［J］．武汉大学学报（哲学社会科学版），2004（05）．

[20] 周娟．基于现金流和EVA的财务危机预警模型研究［D］．无锡：江南大学，2007．

[21] 熊银萍．现金流量在财务危机预警中的信息含量实证研究［D］．武汉：华中科技大学，2006．

[22] 彭小英．现金流视角的我国上市公司财务危机预警模型实证研究［D］．上海：华东师范大学博士学位论文，2007．

[23] 谢获宝．财务报表比率分析法的局限性及其解决策略．科技进步与对策，2002．

[24] 陈志斌，韩飞．基于价值创造的现金流管理．会计研究，2002（12）．

[25] 曾忻．企业价值链分析与基于现金流的价值管理．重庆大学学报，2002（8）．

[26] 储一昀，王安武．上市公司盈利质量分析．会计研究，2000（9）．

[27] 张宏华．利润与现金流孰重孰轻．财经科学，2002（2）．

[28] 田笑丰．现金流量表分析指标体系初探［J］．财会月刊，2002（11）．

[29] 师佳英．关于我国上市公司财务分析的思考．工业会计，

2002（11）.

[30] 刘习勇. 试论现金流量制财务指标体系的构建. 甘肃省经济管理干部学院学报，2001（14）.

[31] 张延波，彭淑雄. 财务风险监测与危机预警的指标探讨. 北京工商大学学报，2002，17（5）.

[32] 洪森. 企业应关注现金流量. 财务与会计，2002（5）.

[33] 韩良智. 浅议上市公司的经营现金流量. 内蒙古科技与经济，2003（1）.

[34] 胡旭微，莫燕. 上市公司现金流量的评价. 数量经济技术经济研究，2002（11）.

[35] 姜守志，林淑辉. 谈现金流量表的分析. 陕西财经大学学报，2000（22）.

[36]［美］Franklin J. Plewa，George T. Friedlob. 全面理解现金流，清华大学出版社，1999.

[37] 伊查克·爱迪思. 企业生命周期［M］. 中国社会科学出版社，1997.

[38] 陈佳贵. 关于企业生命周期与企业蜕变的探讨［J］. 中国工业经济，1995（11）.

[39] 张友棠. 财务预警系统管理研究［M］. 北京：中国人民大学出版社. 2004（5）.

[40] 周子元，邓雁. 我国上市公司股价波动率与公司基本面风险关系研究［J］. 经济问题探索，2010（6）.

[41] 李学峰，王兆宇. 什么导致了处置效应：基于不同市场环境的模拟研究与经验检验［J］. 世界经济，2011（12）.

[42] 吴家曦，李华焱. 浙江省中小企业转型升级调查报告. 管理世界，2009.

[43] 毛蕴诗. 促进企业转型升级推动经济发展方式转变. 中国产业，2010（4）.

［44］黎春. 中国上市公司财务指数研究［D］. 成都：西南财经大学，2010.

［45］赵德武. 我国宏观财务经济监测与预警问题研究［J］. 财务与会计，2012（3）.

［46］王化成，陆凌，张昕，张伟华. 加强会计指数研究全面提升会计在经济社会发展中的影响力［J］. 会计研究，2012（11）.

［47］陈国阶. 对环境预警的探讨［J］. 重庆环境科学，1996，18（5）.

［48］佘丛国，席酉民. 我国企业预警研究理论综述［J］. 预测，2003（2）.

［49］刘锐，赵梦晶. 基于综合财务指数的上市公司总体财务评价研究［J］. 会计之友，2008（32）.

［50］马春爱. 企业财务弹性指数的构建及实证分析［J］. 系统工程，2010，28（10）.

［51］翟淑萍，耿静，韩雨珊. 融资约束指数设计与有效性评价——基于中国 A 股上市公司平行面板数据的实证分析［J］. 现代财经，2012（7）.

［52］陈静宇. 企业经营的周期波动及其预警［J］. 重庆大学学报，1993，16（4）.

［53］赵德武. 我国宏观财务经济监测与预警问题研究［J］. 财务与会计，2000（3）.

［54］陈磊. 企业景气状况与宏观经济运行［J］. 管理世界，2004（3）.

［55］王恩德，梁云芳，孔宪丽，高铁梅. 中国中小工业企业景气监测预警系统开发与应用［J］. 吉林大学社会科学学报，2006，46（5）.

［56］张友棠，张勇. 企业财务景气监测预警系统初探［J］. 财会通讯，2006（8）.

[57] 张友棠，冯自钦，杨轶．三维财务风险预警理论模式及其指数预警矩阵新论——基于现金流量的财务风险三维分析模型及其预警指数体系研究［J］．财会通讯，2008（2）．

[58] 闵剑．企业跨国投资风险预警指数及定位监控模型［J］．财会通讯，2013（1）．

[59] 黎春．中国上市公司财务指数研究［D］．成都：西南财经大学，2010．

[60] 彭莉，朱镇．上市公司财务危机预警研究综述［J］．财会月刊，2009（29）．

[61] 谷祺，刘淑莲．危机企业投资行为分析与对策［J］．会计研究，1999（10）．

[62] 吴星泽．财务危机预警研究：存在问题与框架重构［J］．会计研究．2011（2）．

[63] 吴星泽．财务预警的非财务观［J］．当代财经，2010（4）．

[64] 王艳宁．基于非财务视角的财务危机预警研究［J］．财会研究，2012（14）．

[65] 邱丕群．高校投入产出分析与预警系统［J］．研究统计与信息论坛，1998（3）．

[66] 阎达五主编，张友棠著．财务预警系统管理研究，中国人民大学出版社，2004（3）．

[67] 张友棠，黄阳．基于行业环境风险识别的企业财务预警控制系统研究［J］．会计研究，2011（3）．

# 后　记

　　本书是浙江省自然科学基金重点项目"基于宏观经济波动的财务指数预警体系及其应用研究"（批准号 LZ13G020001）的研究成果，也是作者十余年坚持对国内外财务预警持续密切关注和潜心研究的成果。本书得以完成并顺利出版，首先要感谢我的好朋友王春青夫妇鼎力且无私的帮助，感谢王保平先生的学识分享和有益启示；在本课题的研究过程中，我的硕士研究生高怀雷、赵领青、卜星、朱聪聪都不同程度地付出劳动和成果，我的同事叶青在课题研究后期也积极参与其中，为课题顺利结题添砖加瓦；同时，我要感谢浙江财经大学会计学院于永生副院长、教学办邵宜添主任以及我的老师费忠心教授对我的支持和帮助，感谢我的家人、同事和朋友对我身体的嘘寒问暖。本书的编写引用了国内外有关专著、文章和资料，本书的出版得到了经济科学出版社刘莎编辑的大力支持和帮助，在此一并表示深深的谢意和诚挚的感恩。

　　限于笔者的知识和能力，书中肯定有疏漏和不当之处，敬请各位专家和读者批评、指正。

作　者

2016 年 4 月